U0649014

汽车文化

（第 2 版）

张荣贵 主 编

何 建 邱华桢 副主编

许炳照 主 审

人民交通出版社

北 京

内 容 提 要

本书是"十四五"职业教育国家规划教材。主要内容包括：汽车的历史与发展趋势、汽车工业的发展、世界著名汽车公司和汽车品牌、汽车结构基础、汽车新技术与车辆安全、汽车娱乐与时尚，共 6 个模块。

本书内容真实反映汽车发展历史和当代汽车视角，融知识性与趣味性于一体，图文并茂，内容丰富，可作为职业院校汽车相关专业教材，也可作为汽车相关从业人员和广大汽车爱好者的学习参考书。

本书配有教学课件，教师可通过加入汽车高职教学研讨群（QQ：64428474）获取。

图书在版编目（CIP）数据

汽车文化／张荣贵主编. — 2 版. — 北京 ：人民交通出版社股份有限公司，2025. 3. — ISBN 978-7-114-19823-6

Ⅰ. U46-05

中国国家版本馆 CIP 数据核字第 2024KZ7778 号

Qiche Wenhua
书　　名：**汽车文化（第 2 版）**
著 作 者：张荣贵
责任编辑：时　旭
责任校对：卢　弦
责任印制：张　凯
出版发行：人民交通出版社
地　　址：（100011）北京市朝阳区安定门外外馆斜街 3 号
网　　址：http：//www. ccpcl. com. cn
销售电话：（010）85285911
总 经 销：人民交通出版社发行部
经　　销：各地新华书店
印　　刷：北京市密东印刷有限公司
开　　本：787×1092　1/16
印　　张：13
字　　数：314 千
版　　次：2018 年 8 月　第 1 版
　　　　　2025 年 3 月　第 2 版
印　　次：2025 年 3 月　第 2 版　第 1 次印刷　总第 7 次印刷
书　　号：ISBN 978-7-114-19823-6
定　　价：52.00 元

（有印刷、装订质量问题的图书，由本社负责调换）

PREFACE 第 2 版前言

　　汽车工业经过 100 多年的发展,尤其是电子技术在汽车上的广泛应用,使得汽车技术日新月异。我国在新能源汽车高质量发展上取得举世瞩目的历史性成就,在新能源整车、动力蓄电池、电机电控、智能网联等方面掌握了越来越多的关键核心技术。2024 年 6 月,国家首批自动驾驶 L3/L4 开始进行上路试点。当下,全球高级别自动驾驶专利中国占比超过 50%,中国搭载辅助自动驾驶系统的智能网联乘用车市场渗透率达 42%,在智能化、网联化新赛道取得先发优势。

　　本书主要针对职业院校汽车类专业技术技能型人才培养要求而编写,其内涵建立在汽车的历史、知识、动态、技术和趣味性的基础之上,学习创新、协调、绿色、开放、共享的汽车发展理念,让学员"人人皆学、处处能学、时时可学"。第 1 版主要考虑了汽车文化的内涵与外延、汽车文化与汽车专业课程的衔接,自 2018 年出版以来,得到了各方的好评和认可,并被评为"十四五"职业教育国家规划教材,对汽车文化方面感兴趣的广大学生和社会人士,通过本书获得了比较全面的汽车文化知识。

　　结合行业发展和课程建设情况,在第 2 版的修订过程中,编写小组进一步明确了内容模块,对汽车新技术和汽车企业文化进行了修订,增加了新能源汽车新技术和智能网联汽车技术的介绍,让大家更多地了解纯电动汽车、自动驾驶汽车等新技术的应用;增加了中国新兴汽车企业的介绍,让大家更好地了解中国汽车,增进对中国汽车工业发展的认知。

　　全书由张荣贵担任主编,何建、邱华桢担任副主编,丁晓萍担任参编,许炳照担任主审。

本书在修订过程中参阅了大量书籍和资料，特对原作者表示衷心感谢！

限于编者学识和水平，加之时间仓促，书中难免存在错误和不妥之处，敬请广大读者批评指正。

编　者
2024 年 10 月

CONTENTS 目录

汽车的历史与发展趋势

学 习 目 标

知识目标

1. 理解汽车文化的相关概念；

2. 了解最早的橇、车轮与简易车；

3. 了解古代人力车、畜力车；

4. 了解汽车的诞生与演变；

5. 了解汽车技术的发展和完善历程；

6. 了解纯电动汽车的诞生和我国纯电动汽车的发展情况；

7. 了解汽车的发展趋势。

技能目标

1. 具备收集课程相关资料，进行整理分析的能力；

2. 学习汽车发展的历程，能分析汽车发展的规律；

3. 能运用所学知识，叙述汽车诞生与演变的过程；

4. 能正确描述汽车技术的发展和完善历程；

5. 能简述未来汽车的发展趋势。

素养目标

1. 培养学习汽车专业的兴趣，提升专业认同感、专业自豪感；

2. 坚定发展中国汽车工业、实现"中国梦、汽车梦"的信念；

3. 培养团队协作精神。

一、古代人力车、畜力车的探索

（一）车轮与车

1. 中国最早出现的简易车

早在 5000 年前的黄帝时代，中国就已经出现了简易的车。有传说是轩辕黄帝把木头插在圆轮子中央，使它运转，因而造成车辆，如图 1-1 所示。但鉴于归功于黄帝的发明实在太多，我们也不能轻易把这个说法当真。据英国科学史家李约瑟考证的结论，在 4500 年到 3500 年前，中国出现了第一辆车。而《左传》中提到，车是夏代初年的奚仲发明的，如果记载属实，那是 4000 年前的事情。

2. 北欧国家发明的橇和中亚地区发明的车轮

约在公元 4000 年前，北欧国家发明的橇，如图 1-2 所示，它是国外最早意义上的车。

图 1-1　中华民族始祖黄帝发明的车轮示意图

图 1-2　滑橇

相传大约在公元前 3000 年，中亚地区发明了车轮，并开始使用带轮的车，车轮历经由实心轮到采用条辐轮的演变，如图 1-3 所示。

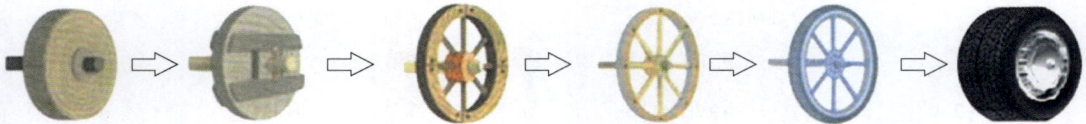

图 1-3　车轮的演变示意图

（二）畜力车

1. 国内早期的畜力车

在殷代（距今 3000 多年前）的文物中，考古学家也发现了殉葬用的车，当时的车由车厢、车辕和两个轮子构成，已经是比较成熟的交通工具了。早在周朝，我国就有使用畜力车的记载，如图 1-4 所示。

春秋战国（公元前 770—公元前 221 年）时期，中国就盛行战车作战。

驰道是中国历史上最早的"国道"，始于秦朝。秦始皇推行的"度同衡、车同辙、书同文"，是最早的车辆标准化法规。

公元前 221 年，秦始皇统一六国，第二年就下令修筑以咸阳为中心、通往全国各地的驰道。著名的驰道有 9 条，有高陵通上郡（陕北）的上郡道，过黄河通山西的临晋道，出函谷关通河南、河北、

图 1-4　畜力车示意图

山东的东方道，出今商洛通东南的武关道，出秦岭通四川的栈道，出今陇县通宁夏、甘肃的西方道，出今淳化通九原的直道等。秦驰道在平坦之处，道宽五十步（约 69m），隔三丈（约 7m）栽一棵树，道两旁用金属锥夯筑厚实，路中间为专供皇帝出巡车行的部分。可以说，这是中国历史上最早的正式"国道"。秦驰唐驿被称为高速公路鼻祖。

2. 国外早期的畜力车

万里之外的欧洲各国也有数千年使用马车的历史，因此，车在人类历史发展中具有举足轻重的地位。

1420 年，英国人发明了滑轮车，后来又发明了四轮畜力车，如图 1-5 所示。

a)滑轮车   b)四轮畜力车

图 1-5   国外早期的滑轮车与畜力车示意图

到了 17 世纪，四轮的公共驿车承担了几乎所有的长途客运任务，为陆上旅行带来繁荣，而精致的私有马车成为王族身份的象征，如图 1-6 所示。

图 1-6   欧洲使用马车示意图

二、 汽车的诞生与演变

16 世纪末到 17 世纪后期，英国的采矿业特别是煤矿，已发展到相当的规模，单靠人力、畜力已难以满足排除矿井地下水的要求，而现场又有丰富而廉价的煤作为燃料。现实的需要促使许多人（如英国的帕潘、萨弗里、纽科门等）致力于"以火力提水"的探索和试验。

最初的真空蒸汽机被用来将矿井里的水抽出来。纽科门的蒸汽机将蒸汽引入汽缸后阀门被关闭，然后将冷水喷入汽缸，蒸汽凝结时造成真空。活塞另一端的空气压力推动活塞移动。

在矿井中,活塞连接一根深入竖井的杆来驱动抽水泵。蒸汽机活塞的运动通过这根杆驱动抽水泵将水抽到井外。

(一) 蒸汽机的发明与蒸汽动力车

世界上第一台蒸汽机是由古希腊数学家亚历山大港的希罗(Hero of Alexandria)于1世纪发明的,汽转球(Aeolipile)是蒸汽机的雏形。

约1679年,法国物理学家丹尼斯·巴本在观察蒸汽逃离他的高压锅后,制造了第一台蒸汽机的工作模型。约与此同时,萨缪尔·莫兰也提出了自己的蒸汽机概念。

托马斯·塞维利于1698年、托马斯·纽科门于1712年和詹姆斯·瓦特于1769年制造了早期的工业蒸汽机,他们对蒸汽机的发展都作出了自己的贡献。瓦特发明的蒸汽机如图1-7所示。

图1-7　瓦特发明的蒸汽机示意图

瓦特运用科学理论,逐渐发现了这种蒸汽机的问题所在。1765—1790年,他进行了一系列发明,如分离式冷凝器、汽缸外设置绝热层、用油润滑活塞、行星式齿轮、平行运动连杆机构、离心式调速器、节气阀、压力计等,使蒸汽机的效率提高到原来纽科门蒸汽机的3倍多,最终发明出了现代意义上的蒸汽机。

1763年,38岁的古诺(N. J. Cugnot)回到法国,担任法国陆军技术军官。当时的法国陆军大臣肖瓦茨尔公爵支持古诺把蒸汽机引用到车辆上的尝试,并为他提供了2万英镑作为研制费用。直到1769年,他成功将蒸汽机装到车上,发明了世界上第一辆蒸汽动力车,标志着人类以机械力驱动车辆时代的开始,如图1-8所示。

图1-8　蒸汽动力车示意图

1804 年，法国人脱威迪克制造出了一辆蒸汽汽车。该车比古诺的车有了很大的进步，其动力增强、噪声降低、速度也有一定的提高。这辆车拖着十几吨重物行驶了 15.7km，创下了当时汽车载重行驶的纪录。

（二）蒸汽动力公共汽车

最早的汽车以蒸汽机为动力，所以，它们其实更像火车机车而不像现在我们常见的汽车。1825 年，英国哥尔斯瓦底·嘉内公爵通过一系列研究并制造出一种蒸汽动力公共汽车。这种蒸汽动力公共汽车可乘坐 18 人，行驶速度为 19km/h，它的蒸汽机装在车后。这是世界上第一辆营业性的公共汽车，如图 1-9 所示。

图 1-9　蒸汽动力公共汽车示意图

1828 年，英国出现了第一个公共汽车运输公司——苏格兰蒸汽汽车公司，这时公共汽车的设计已经有所改进，可以乘坐 22 位乘客，行驶速度也增加到 32km/h。

从蒸汽发动机发明往后的几十年里，蒸汽机汽车的技术不断完善，直到 1825 年，蒸汽机汽车才进入了实用阶段。1832 年，欧洲的公路街道上穿梭的蒸汽机汽车，成了当时工业文明的象征。由于蒸汽机汽车存在着行驶速度慢、体积大、污染严重等不足，阻碍了其成为一种理想方便的运输工具。但是，蒸汽机汽车在汽车发展史上有着重要的意义，它是现代汽车的奠基者，在汽车的"家谱"中，它应是自动车的祖先。

（三）内燃机的发明

活塞式内燃机起源于荷兰物理学家惠更斯用火药爆炸获取动力的研究，但因火药燃烧难以控制而未获成功。1794 年，英国人斯特里特提出从燃料的燃烧中获取动力，并且第一次提出了燃料与空气混合的概念。1833 年，英国人赖特提出了直接利用燃烧压力推动活塞做功的设计。

之后，人们又提出过各种各样的内燃机方案，但在 19 世纪中叶以前均未付诸实用。直到 1860 年，法国的勒努瓦模仿蒸汽机的结构，设计制造出第一台实用的煤气机，这是一种无压缩、电点火、使用照明煤气的内燃机。勒努瓦首先在内燃机中采用了弹力活塞环，其热效率为 4% 左右。

英国的巴尼特曾提倡将可燃混合气在点火之前进行压缩,随后又有人著文论述对可燃混合气进行压缩的重要作用,并且指出压缩可以大大提高勒努瓦内燃机的效率。

1861年,法国科学家罗夏对内燃机热力过程进行理论分析之后,提出提高内燃机效率的要求,这就是最早的四行程工作循环,即四冲程内燃机理论。

1866年,德国发明家奥托(Otto)运用罗夏的原理,制造出第一台往复活塞式、单缸、卧式、3.2kW(4.4hp)的四冲程内燃机,仍以煤气为燃料,采用火焰点火,转速为156.7r/min,压缩比为2.66,热效率达到14%,运转平稳。在当时,无论是功率还是热效率,它都是最高的。

1883年8月15日,戴姆勒和迈巴赫发明了汽油内燃机。

1885年,卡尔·本茨制造出一台单缸两冲程汽油发动机,如图1-10所示。

虽然广义上的汽车并不是奔驰和戴姆勒最先发明的,但这并不能否定他们发明的伟大。

正像瓦特的蒸汽机带领人类进入了工业时代一样,奔驰和戴姆勒的发明带领人类进入了汽车时代。

图1-10　单缸两冲程汽油发动机示意图

（四）世界上第一辆汽车的诞生

世界上第一辆汽车是由卡尔·本茨(1844—1929,图1-11)在德国曼海姆制成的世界上第一辆三轮汽车,于1886年1月29日正式取得德国的汽车专利证,这一天也被公认为是汽车的诞生日,这就是世界上公认的第一辆现代汽车的雏形。

图1-11　卡尔·本茨肖像

本茨的三轮汽车及专利证书如图1-12所示,三轮汽车采用一台两冲程单缸约671W(0.9hp)的汽油机,此车具备了现代汽车的一些特点,如火花点火、水冷循环、钢管车架、钢板弹簧悬架、后轮驱动、前轮转向和制动把手。但该车的性能并不十分完善,行驶速度、装载能力、爬坡性能也不十分如意,而且在行驶中经常出故障。本茨的发明最初被人们所怀疑,当时蔓海姆的报纸把他的车贬为无用可笑之物。本茨的夫人为了回击一些人的讥讽，于1888年8月带领两个儿子驱车实验，他们从曼海姆出发，途经维斯洛赫为汽车添油加水，直驶普福尔茨海姆，全程144km，这次历程为本茨的发明增添了说服力。因此，本茨的夫人是历史上第一位女驾驶人，而维斯洛赫成为历史上第一个汽车加油站。

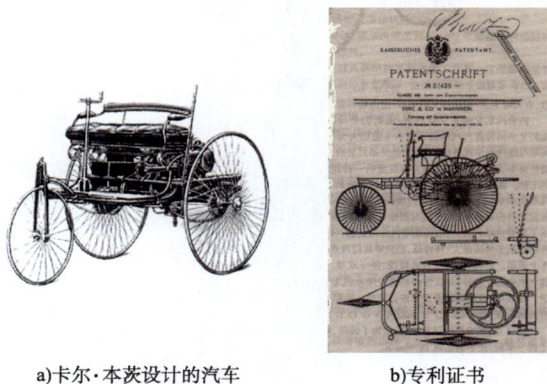

a)卡尔·本茨设计的汽车　　　　　b)专利证书

图1-12　三轮汽车示意图

随着石油的开发，比煤气易于运输携带的汽油和柴油引起了人们的注意，首先获得试用的是易于挥发的汽油。1883年，德国的戴姆勒（Daimler）研制成功第一台立式汽油机，它的特点是轻型和高速。当时其他内燃机的转速不超过200r/min，它却一跃而达到800r/min，特别适应交通运输机械的要求。1885—1886年，汽油机作为汽车动力运行成功，大大推动了汽车的发展。同时，汽车的发展又促进了汽油机的改进和提高。

三、汽车技术的发展与完善

（一）汽车发动机构造的发展与完善

1. 早期发动机的发明

发动机是为汽车行驶提供动力的装置。其作用是使燃料燃烧产生动力，然后通过底盘的传动系统驱动车轮使汽车行驶。发动机主要有汽油机和柴油机两种。

1）汽油机的发明

1862年，法国工程师罗夏在本国科学家卡诺研究热力学的基础上，提出了四冲程内燃机工作原理：活塞下移，进燃气；活塞上移，压缩燃气；点火，气体迅速燃烧膨胀，推动活塞下移做功；活塞上移，排出缸内废气。这些是按照一定的行程顺序连续进行的。他于1862年1月16日被法国当局授予专利，但因罗夏拖欠专利费，使其专利失败。

1867年，德国人尼古拉斯·奥托（Nicolaus Otto）利用罗夏的内燃机原理，设计并制造了第一台以煤气为燃料、火花点火、单缸卧式的四冲程 4hp 内燃机,成为内燃机的正式发明者,如图 1-13 所示。

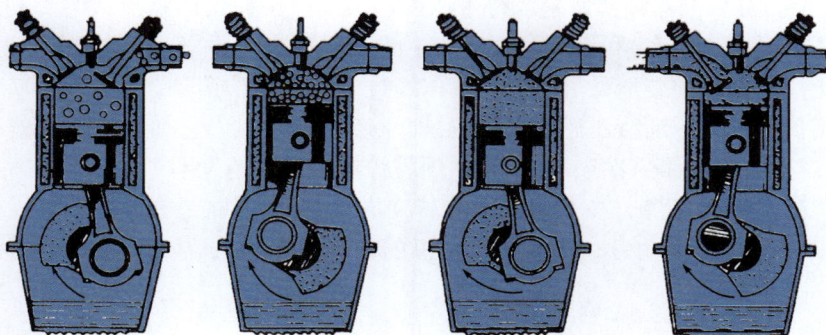

图 1-13　四冲程内燃机工作原理示意图

1883 年 8 月 15 日,戴姆勒和迈巴赫发明了 2 缸汽油内燃机。后来,他们还制成了世界上第一台轻便小巧的化油器式、电点火的小型汽油机,如图 1-14 所示。

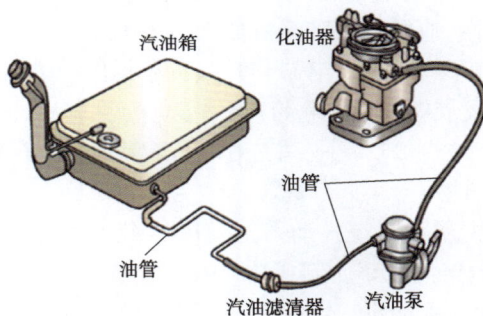

图 1-14　汽油内燃机化油器式燃料供给系统

1885 年,德国人本茨制造出了第一台单缸两冲程汽油发动机,动力为 671W(0.9hp),此汽油发动机具备了现代汽车的一些特点,如火花点火、水冷循环,但性能并不十分完善。

1904 年,英国人内皮将六缸发动机装在汽车上,现代六缸发动机如图 1-15 所示。

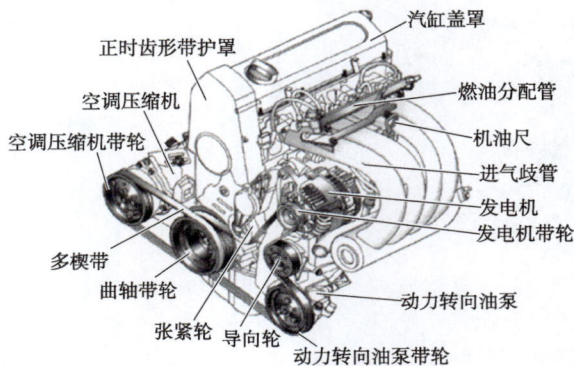

图 1-15　六缸发动机示意图

1914年，凯迪拉克汽车上采用了V8发动机；布加迪威龙则是采用了8.0L W16发动机。

2）柴油机的发明

1892年，德国机械工程师狄塞尔取得了在内燃柴油机中使用压缩点火的专利。他希望通过提高压缩比来提高热效率，利用压缩气体产生的高温来点火，不但省去点火装置和汽化器，而且可以用比汽油便宜的柴油做燃料。狄塞尔经过5年的艰难实验，终于在1897年制成了第一台具有实用价值的高压缩型压燃式内燃机，即压燃式柴油机。它加长了燃烧过程前的压缩过程，这是内燃机技术的第二次突破，也是一项震惊世界的卓越发明。

狄塞尔柴油发动机能将35%的燃料潜能转变成动力，而当时最有效的汽油发动机却只能将28%的燃料潜能转变成动力。狄塞尔发动机的缺点是质量大，噪声大，燃烧重油时排出大量的废气。

1898年，柴油机投入商业化生产。狄塞尔的发明使他一下子成为百万富翁，可惜由于这种新机器在工艺上还没有过关，使新产品无法很好使用，订户纷纷退货，结果使他负债累累，声誉一落千丈。

1913年，狄塞尔在经济上陷入了绝境，从在英吉利海峡航行的一艘轮船上跳海自杀。后人为了纪念发明者，将柴油机称之为"狄塞尔发动机"（Diesel Engine）。

狄塞尔在有生之年只看到他发明的柴油机成功的开端。现在，他发明的柴油机被用来为载货汽车、公共汽车、出租汽车、轮船、发电站和铁路机车提供动力。

柴油机在1914年以前发展缓慢，1914—1918年第一次世界大战期间，迫于战争的需要才开始大量生产柴油机。但柴油机的广泛应用是在1950年左右。在此之前，喷油泵的不完善，严重限制和影响了柴油机的使用。

柴油机在1898年被首先用于固定式动力上。1902年开始用于商船动力，1904年装在了海军舰艇上。1912年第一台柴油机车研制成功，1920年左右应用于汽车及农业机械。

早期的柴油机均系四冲程发动机。1899年，德国工程师雨果·古尔德纳成功地制造出了二冲程发动机，它可以把采用相同汽缸的四冲程柴油机的功率提高60%～80%。但古尔德纳却以埃克哈特的名义申请他的二冲程柴油机的专利，并让奥格斯堡机械厂来生产这种柴油机。到了1936年，美国通用汽车公司使用的小功率柴油机都采用了二冲程形式。二冲程柴油机结构简单，价廉；但它的燃油及润滑油耗量较高，冷却较难，耐用性较差。

1936年，奔驰260D型汽车首先应用了柴油机。

奔驰260D搭载2.6L OM 138四缸柴油发动机，并采用博世燃油喷射泵，最大功率为33kW/3200(r/min)，也成为全球首款大规模量产的柴油车。

2. 化油器的发展

1）化油器

汽油机燃料供给系统的主要作用是将汽油与空气均匀混合形成可燃混合气，供给发动机燃烧做功。其中最重要的混合气装置是化油器或燃油喷射装置，如图1-16所示。汽油机先前大多使用化油器，利用化油

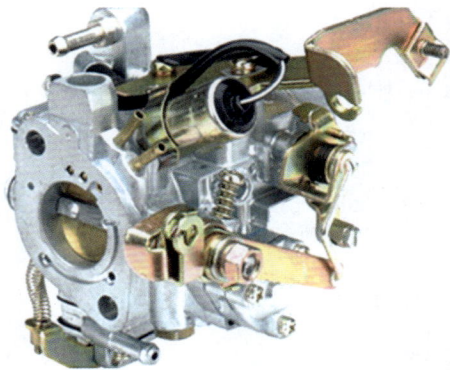

图1-16　化油器式燃油混合装置示意图

器使燃油雾化,和空气混合。但是传统的化油器无法精确地获得发动机在不同工况下所需的可燃混合气的空燃比。

2)电子燃油喷射(EFI)系统

电子燃油喷射发动机简称电喷发动机,这类发动机采用电子控制的方式来管理发动机的燃油供应过程。电喷系统取代了老旧的机械供油系统,是目前最常见的发动机燃油供应方式。由于电喷系统对供油的控制比机械供油系统更加精确,雾化燃油更精细,控制发动机工作更敏捷,因此,在汽车节油特别是降低排放污染方面表现出明显的优势,拥有更好的动力输出表现,同时还能获得更好的燃油经济性。

最早的燃油喷射系统于1952年由德国博世(Bosch)公司在奔驰300L型赛车上采用,它是一种曾用于第二次世界大战德军飞机的机械控制式喷射装置。1957年,美国克莱斯勒公司将电子喷嘴首次装用在豪华型轿车上,这是最早的电子控制汽油喷射系统。在电子燃油喷射系统的发展历程中,博世公司作出了很大的贡献。

1967年,博世公司制造出K型机械式燃油喷射系统,由电动汽油泵提供低压燃油,经燃油量分配器输往各缸进气管上的机械式喷油嘴;同年,博世公司制造出D型模拟式电子燃油喷射系统,装在大众1600型轿车上,率先达到了美国汽车排放法规的要求,打入了美国市场。它的喷油量是由发动机的转速和进气歧管内真空度决定的,开创了汽油喷射系统电子控制的新时代。

真正意义上的电喷系统,是博世公司推出的"D-Jetronic"系统,它是现代电喷系统的雏形,如图1-17所示。D-Jetronic电喷系统被首次应用在1967年底推出的大众Type3 1600TL/E车型上,这也是首次搭载具有实用意义电喷系统的车型。

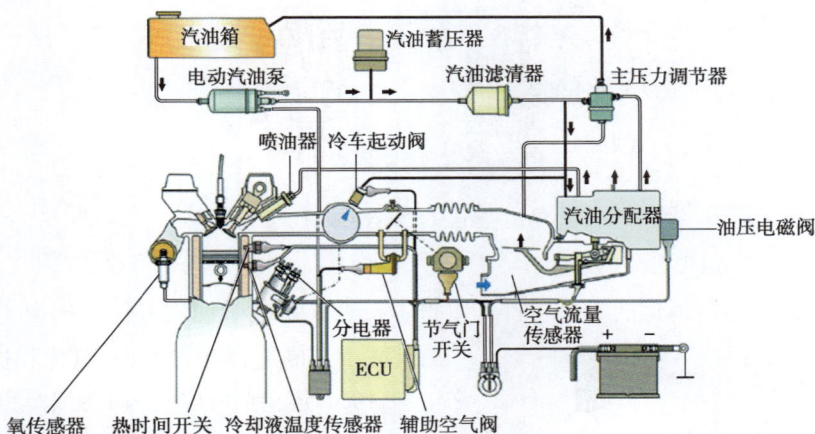

图1-17　博世公司"D-Jetronic"系统示意图

3. 点火装置的发展

点火系统是汽油机上独有的一个系统,它主要的作用是点燃汽缸内的可燃混合气。点火方式从最早的热管式点火、磁电机点火、蓄电池点火,一直发展到现在的电子点火。

1）热管式点火系统

最早获得热管式点火专利的是英国人牛顿。热管就是一个从汽缸内伸出的封闭金属管，把它加热到红热状态，由于热管保持高热，当汽缸内混合气被压缩时压力升高，就自行发生点火。

1844 年，英国人雷诺茨实现了电火花点火，它是用干电池做电源，点火室内装一根烧到白炽状态的电热铂丝，利用一个阀门，定时开闭点火室的进气口，可燃混合气接触电热丝而着火燃烧。

2）压电火花点火的应用

1859 年，法国的勒诺瓦赫发明了世界上第一只长石质瓷缘体制成的电点火火花塞，使蓄电池和感应线圈产生的高压电火花点火，在内燃机上获得了实际的使用。

3）磁电机点火的应用

1883 年，德国的西弗兰德·马尔库斯将一台低压磁电机代替蓄电池作为点火电源，并且利用机械方法断开装在燃烧室内触点的电源，产生电火花点燃混合气。由于当时电火花靠这种永磁微型发电机产生，因此称之为磁电机点火。

4）触点式控制装置

1908 年，美国的斯特林试验成功蓄电池点火系统，采用了触点式控制装置，如图 1-18 所示。但是随着发动机转速的提高，传统的机械式点火装置越来越不适应发动机的高速运转，容易造成缺火等问题，因此，无触点的电子点火装置得到了长足发展。

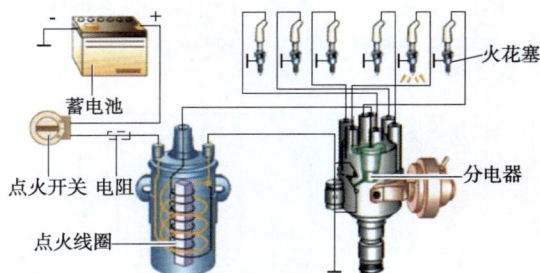

图 1-18　触点式控制点火装置示意图

5）晶体管点火装置

1949 年，美国的霍利化油器公司首先取得了在点火系统中使用晶体管的电子点火系统专利，减少了断电器触点磨损、氧化和机械损伤。

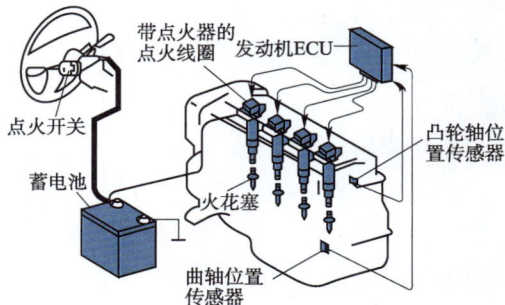

图 1-19　全晶体管点火装置示意图

1971 年，克莱斯勒公司在汽车上开始正式采用全晶体管点火装置，如图 1-19 所示。

1973 年后，克莱斯勒、福特、通用等汽车公司生产的全部汽油车上都以无触点式全晶体管点火装置作为标准装置。目前，汽车发动机点火已经发展到微型计算机控制点火，即点火时间、点火能量都是微型计算机直接控制。

6）ECU 控制点火系统

无分电器 ECU 控制点火系统的配电方式有二极管分电、点火线圈分电两种,点火方式也有双缸同时点火、各缸独立点火两种,如图 1-20 所示。

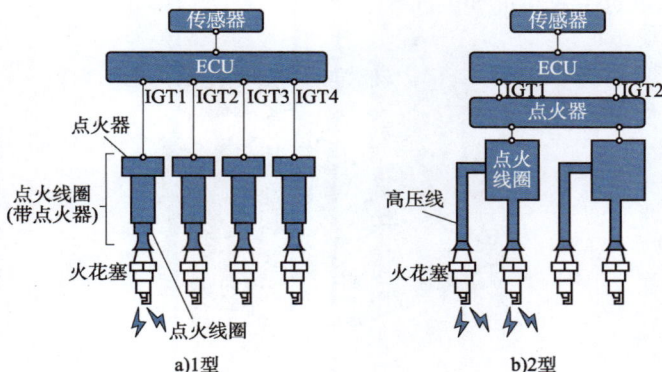

图 1-20 1 型、2 型 ECU 控制点火系统示意图

4. 内燃机的冷却

内燃机的冷却最初是用一根长而弯的管子让水循环流动来实现的。1901 年,迈巴赫发明了蜂窝状的冷却水箱,为高效率的冷却打下了基础。后来采用的水泵强制冷却液循环如图 1-21 所示,它大大改善了冷却系统的工作效能,可以有效地避免冷却液因蒸发而造成的损失,同时还可以起到提高冷却液沸点的作用,也就可以使汽车长时间大功率工作时避免"开锅"现象的发生,大大降低了对发动机零部件的损害,提高了汽车行驶的安全性和平稳性。

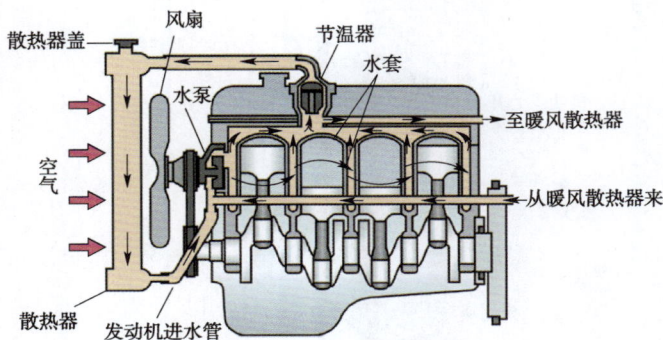

图 1-21 水泵强制冷却液循环冷却系统示意图

5. 起动系统

早期的汽车是靠手摇转动曲轴来起动发动机的。这种方式既费力又不方便,需要有两个人配合。最初消除手摇起动的设想是将压缩空气按点火顺序依次送进各缸以使曲轴转动。压缩空气是靠发动机工作时带动一个气泵而储存的,除了用于起动发动机外,还可给轮胎充气及带动千斤顶工作。但是,这种起动方法并不成功。

1911 年，美国迪兹工程实验公司（简称 DELCO）创始人查尔斯·凯特林研制了第一个电起动器，它是用一个小电动机（起动机）带动与曲轴相连的飞轮转动来起动发动机的，如图 1-22 所示。这项发明的关键在于认识到电动机能在瞬时超负荷运转，所以，一个小电动机（起动机）就可以带动曲轴转动使发动机点火起动。

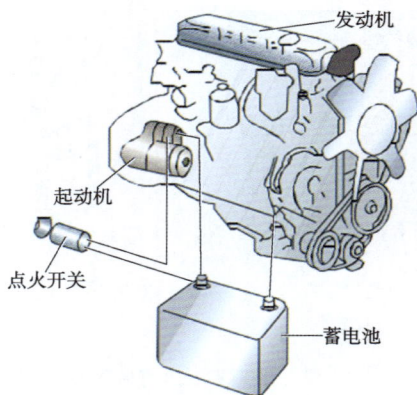

图 1-22　小电动机起动原理示意图

6. 润滑系统

早期的汽车发动机润滑大多采用"全失"润滑系统，即机油送到发动机的工作部件进行润滑，使用后的机油就白白地流到地上浪费掉。现代汽车广泛采用的压力飞溅润滑系统，如图 1-23 所示，在采用了压力润滑后，发动机寿命大大提高。

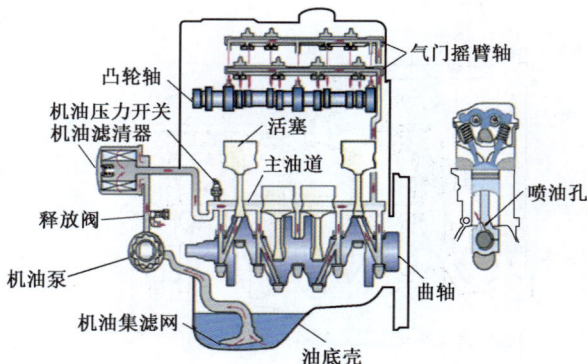

图 1-23　压力飞溅润滑系统示意图

7. 气门的布置

1930 年以前的发动机，大多数采用侧置式气门的设计方案。随着发动机转速的提高，逐步采用顶置式气门（成为一种设计标准），如图 1-24 所示。其优点是可使气门的动作加快，减少气门阻力，以便更好地进行换气，还可使燃烧室的设计更加紧凑。

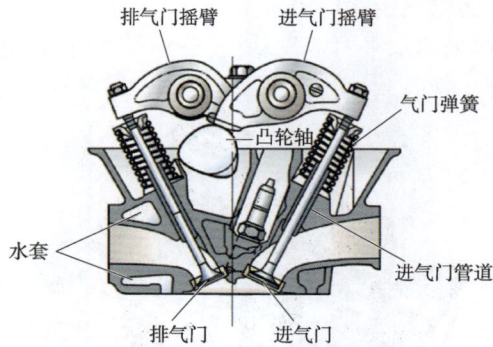

图 1-24　顶置式气门示意图

8. 发动机汽缸布置

汽车发动机的汽缸排列形式主要有直列、V 型,如图 1-25 所示。

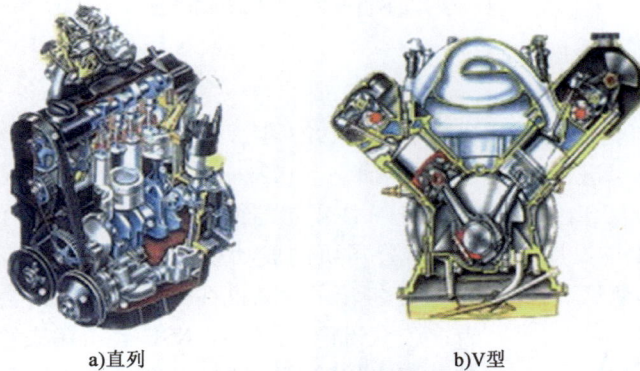

a)直列　　　　　　　　　　　b)V型

图 1-25　直列、V 型汽缸发动机

W 型发动机是大众汽车公司首创的,但是它并不是四排汽缸以 W 型排列的,而是通过复杂的空间结构将两台夹角很小的 V 型发动机的四列汽缸连接在同一个曲轴上,这样可以大大缩小发动机的体积。例如,大众的 12 缸 W 型发动机的体积仅仅相当于一般 V8 或者体积稍微大一点的 V6 发动机,同时运转十分宁静平稳。但是 W 型发动机构造的复杂程度令人咋舌,极高的制造成本使它只能用在一些大型豪华轿车上,如大众的辉腾 6.0 以及旗下奥迪品牌的旗舰 A8L6.0,都是采用 W12 发动机,如图 1-26 所示。布加迪威龙则是采用了 8.0L W16 发动机。

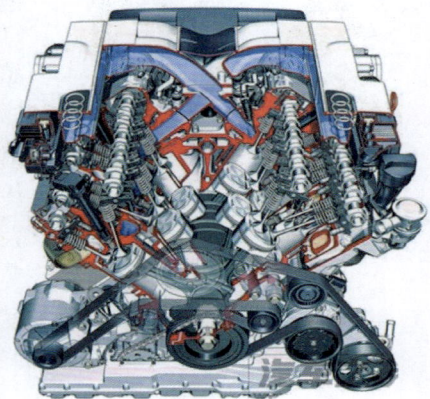

图 1-26　W12 发动机示意图

水平对置发动机特点:由于它的汽缸为"平放",因此降低了汽车的重心,同时又能让车头设计得又扁又低。这些因素都能增强汽车的行驶稳定性。水平对置的汽缸布局是一种对称稳定结构,这使得发动机的运转平顺性比 V 型发动机更好,运行时的功率损耗也是最小。不过由于两排汽缸水平放置,造成发动机缸体很宽,会使发动机舱排列变得比较复杂,所以很少有厂家采用。

目前只有两家汽车公司采用水平对置发动机,分别是斯巴鲁和保时捷(图 1-27)。

图 1-27　保时捷水平对置发动机示意图

9. 转子发动机

菲加士·汪克尔于 1902 年出生在德国。1924 年,汪克尔在海德堡建立了自己的公司,他花了大量的时间在那里进行转子发动机的研制。1927 年,诸如气密性和润滑等一系列技术问题的攻克终于有了眉目。1951 年,菲加士·汪克尔与德国 NSU 公司签订了关于合作开发转子发动机的合约。1954 年 4 月 13 日,NSU 公司研制成功第一台转子发动机,并于 1958 年对这种发动机展开一系列测试。1960 年,汪克尔转子发动机在德国工程师协会的一次讨论会上作

图 1-28　转子发动机示意图

首次公众讨论。3 年后,NSU 公司在法兰克福车展上展出了装备汪克尔转子发动机的新车型,转子发动机如图 1-28 所示。1964 年,NSU 公司和雪铁龙在日内瓦组建合资企业 COMOBIL 公司,首次把转子发动机装在轿车上成为正式产品。1967 年,日本东洋工业公司也将转子发动机装在马达轿车上开始成批生产。当时业内人士认为这种发动机的结构紧凑轻巧,运转宁静畅顺,体积小,质量轻,也许会取替传统的活塞式发动机,但最终由于转子发动机油耗高、污染大、零部件使用寿命短、日常使用和维护要求高而最终没有普及开来。只有马自达汽车公司一直坚持转子发动机的研发和使用。

10. 涡轮增压发动机

瑞士工程师 Alfred Büchi 发明了世界上第一个由废气驱动的涡轮增压器,并于 1905 年取得该项发明的专利,该增压器最初被应用在柴油发动机上。随后在爆发的第一次世界大战中,涡轮增压技术开始被应用到战机上,主要是为了解决战机在高空中,因空气中含氧量下降所导致的发动机动力下降问题。

最早的车用涡轮发动机,首次出现在 1962 年奥兹莫比尔推出的第一代 Cutlass Jetfire 车型上,此发动机使用了由 Garrett AiResearch(全球最大涡轮增压器厂家)开发的涡轮增压器,与 Cutlass 车系中同排量的自然吸气发动机相比,涡轮增压发动机的动力提升非常明显。可惜的是,Cutlass Jetfire 车型上的涡轮增压发动机由于技术不成熟,频繁出现故障,奥兹莫比尔于 1963 年停止了涡轮增压发动机的供应。随后涡轮增压发动机陆续出现在雪佛兰的 Corair Monza Spyder、宝马 2002 Tubro 上,但都因为可靠性太低,在推出不久后便被汽车厂叫停。自 2012 年开始,涡轮增压器在雪铁龙新 C4L 汽车的 3 缸 EP6CDTM 发动机上得到应用,如图 1-29 所示。

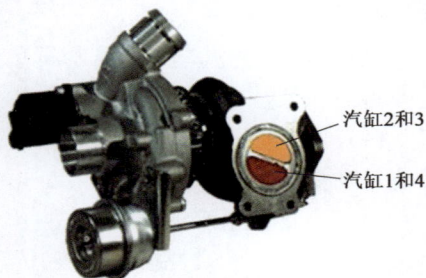

汽缸2和3

汽缸1和4

图 1-29 雪铁龙 EP6CDTM 发动机的
涡轮增压器示意图

(二) 底盘技术的发展与完善

1.传动系统

1)动力传动系统的发展

本茨的汽车从发动机到驱动车轮是用皮带传动,后来又出现了链条。在挠性连接部件出现以后,即传动力的两部件之间允许有位置和距离的变动,才普遍采用了传动轴连接锥齿轮的传动方式。

1893 年,美国的杜里埃兄弟设计了差速器,如图 1-30 所示。

1894 年,法国的本哈特和拉瓦索发明了齿轮变速器。

1898 年,法国雷诺汽车公司首先使用了传动轴。

1902 年,皮尔里斯发明了汽车万向节。

1913 年,美国的派克特汽车推广应用了螺旋锥齿轮主减速器后桥。

1928 年,派克特汽车在后桥上采用了双曲线齿轮主减速器,如图 1-31 所示。

主减速器

半轴

行星小齿轮

驱动轴

图 1-30 差速器示意图

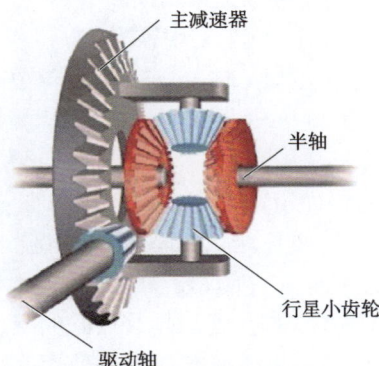

图 1-31 双曲线齿轮主减速器示意图

1928年，美国凯迪拉克轿车采用了带同步器的变速器。

1937年，美国的别克和奥兹莫比尔汽车使用了一种自动安全变速器，首创现代自动变速器。

1948年，别克汽车采用了与行星齿轮机构组成一体的液压变矩器，这就是现代液力自动变速器的原型。

1957年，美国的辛普森公司推出了它几年前发明的由太阳轮、齿圈和行星轮巧妙构成的三速自动变速器。

2）动力传动系统的布置形式

汽车的布置形式是指发动机、传动系统的布置位置和驱动方式。常用动力传动系统的布置形式发展如下。

图1-32 发动机后置后驱示意图

（1）发动机后置后驱（RR）。该形式由本茨和戴姆勒设计，如图1-32所示。

采用发动机后置后轮驱动形式的整车具有如下优势：

①质量集中于汽车的后部，发动机距驱动轴很近，因而驱动轮负荷大，起动加速时牵引力大，且传动效率高，燃油经济性好。

②有利于车身内部布置，车厢内的面积利用率高。

③易于将发动机与车厢隔开，减少车厢内的振动和噪声，乘坐舒适性良好。

④可在地板下设置容积很大的行李舱。

其劣势在于：

①前轮附着力小，高速时转向不稳定，影响了操纵稳定性。

②散热器布置困难，不利于发动机的散热。

③发动机防尘困难。

④发动机和变速器等总成远离驾驶人，远程（Remote）操纵机构的布置较复杂。

⑤故障不宜及时判别，维修困难。

目前大、中型客车、货车采用该形式。

（2）发动机前置后驱（FR）。该形式于1891年由阿尔芒·标致设计，如图1-33所示。

采用发动机前置后轮驱动形式的整车具有如下优势：

①在良好的路面上起动、加速或爬坡时，重心后移，后轮作为驱动轮负荷增大（即驱动轮的附着压力增大），其牵引性能比前置前驱形式优越。

②轴荷分配比较均匀，因而具有良好的操纵稳定性和行驶平顺性，并有利于延长轮胎的使用寿命。

③发动机、离合器和变速器等总成临近驾驶室，简化了操纵机构的布置。

图1-33 发动机前置后驱示意图

④转向轮是从动轮,转向机构结构简单、便于维修。

其劣势在于:

①由于采用传动轴装置,不仅增加车重,还影响乘坐的舒适性;同时降低了动力传动系统的传动效率,影响了燃油经济性和动力性。

②纵置发动机、变速器和传动轴等总成的布置,使驾驶室空间减小,影响乘坐舒适性;同时,地板高度的降低也受到限制;汽车正面发生碰撞时,易导致发动机进入车厢,会对前排驾驶人造成伤害。

③在雪地或易滑路面上起动加速时,后轮推动车身,易发生摆尾现象。

④对于采用发动机前置后驱形式的客车,易于由货车改装,与货车通用的部件较多。除具有相似于发动机前置后驱货车的优缺点外,还存在如下弊端:

a. 由于发动机舱盖突出于地板之上,降低车厢内的面积利用率,并导致了车内噪声大,隔热、隔振比较困难,影响了乘坐舒适性;

b. 前轴容易过载,轴荷分配不够理想,影响了操纵稳定性;

c. 由于前悬受到限制,导致后悬过长,上坡时容易刮地。

近年来,随着城市公交车进一步向准低地板、超低地板方向发展,大客车的驱动形式已呈现出由发动机后置后驱取代发动机前置前驱的趋势。国产宝马325i、530i以及档次更高的进口宝马轿车,宾利、奔驰、捷豹等其他豪华轿车也多采用发动机前置后驱的驱动形式。

(3)发动机前置前驱(FF)。1934年由安德烈·雪铁龙设计应用于雪铁龙CV7型轿车,如图1-34所示。

采用发动机前置前轮驱动形式的整车具有如下优势:

①省略传动轴装置,减轻了车重,结构比较紧凑。

②有效地利用了发动机舱内的空间,驾驶室内空间较为宽敞,并有利于降低地板高度,提高乘坐舒适性。

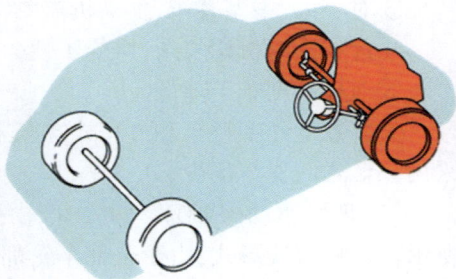

图1-34 发动机前置前驱示意图

③发动机靠近驱动轮,动力传递效率高,燃油经济性好。

④发动机等总成前置,增加前轴的负荷,提高了轿车高速行驶时的操纵稳定性和制动时的方向稳定性。

⑤简化了后悬架系统。

⑥在积雪或易滑路面上行驶时,前轮牵拉车身,有利于保证方向稳定性。

⑦汽车散热器布置在汽车前部,散热条件好,发动机可得到足够的冷却。

⑧行李舱布置在汽车后部,所以有足够大的行李舱空间。

其劣势在于:

①起动、加速或爬坡时,重心后移,前轮作为驱动轮负荷减少,导致牵引力下降。

②前桥既是转向桥,又是驱动桥,结构及工艺复杂,制造成本高、维修困难。

③前桥负荷较后轴重,并且前轮又是转向轮,故前轮工作条件恶劣,轮胎寿命短。

④前轮驱动并转向需要等速万向节,其机构和制造工艺较为复杂。

⑤一旦发生正面碰撞事故，因其发动机及其附件损失较大，维修费用高。

（4）发动机中置后驱（MF）。发动机中置后驱应用于赛车上，如图1-35所示。

采用发动机中置后轮驱动形式的整车具有如下优势：

①对于运动型汽车，可获得最佳的轴荷分配，操纵稳定性和行驶平顺性较好。

②发动机临近驱动桥，无需传动轴，从而减轻车重，具有较高的传动效率。

③质量集中，车身平摆方向的惯性力矩小，转弯时，转向盘操作灵敏，运动性好。

图1-35　发动机中置后驱示意图

④对于大、中型客车，具有车厢内的面积利用率较高、车内噪声小、传动轴短、传动效率高等优点。

其劣势在于：

①对于运动型汽车，发动机的布置占据了车厢和行李舱的一部分空间，通常，车厢内只能安放2张座椅。

②对发动机的隔音和绝热效果差，乘坐舒适性有所降低。

③对于大、中型客车，发动机需要特殊设计，且不易冷却和防尘。

④远程操纵机构复杂，维修不便。

⑤地板高度难于降低。

大多数运动型轿车和方程式赛车采用该形式。此外，某些大、中型客车也采用该形式，但采用该形式的货车很少。

（5）四轮驱动（4WD）。1902年，由荷兰人斯帕伊卡设计该形式并应用于越野车，如图1-36所示。这种布置形式，由于全部车轮都是驱动轮，充分利用了汽车的全部附着质量，因此，汽车有较大的驱动力和克服障碍、防止打滑的能力。所以，越野汽车一般都采用这种布置形式。而且，由于全轮驱动的汽车有较大的驱动力，加速性好，20世纪80年代以来一些轿车和旅行轿车也纷纷采用全轮驱动，成为所谓的"多用途运动车（SUV）"，受到不少美国年轻人的喜爱，形成了"4WD"热潮。但是，全轮驱动的结构复杂，成本高，在好路上行驶时燃料消耗大，轮胎和机件的磨损大。

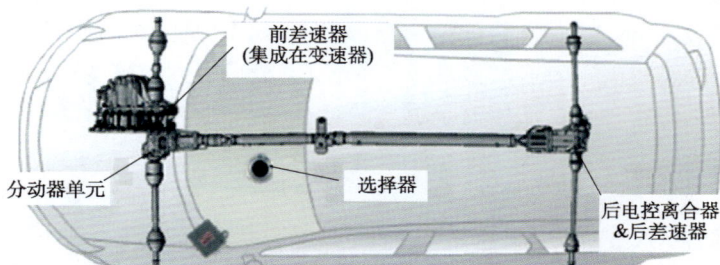

前差速器
（集成在变速器）

分动器单元

选择器

后电控离合器
&后差速器

图1-36　4WD四轮驱动示意图

（6）混合动力传动系统。克莱斯勒研发的 Citadel 牌发动机与驱动电机的动力在驱动轮处耦合的混合动力汽车,保持了传统发动机汽车的驱动平台。发动机通过离合器、传动轴、驱动桥可以独立带动汽车后轮行驶。通过 Expic 减速器独立带动汽车的前轮行驶,并能够实现发动机与驱动电机的动力在驱动轮处耦合,形成 4×4 的驱动模式,如图 1-37 所示。

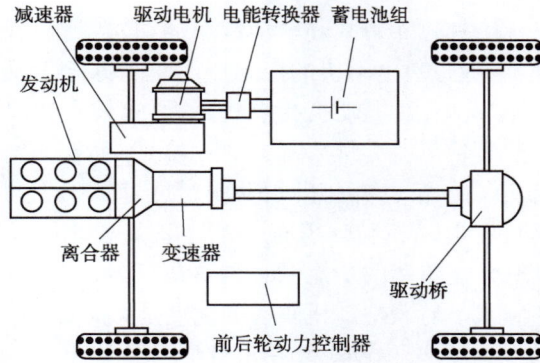

图 1-37　混合动力 4×4 的驱动模式示意图

（7）纯电动汽车动力传动布置形式。机械驱动布置方式是指在纯电动汽车中,电动机通过机械方式驱动汽车行驶。这一布置方式是在保持传统汽车传动系统基本结构不变的基础上,用电动机替换传统汽车的发动机,其驱动系统的整体结构与传统燃油汽车的区别很小。按照驱动电动机的布置形式可分为:传统机械布置式、无离合器布置式、无变速器布置式、轮边电动机驱动布置式、轮毂电动机驱动布置式(有减速器式)和轮毂电动机驱动布置式(无减速器式),如图 1-38 所示。

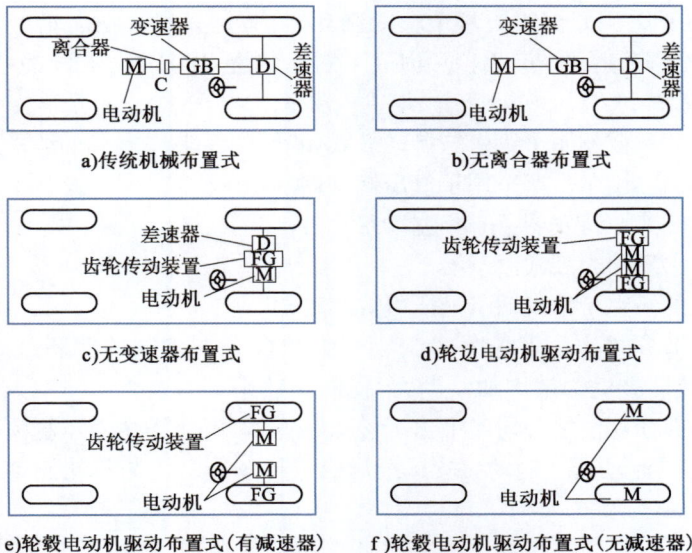

图 1-38　纯电动汽车动力传动布置形式示意图

①传统机械布置式和无离合器布置式。此布置式纯电动汽车由燃油汽车底盘改装,基本保持燃油汽车的机械传动系统(发动机更换成电动机),如图1-38a)、b)所示。

其优点是技术难度低,成本低,由于传动系统传动比和传动比范围都较大,车辆驱动对电动机的要求低,可选功率较低的电动机;缺点是动力部件多(包括蓄电池、电动机、功率变换器,再加上机械传动系统),整车质量大,布置困难。

②无变速器布置式。无变速器布置式纯电动汽车的结构特点是取消了离合器和变速器,采用了固定传动比的减速器,通过对电动机的控制实现变速功能,这种布置形式的优点是机械传动系统得到简化,质量、体积小,对电动机要求较高,要求较大的起动转矩及较大的后备功率,以保证汽车的起步加速、爬坡等动力性要求,如图1-38c)所示。

③轮边电动机驱动布置式。轮边电动机驱动不带变速器,通过电动机控制实现变速功能。驱动系统采用多电动机,电动机位于车轮一侧,每个电动机配一个减速器,没有差速器,用电动机控制系统实现电子差速的功能,如图1-38d)所示。

④轮毂电动机驱动布置式。轮毂电动机驱动的优点是无离合器、变速器、传动轴等机械装置,无相应操纵机构,结构得到简化,电动机装在车身(车架)下,增加车身内部有效空间;缺点是电动机置于汽车底部,影响通过性,电子差速增加了电动机控制系统的复杂程度。轮毂电动机驱动布置式纯电动汽车将电动机置于驱动轮内部,进一步缩短了电动机与驱动轮间的动力传递路径。按照是否配备减速器,分为带减速器式和不带减速器式两类,如图1-38e)、f)所示。

2. 制动系统

汽车制动器开始是照搬马车上的结构,即用驻车制动操纵杆带动一个单支点的摩擦片来抱住后轮。但是汽车所需的制动力要比马车大得多,而且汽车倒车时这种制动器常常失灵。

最早的汽车制动采用摩擦垫压紧车轮的制动器,而且只安装在后轮上。1889年,戴姆勒汽车将制动鼓装在后轮上,再绕上钢缆,构成了制动装置;1902年,英国的兰切斯特取得了盘式制动器的专利权。

1902年,美国的奥兹发明了钢带与制动鼓式制动器,后来许多汽车都采用了这种制动器。

1903年,美国的廷切尔汽车采用了气压制动器。

1907年,英国的弗罗特发明了石棉制动蹄片。

1914年,开始出现轮内鼓式制动器。

1918年,英国的洛克希德发明了液压鼓式制动器。

1919年,法国海斯柏诺—索扎公司制成用脚踏板统一控制的四轮鼓式制动器,并由变速器驱动一个机械伺服机构来增加制动力,使制动效果大为改善。

1921年,美国的杜森伯格公司又推出了液压助力器,由一个主液压缸来放大制动力,之后又出现了气动助力的制动器。制动装置逐渐形成了行车制动控制车轮制动,驻车制动控制传动轴制动的普遍的结构形式。

1928年,皮尔斯·阿罗汽车第一次装用真空助力制动器,它利用进气歧管的真空度以降低驾驶员作用于制动器上的操作力。

1936年,博世公司申请一项电液控制的防抱死制动系统(ABS)装置专利,促进了其在汽车上的应用,如图 1-39 所示。20 世纪 80 年代后期,随着电子技术的发展,ABS 开始广泛应用在汽车上,这提高了汽车的主动安全性和操纵性。

散热孔
制动钳
轮毂
制动盘

图 1-39　博世公司电液控制的 ABS 装置制动器示意图

1969 年,福特使用了真空助力的 ABS 制动器。

3. 行驶系统

1)轮胎

初期的汽车采用的是自行车所用的辐条式的铁制车轮,外套实心橡胶轮。这种实心轮当车速超过 16km/h 时,车就会跳起来,使驾驶人和乘客颠簸得无法忍受。

钢铁的出现,使木轮逐渐向钢制轮发展,并加上了橡胶轮胎,车轮日臻完善,如图 1-40 所示。

1886 年,本茨和戴姆勒发明的汽车是实心橡胶轮胎。

1888 年,英国邓洛普发明了自行车用充气轮胎。

1895 年,法国的米其林兄弟制造出用于汽车的充气轮胎,改善了汽车的舒适性。这种轮胎分为内胎外胎两层,外胎中用金属丝予以加强,从而使轮胎寿命大大增长。

1904 年,克莱斯勒采用了可拆式轮圈。

1908 年,固特异公司制造出防滑轮胎。

1930 年,米其林公司制造出第一个无内胎的轮胎产品。

1946 年,米其林公司发明了子午线轮胎,大大改善了轮胎的使用性能。

图 1-40　钢制轮辋橡胶轮胎示意图

1981 年,英国邓洛普公司又发明了一种新型轮胎,在轮胎穿孔的情况下汽车仍可继续行驶,而轮胎不会从轮辋上脱出,这是因为胎冠内表面涂有聚凝胶,既是密封剂,又是润滑剂。在轮胎穿孔后立刻起到密封作用,保证车轮具有足够气压可以安全行驶。

2)悬架

汽车最早采用的是钢板弹簧非独立悬架。

1900 年,美国人哈德福特制成了第一个汽车减振器,并将它装在奥兹莫比尔轿车上。

图 1-41　麦弗逊式独立悬架
示意图

1921 年，英国的利兰德汽车公司生产出第一个使用扭杆弹簧悬架的汽车。

1933 年，美国的费尔斯通公司研制成了第一个实用的空气弹簧悬架；同年，门罗公司为赫德森轿车研制双向筒式液压减振器。直到现在，这种筒式减振器也没有很大改变。

1934 年，通用汽车公司采用了前螺旋弹簧独立悬架。

1938 年，别克汽车第一次将螺旋弹簧应用到汽车后悬架上。

1950 年，福特汽车公司的麦弗逊制成了麦弗逊式独立悬架，这是轿车上目前应用较多的悬架形式，如图 1-41 所示。

1984 年，林肯轿车采用了可调整的空气悬架系统，从此电控悬架在汽车上开始应用。

4. 转向系统

1886 年，卡尔·本茨首先采用了所谓的齿轮齿条式转向器，齿轮齿条式转向器如图 1-42 所示。

1908 年，福特 T 型汽车采用了行星齿轮转向器。

1923 年，美国的马尔斯研制出循环球式转向器。

1928 年，美国的戴维斯研制出液压动力辅助转向器；1954 年，在美国的一些大型轿车上首次应用动力转向。

1954 年，液压动力转向器应用于凯迪拉克轿车上。

1966 年，美国凯迪拉克公司推出了一种可变速比的动力转向机构，这种动力转向系统车轮偏转的角度越大，提供的助力也越大；当车轮接近于直线行驶时，助力随之减到最小。

1985 年，日本丰田公司装用电子控制的速度敏感动力转向装置，它是采用计算机控制辅助转向的第一个汽车产品，它在低速时提供最大的转向助力，而在高速时几乎没有转向助力，因此，汽车在高速公路上行驶时没有转向的抖动问题。

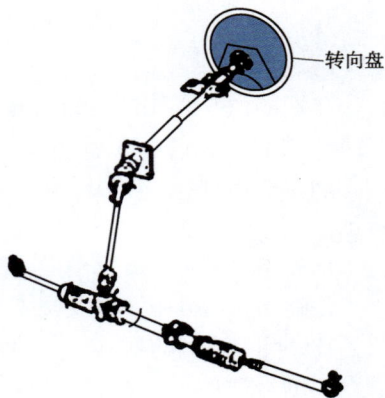

图 1-42　齿轮齿条式转向器示意图

（三）汽车电气的发展与完善

1. 点火系统

1859 年，法国物理学家普朗特发明了铅酸蓄电池。

1901 年，德国博世公司发明了高压磁电机点火装置。

1908 年，美国的凯特林试验成功蓄电池点火系统，采用触点式点火。

1931 年，克莱斯勒汽车装配真空点火提前控制装置。

1961 年，英国戴顿工程研究所制成无触点点火装置。

1973 年后，克莱斯勒、福特、通用等公司生产的全部汽油车上都以无触点式全晶体管点火装置作为标准装置。

目前,汽车发动机点火已经发展到微型计算机控制点火,即点火时间、点火能量由微型计算机直接控制。

2. 发电机和起动机

1912 年,美国凯迪拉克轿车使用了直流发电机。

1962 年,通用汽车公司采用了二极管整流的交流发电机。

1917 年,美国凯迪拉克轿车开始使用了起动机。

3. 照明灯及其他部件

1898 年,"哥伦比亚"号电动汽车首先把电用于前照灯和尾灯。

1908 年,美国新泽西州的洛厄尔麦康纳东工业公司取得了生产电喇叭的专利权。

1912 年,凯迪拉克轿车首先安装了汽车电灯。

1922 年,纽约的查理士·威廉汽车销售商店推出了风窗玻璃刮水器。

1925 年,导航灯具公司推广了双丝灯泡。

4. 音响及空调

1)汽车音响

1922 年 5 月,美国芝加哥的 18 岁青年乔治·弗罗斯特将收音机装在福特 T 型汽车后门上,成为最早装有收音机的汽车。

1929 年,美国道奇公司生产的 DB 希尼尔 6 型车配备了车用收音机。

1936 年,飞歌公司采用了一种可以组装在汽车仪表板内的体积较小的收音机。

1955 年,克莱斯勒公司采用了一种用晶体管取代电子管的收音机。

2)汽车空调

1938 年,美国的弗莱德·金斯设计制造了第一台装在汽车上的机械式制冷机组。

1939 年,美国的派克特汽车首先采用了车内温度和空气流通调节装置——空调器。

1953 年,美国多家汽车公司装用了凯迪拉克公司生产的带有通-断控制装置的汽车空调器。

1956 年,世界上第一台客车空调系统研制成功;1957 年,顶置式客车空调问世。

1964 年,凯迪拉克公司研制成一种新型汽车空调,首次能调节供热、通风和恒温。

1979 年,美国和日本等公司研制开发了用计算机控制的空调系统,实现了数字显示最佳控制,使汽车空调进入新的先进产品时期。

目前,汽车空调向电子空调和多区自动空调的方向发展。

5. 车载控制局域网络发展史

1986 年 2 月,Robert Bosch 公司在美国汽车工程师学会(Society of Automotive Engineer, SAE)大会上介绍了 CAN(控制器局域网)技术。

1999 年,有 6000 万个 CAN 控制器投入使用。

2000 年,市场销售超过 1 亿个 CAN 控制器。

今天,几乎每一辆新客车都装配有 CAN 局域网。

1990 年,博世公司的 CAN 规范被提交国际标准化组织。

1993 年 11 月,出版了 CAN 国际标准 ISO 11898 和 ISO 11519—2,规定了数据传输中的容错方法。

1995 年,ISO11898 进行了扩展,以附录的形式说明了 29 位 CAN 标符。

2000 年,SAE 提出了 J1939 协议,并成为货车和客车中控制器局域网的通用标准。

SAE J1939 是一种高级的 CAN 协议标准,它对汽车内部 ECU(电子控制单元)的地址配置、命名、通信方式以及报文发送优先级等都作了明确的规定,并且对汽车内部各个具体的 ECU 通信作了详细的说明。SAE J1939 标准更大限度地发挥了 CAN 优异的性能。目前, J1939 协议已经成为应用于国外电控发动机 ECM(发动机电子控制模块)/ECU/EDC(发动机的燃油供应和点火控制)最广泛的应用层协议。J1939 协议技术在国外,特别是欧洲、美国、日本,已经相当成熟。目前,J1939 已经成为世界各大车辆部件制造厂商支持的重要通信标准,尤其是在大客车、载货货车、特种车辆和工程机械中得到广泛的应用。

四、 电动汽车的发展

（一）电动汽车的诞生

1. 电动汽车的发明

电动汽车的历史比我们现在最常见的内燃机驱动的汽车要早。直流电动机之父匈牙利的发明家、工程师耶德利克·阿纽什(Jedlik ányos),最早于 1828 年在实验室试验成功了电磁转动的直流电动机。

图 1-43　第一辆直流电动机驱动的电动汽车示意图

美国人托马斯·达文波特(Thomas Davenport)于 1834 年制造出第一辆直流电动机驱动的电动汽车,如图 1-43 所示。1837 年,托马斯因此获得美国电动机行业的第一个专利。

1832—1838 年,苏格兰人罗伯特·安德森(Robert Anderson)发明了电驱动的马车,这是一辆使用不能充电的初级电池驱动的车辆。1838 年,苏格兰人罗伯特·戴维森(Robert Davidson)发明了电驱动的列车,今天在路面上依然行驶的有轨电车是 1840 年在英国出现的专利。

1839 年,苏格兰的罗伯特·安德森给四轮马车装上了电池和电动机,将其成功改造为世界上第一辆靠电力驱动的车辆。

有轨电车发展很快,英国还出现了双层有轨电车。但是有轨电车噪声大,只能沿轨道行驶,不够灵活,它的轨道还破坏了城市道路的平整。

当时的电动汽车使用铅酸蓄电池,性能差、容量小、寿命短,充电时间长。

1879 年,德国西门子—哈尔斯克电报机制作所研制出了第一辆有轨电车,如图 1-44 所示。它可拉动 3 节载有 18 人的平板车厢。

1859 年,法国伟大的物理学家、发明家噶斯顿·普朗特(Gaston Plante)发明了可充电的铅酸蓄电池。

1873 年,由英国人罗伯特·戴维森用一次电池作动力发明的电动汽车,并没有列入国际的确认范围。

1881 年,法国工程师古斯塔夫·特鲁夫发明了用铅酸蓄电池为动力的三轮车,因此,世界上第

图 1-44 第一辆有轨电车

一辆电动汽车于 1881 年诞生。后来就出现了铅酸蓄电池、镍镉蓄电池、镍氢蓄电池、锂离子蓄电池、燃料电池作为电力。

1899 年,比利时工程师卡米乐·热纳茨(Camille Jenatzy)设计了名为"从不满意"(La Jamais Contente)的铝质车身电动汽车,如图 1-45 所示,它是世界首辆车速超过 100km/h 的电动汽车。

20 世纪初,美国就有 34000 多辆电动汽车在道路上行驶了。到 20 世纪 20 年代,美国生产电动汽车的公司达到 20 多家,年产电动汽车 5000 辆。美国生产的具代表性的电动汽车如图 1-46 所示。

图 1-45 铝质车身电动汽车

图 1-46 美国生产电动汽车示意图

2. 电动汽车的发展

1)1920—1990 年

随着美国德州石油的开发和内燃机技术的提高,电动汽车在 1920 年之后渐渐地失去了优势。汽车市场逐步由内燃机驱动的汽车所取代。只有在少数城市保留着很少的有轨电车和无轨电车以及很有限的电瓶车(使用铅酸蓄电池组,被使用在高尔夫球场、铲车等领域)。电动汽车的发展从此停滞了大半个世纪。随着石油资源滚滚流向市场,人们几乎忘记还有电动汽

车的存在,运用在电动汽车上的技术(如电驱动、蓄电池材料、动力蓄电池组、蓄电池管理等)也无法得到发展或运用。

2)1990 年至今

石油资源的日益减少、大气环境的污染严重,让人们重新关注电动汽车。1990 年之前,提倡使用电动汽车主要还是以民间为主(如世界电动汽车协会)。

20 世纪 90 年代开始,各个主要的汽车生产厂家开始关注电动汽车的未来发展,并且开始投入资金和技术在电动汽车领域。

1990 年 1 月,在洛杉矶汽车展上,通用汽车的总裁向全球推介 Impact 纯电动汽车。

1992 年,福特汽车推出使用钙硫蓄电池的 Ecostar 电动汽车。

1996 年,丰田汽车推出使用镍氢蓄电池的 RAV4LEV 电动汽车。

1996 年,法国雷诺汽车推出 Clio 电动汽车。

图 1-47 北汽 EV200 纯电动汽车

1997 年,丰田的 Prius 混合动力电动汽车下线,同年日产汽车世界上第一辆使用锂离子蓄电池的电动汽车 Prairie Joy EV 下线。

1999 年,本田汽车发布、销售混合动力 Insight 汽车。

近几年,国内的比亚迪、北汽、荣威、吉利、奇瑞、长安等纯电动汽车品牌,如雨后春笋发展壮大。图 1-47 所示为北汽生产的 EV200 纯电动汽车。

(二) 节能与新能源汽车的发展(2012—2025 年)

2010 以来,我国汽车产业取得了长足的发展。2015 年,汽车产销规模超过 2450 万辆,已经连续 7 年蝉联全球第一。虽然已成为名副其实的汽车大国,但是我国还不是汽车强国。在此背景下,我国政府于 2012 年发布了《节能与新能源汽车产业发展规划(2012—2020)》,2015 年发布了《中国制造 2025》,正式提出制造强国战略,并将节能与新能源汽车列为重点发展的十大领域之一。由此,汽车强国正式上升为国家战略,实现由汽车大国向汽车强国的转变,成为我国汽车产业必须承担的重大战略使命。

2015 年 10 月发布的《中国制造 2025》的重点领域技术路线图,在总体上指明了节能汽车、新能源汽车和智能网联汽车技术的发展方向和路径。为进一步细化汽车强国战略目标的发展路径和具体措施,识别未来 15 年汽车产业技术发展方向、关键技术及优先级,提出汽车产业技术联合创新的框架,促进新技术的研发和应用,引导企业的创新活动,受国家制造强国建设战略咨询委员会、工业和信息化部委托,中国汽车工程学会组织众多专家学者持续深入开展了节能与新能源汽车的技术路线图研究,并形成了"1+7"路线图,即一个总体技术路线图,以及节能汽车、纯电动汽车和插电式混合动力电动汽车、氢燃料电池汽车、智能网联汽车、汽车制造、汽车动力蓄电池、汽车轻量化等 7 个细分领域的技术路线图。

《节能与新能源汽车技术路线图》的研究编制工作于 2015 年 9 月中旬启动,历经逾一年正式完成,期间共动员了来自企业、高校、科研机构、行业组织等各个方面的超过 500 位专家、学者参与。这些专家、学者涵盖汽车以及能源、信息、材料等相关行业。项目实施过程中,产学研相关专家进行了充分讨论和深入研究,累计进行 60 余场研讨或评审会,期间六易其稿,最终完成了"1 +7"的《节能与新能源汽车技术路线图》。

《节能与新能源汽车技术路线图》是参与研究编制工作的数百位专家集体智慧的结晶,是落实《中国制造 2025》中有关汽车强国目标的一次产学研联合和协同。在研究过程中,中国汽车工程学会负责总体组织和协调工作,"1 +7"各项具体研究的主要参与单位如下。

(1)总体技术路线图。由中国汽车工程学会、清华大学汽车产业与技术战略研究院,中国第一汽车集团技术中心,在 7 项细分领域技术路线图研究成果的基础上,共同研究和总结完成。

(2)节能汽车技术路线图。由中国汽车工程研究院牵头,联合长安汽车、东风汽车、北汽集团、奇瑞汽车、广汽集团、华晨汽车、长城汽车、东风商用车、中国重汽、陕汽集团、郑州宇通汽车、丰田汽车、中石化石科院、中石油兰州所、江麓容大、云内动力、广西玉柴、盛瑞传动、湖南科力远、上海电驱动、上海交大、北京恒润、三角轮胎、深圳航盛、精进电动等单位共同完成。

(3)纯电动汽车和插电式混合动力电动汽车技术路线图。由中国汽车技术研究中心牵头,联合北汽集团、中科院电工所、一汽集团、比亚迪汽车、江淮汽车、华晨汽车、郑州宇通、精进电动、上海电驱动、上海大郡、宁德新能源、天津力神、中兴通讯等单位共同完成。

(4)氢燃料电池汽车技术路线图。由清华大学牵头,联合同济大学、上汽集团、长安汽车、东风汽车、北汽新能源、大连化物所、新源动力、神华集团低碳研究所等单位共同完成。

(5)智能网联汽车技术路线图。由智能网联汽车产业技术创新战略联盟牵头,联合清华大学、中国汽车工业学会、吉林大学、中国第一汽车集团技术中心、中国汽车工程研究院、中国汽车技术研究中心、北京航空航天大学、同济大学、长安汽车、吉利汽车、广汽集团、通用汽车中国科学研究院、交通运输部公路科学研究院、中国信息通信研究院、大府、华为、奇虎360、武汉光庭、博秦、智行者、苏州智华等单位共同完成。

(6)汽车制造技术路线图。由中国汽车工程学会制造分会和东风汽车公司牵头,联合中国汽车制造装备创新联盟、中国第一汽车集团技术中心、上汽集团、上汽大众、上汽通用、广汽集团、比亚迪汽车、北汽新能源、郑州宇通汽车、宝钢集团、机械工业第九设计院、机械研究院总院、大连机床、力劲集团、苏州有色金属研究院、苏州恒神、十堰同创、康德复合材料、精进电动、北京京磁、上海电驱动、上海交通大学、湖北工业大学、哈尔滨工业大学、吉林大学等单位共同完成。

五、未来汽车的发展趋势

汽车广泛应用于人类社会生活的方方面面,在提高生产效率、提升生活质量的同时,也带来了一些问题。目前,汽车工业及汽车使用中主要的问题有交通安全问题、能源安全问题、环境污染问题、交通拥堵问题。汽车未来的发展,就是要解决以上问题。因此,未来汽车的发展趋势主要有汽车智能化、能源多样化、动力电动化、材料轻量化。这里主要介绍汽车智能化和能源多样化。

（一）汽车智能化

汽车智能化包括智能驾驶、智能座舱、智能网联、智能电动、车云服务等。未来智能汽车将持续改变用户原有的用车习惯，增强使用者的驾驶体验和内容体验。L3 级及以上自动驾驶的逐步导入，逐渐解放驾驶人双手；车载声学、天幕、氛围灯、抬头显示器（HUD）、智能座椅、大屏多屏等智能座舱配置持续增配，使车辆由单纯驾驶空间向户外办公/会议空间、个人休闲娱乐空间、会客社交空间拓展，打造家庭、公司之外的第三空间。

1. 智能驾驶

智能驾驶指的是机器帮助人进行驾驶，以及在特殊情况下完全取代人驾驶的技术。与无人驾驶不同，智能驾驶更为宽泛。智能驾驶包含无人驾驶，而无人驾驶是智能汽车发展的最高形态。智能驾驶本质上涉及注意力吸引和注意力分散的认知工程学，主要包括网络导航、自主驾驶和人工干预三个环节。智能驾驶的前提条件是，我们选用的车辆满足行车的动力学要求，车上的传感器能获得相关视听觉信号和信息，并通过认知计算控制相应的随动系统。智能驾驶的网络导航，解决我们在哪里、到哪里、走哪条道路中的哪条车道等问题；自主驾驶是在智能系统控制下，完成车道保持、超车并道、红灯停绿灯行、灯语笛语交互等驾驶行为；人工干预是指驾驶人在智能系统的一系列提示下，对车辆在实际道路上的行驶情况作出相应的反应。

问界汽车、特斯拉汽车等新能源汽车公司纷纷开展智能驾驶汽车的研发和生产，2023 年12 月上市的问界 M9 汽车已经达到 L3 级自动驾驶等级，如图 1-48 所示。

图 1-48　问界 M9 汽车

2. 智能座舱

智能座舱（Intelligent Cabin）旨在集成多种 IT 和人工智能技术，打造全新的车内一体化数字平台，为驾驶人提供智能体验，促进行车安全。目前，国内外已经有很多研究工作，如在车辆的 AB 柱及后视镜安装摄像头，提供情绪识别、年龄检测、遗留物检测、安全带检测等。

汽车座舱的研发主要分为三个阶段，即机械仪表阶段、传感器和数字仪表阶段、全面智能阶段。智能座舱就是第三个研发阶段的重要产物。

（1）第一阶段：机械式座舱主要出现在 20 世纪 80 年代之前，汽车座舱主要包含机械仪表盘和简单的音频播放设备,无集成化,无显示屏,物理按键功能单一。在这一阶段,人机交互主要依赖于人发出的指令,机器总是被动的执行命令。

（2）第二阶段:主要在 20 世纪 80 年代到 2015 年,开始出现电子化座舱。随着传感器的发展和芯片技术的运用,汽车座舱开始呈现出智能化、网联化的特点。座舱的功能不仅仅局限于根据指令执行的驾驶功能,还出现了部分娱乐功能和导航功能。在这一阶段,人机交互主要通过小尺寸的液晶显示屏或多屏融合技术,开始出现包括语音控制在内的非接触交互。

（3）第三阶段:2015 年至今,汽车全面智能化,出现了高度集成化、多联屏设计的智能座舱,汽车开始成为了集娱乐、办公、生活、社交于一体的人机交互智能产品。在这一阶段,人机交互趋于多元化,出现了驾驶人向乘客的转变。

2023 年 12 月 28 日,小米汽车发布智能座舱,16.1in 中控生态屏,56in 超大抬头显示器（HUD）,翻转式仪表屏,如图 1-49 所示。小米 Pad 可作为后排拓展屏,五屏联动,搭载骁龙8295 座舱芯片。

图 1-49　智能座舱模拟图

3. 汽车云服务

汽车云服务,也叫汽车云端,通俗来说就是在汽车内置系统中,利用互联网实现车辆实时数据的传递和服务提供。汽车云端可以提供各种服务,包括信息娱乐、导航、安全监控等,让用户能够更加方便地获取和使用相关的服务。例如,有些汽车可以通过云端服务获取交通信息,避免堵车;有些汽车可以通过云端服务远程操控车辆,实现车门锁定和解锁、空调调节、查看车辆状态等操作。

（二）能源多样化

1. 液化石油气(LPG)汽车

LPG 汽车是以液化石油气作为燃料的汽车。LPG 是丙烷和丁烷的混合物,通常伴有少量的丙烯和丁烯。通常加入一种强烈的气味剂乙硫醇,这样在液化石油气泄漏时会很容易被发觉。LPG 是在提炼原油时生产出来的,或从石油或天然气开采过程挥发出的气体。LPG 常被人们误认为是丙烷。实际上 LPG 是石油和天然气在适当的压力下形成的混合物并以常温液态的方式存在。在美国和加拿大,对这两种物质的混合通常被认为主要是由丙烷组成,而在许多欧洲国家其 LPG 中的丙烷含量都只有 50% 或更低。霍顿牌 LPG 轿车如图 1-50 所示。

图 1-50　霍顿牌 LPG 汽车

2. 天然气(CNG)汽车

CNG 汽车是以天然气为燃料提供动力的汽车。CNG 的甲烷含量达 90% 以上,是很好的汽车发动机燃料。CNG 汽车在世界和我国各省市得到了推广应用。CNG 汽车的优点有燃烧稳定、可减少发动机油耗量等。

CNG 相比于石油,具有使用安全、热值高、洁净等优势。神龙公司生产的新爱丽舍 CNG 汽车如图 1-51 所示。

图 1-51　新爱丽舍 CNG 汽车

3. 醇类燃料汽车

醇类燃料汽车是指利用醇类(包括甲醇和乙醇)燃料做能源驱动的汽车。醇类燃料可以与汽油或柴油按一定比例配制而成混合燃料,亦可以直接采用醇类燃料作为发动机的燃料。甲醇汽车如图 1-52 所示。

车用乙醇燃料也称为乙醇汽油,是指在不含 MTBE(甲基叔丁基醚)含氧添加剂的专用汽油组分油(由炼油厂或石油化工厂生产的用于调和车用乙醇汽油的调和油)中,按体积比加入一定比例(我国目前暂定为 10%)的变性燃料乙醇,由车用乙醇汽油定点调配中心按国家标准(GB 18351—2017)的质量要求,通过特定工艺混配而成的新一代清洁环保型车用燃料。法国雷诺全乙醇燃料汽车如图 1-53 所示。

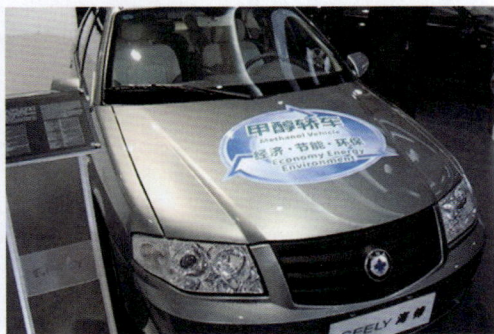

图 1-52　上海华普甲醇汽车

图 1-53　法国雷诺全乙醇燃料汽车

4. 氢能汽车

氢气燃烧时放出的热量是相同条件下汽油的 3 倍,而且燃烧产物是对环境无害的水,故它是一种绿色高能的燃料。因其具有热值高、无污染、储量丰富等优势,因此,氢能汽车是传统汽车最理想的替代方案。

在世界环保意识日益强化、石油资源日渐枯竭的今天,以氢气做动力源的研究已成为一大课题。当年马自达坚持下来的转子发动机从结构上讲是最适合燃烧氢气的,而且最"干净",因为氢气燃烧完后排出的是水蒸气,对环境没有任何污染。马自达公司改制 RX-7 型跑车的转子发动机,使它可以用氢气做燃料。这种发动机装配在马自达 HR-X 汽车上,$1m^3$ 的燃料箱吸储了相当 $43m^3$ 的压缩氢气,以 60km/h 的车速可行驶 230km,引起了各界人士的关注。由于从生产装配到维护修理,转子发动机都与传统的发动机大不一样,开发成本大;加上往复式活塞发动机在功率、质量、排放、能耗等方面都比过去有了显著提高,各大汽车企业对往复式活塞发动机技术研究的成熟,而对转子发动机技术的生疏,转子发动机没有显出明显的优势,因此,各大汽车企业都没有积极性去开发利用氢能,唯有马自达一家。马自达 RX-8 转子发动机氢能汽车如图 1-54 所示。

图 1-54　马自达 RX-8 转子发动机氢能汽车

5. 混合动力电动汽车

混合动力电动汽车就是在纯电动汽车上加装一套发动机,其目的是减少汽车的污染,提高纯电动汽车的行驶里程。混合动力电动汽车的种类目前主要有两种。一种是以发动机为主动力、电动机作为辅助动力的"并联方式"，这种方式主要以发动机驱动行驶，利用电动机所具有的再起动时产生强大动力的特征，在汽车起步、加速等发动机燃油消耗较大时，用电动机辅助驱动的方式来降低发动机的油耗；这种方式的结构比较简单，只需要在汽车上增加电动机和蓄电池。另外一种是在低速时只靠电动机驱动行驶，速度提高时发动机和电动机相配合驱动的"串联、并联方式"；起动和低速时是只靠电动机驱动行驶，当速度提高时，由发动机和电动机共同高效地分担动力，这种方式需要动力分担装置和发电机等，因此其结构复杂。丰田普锐斯混合动力电动汽车如图 1-55 所示。

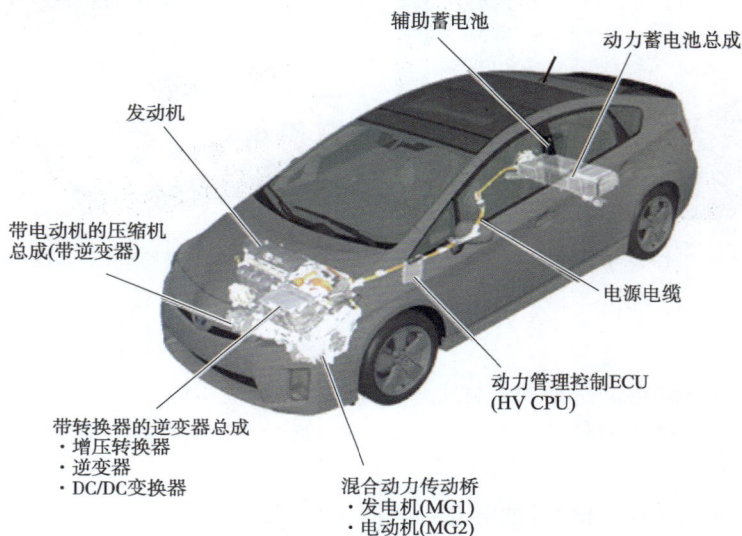

图 1-55　丰田普锐斯混合动力电动汽车

6. 太阳能汽车

把太阳辐射的能量收集起来，并转换成电能，以此为动力的汽车就是太阳能汽车。它是最洁净无污染的交通工具。相比传统热机驱动的汽车，太阳能汽车是真正的零排放。正因为其环保的特点，太阳能汽车被诸多国家所提倡，太阳能汽车产业的发展也日益蓬勃。德国慕尼黑的科技型初创公司 Sono Motors 正式对外展示了一款太阳能汽车，如图 1-56 所示。

太阳能汽车以光电代油，可节约有限的石油资源。白天，太阳能电池把光能转换为电能自动存储在动力蓄电池中，在晚间还可以利用电网的低谷电（220V）充电。

因为不用燃油，太阳能汽车不会排放污染大气的有害气体。没有内燃机，太阳能汽车在行驶时听不到燃油汽车发动机的轰鸣声。

图 1-56　德国"Sion"牌太阳能汽车

7. 纯电动汽车

纯电动汽车（Battery Electric Vehicle，BEV）是指驱动能量完全由电能提供的、由电动机驱动的汽车。由于对环境影响相对传统汽车较小，其前景被广泛看好。图 1-57 所示为北汽新能源 EV200 纯电动汽车。

总之，未来汽车发展向主动性安全技术、汽车节能、汽车环保、纯电动和智能化汽车应用方向发展。

图 1-57　北汽新能源 EV200 纯电动汽车

纯电动汽车的定义及类型

知识拓展

中国第一辆国产汽车——民生牌载货汽车

参观沈阳大帅府，刚入大门，便可以看见四合院外的影壁墙前面停放着一辆造型特别的小货车。这辆小货车看上去很简易，像是一辆老爷车：黑色漆面的车身，驾驶室左右通透、没有车门，一张木板铺成的简易货箱。这辆车便是中国人自主生产的第一辆汽车——民生牌载货汽车。

1921 年，20 岁的张学良将军海外留学回国，他对中国没有自己的汽车制造业，十分痛心，因此有了建立中国汽车制造业的想法。当时的条件可谓是一穷二白，一颗铁钉一根火柴都造不出，想要造自主品牌汽车谈何容易。1928 年，"皇姑屯事件"之后，张学良将军继任为东北保安军总司令，拒绝日本人的拉拢，坚持"东北易帜"，南北形势趋于和平。随之武器需求量逐渐减少，奉天迫击炮厂厂长李宜春等人提出化兵为工，制造载重汽车。1929 年 5 月，奉天迫击炮厂改为辽宁迫击炮厂，张学良将军拨款 74 万元，作为国产汽车研发的启动资金。工厂聘请了美籍技师麦尔斯为总工程师，由国内外大学和专科毕业的技术人员组成技术团队。外购美国瑞雪牌载货汽车零部件，拟通过组装方式生产整车。后来，研发人员还广泛汲取福特、通用、万国、斯蒂贝克等世界汽车大厂的技术。经过了两年多的不懈努力，1931 年 5 月 31 日，组装出国产第一辆汽车——民生牌 75 型载货汽车。

思考题

1. 蒸汽机的雏形、煤气内燃机的主要发明人是谁？

2. 第一辆蒸汽汽车是何时何人发明的？在汽车发展史上有什么意义？

3. 何时何人发明了世界上第一辆三轮内燃机汽车？其主要意义是什么？

4. 世界上第一辆汽车的发明人是谁？

5. 目前汽车智能化主要向哪些方向发展？

6. 纯电动汽车在发展上存在哪些优势？

7. 最早提出四冲程内燃机工作原理的是谁？

8. 为什么人们将柴油机称之为"狄塞尔发动机"？有什么意义？

9. 现代汽车发动机上采用什么形式的点火方式？

10. 车载控制局域网络什么时候开始在汽车上得到应用？

11. 描述汽车转向系统的应用与发展方向。

12. 发展智能汽车具有什么战略意义？

汽车工业的发展

一、 世界汽车工业的发展

汽车工业通常指发动机、底盘、车身等各种零部件设计与制造、营销等所涉及的企业和企业活动。汽车的不断改进和汽车工业的不断发展，大大地改变了人类生活。汽车工业和汽车技术得以发展，离不开各国人民发挥各自的智慧和才能，是世界人民共同努力的结果。

汽车工业的成长经历了漫长的萌芽和发育时期。汽车诞生在欧洲，但是，以大规模生产为标志的汽车工业的形成是在美国，以后又扩展到欧洲、亚洲乃至世界各国。

（一）汽车工业史上的四次重大变革

1. 流水线生产方式——福特 T 型车创造的神话

图 2-1　福特汽车公司的 T 型汽车示意图

1903 年，福特（Ford）汽车公司诞生。美国汽车大王亨利·福特（Henry Ford）首先提出并实现了"让汽车成为广大群众的需要"。福特汽车公司积极研制结构简单、实用，同时性能完善而售价低廉的普及型轿车。

1908 年 10 月，福特汽车公司正式投产 T 型汽车，如图 2-1 所示。

福特汽车公司于 1913 年创建世界上第一条汽车装配生产流水线，如图 2-2 所示，并实行了工业大生产管理方式，实现了产品系列化、零部件标准化。1914 年,福特汽车公司年产量达到 30 万辆,1926 年达到 200 万辆。而每辆汽车售价由首批的 850 美元下降到 1923 年的 265 美元。到 1927 年 T 型车停产时,总共生产了 1500 万辆。

福特 T 型车使汽车在美国得到了普及,让汽车进入了普通美国家庭。福特生产 T 型车的经验不仅为美国,甚至为世界汽车工业的发展奠定了基础,福特汽车公司因此被誉为"汽车现代化的先驱"。从那时开始,汽车工业才有条件发展为世界性的成熟产业。现代流水线的生产方式(图 2-3)也成为其他汽车厂商争先效仿的生产方式。

图 2-2　福特第一条汽车生产流水线

图 2-3　福特汽车现代化的汽车生产流水线

美国汽车工业的形成和发展与当时美国在资本、国民收入、石油资源、市场等各方面都存在优于欧洲的具体条件有关,加之美国政府十分重视国民交通工具的现代化,有意识地引导人们购买汽车。巨大的国内市场造成了美国汽车工业的大发展,出现了一大批诸如后来闻名世界的通用汽车公司(General Motors)、克莱斯勒公司(Chrysler),最多时美国曾有 181 家汽车厂。到了 1927 年,经过残酷的市场竞争仅存留了 44 家,其中福特、通用、克莱斯勒三大汽车巨头公司的销售量占美国汽车总销售量的 90% 以上。美国汽车工业的突飞猛进,也使美国首先进入了现代化。

2. 汽车产品的多样化——以欧洲为重心的汽车工业发展时期

第二次世界大战以前,西欧各国的汽车产量仅为北美的 11.5%;到 1950 年,这一数字提高到 16%;而到 1970 年,北美仅生产 749.1 万辆,而西欧各国的产量达到 1037.8 万辆。许多欧洲汽车厂家,如德国大众、奔驰、宝马,法国雷诺、标致、雪铁龙,意大利菲亚特,瑞典沃尔沃等,均已闻名遐迩。欧洲汽车工业的大发展使世界汽车工业的重心逐步由美国移向欧洲。

欧洲汽车工业的特点,既有美国式大规模生产的特征,又有欧洲式多品种高技术,如发动机前置前轮驱动、发动机后置后轮驱动、承载式车身、微型节油车等,尽量适应不同的道路条件、国民爱好等要求。因此,形成了由汽车产品单一到多样化的变革。针对美国车型单一、体积庞大、油耗高等弱点,欧洲各国利用本国的技术优势,开发多品种和轻便普及型汽车,形成了多姿多彩的新型车。其中最具代表性的是德国大众公司的甲壳虫普及型轿车,如图 2-4 所示。

图 2-4　大众公司的甲壳虫轿车

在这一时期,汽车工业保持了大规模生产的特点,世界汽车保有量激增,汽车工业发展的中心由美国转移到西欧。汽车技术的高科技含量增加,汽车品种进一步增多。汽车工业界对于汽车造成的安全问题、污染问题,在政府的督促和支持下制定了许多对策,并使汽车在结构、性能等方面都得到了大幅度提高。

3. 精益的生产方式——日本汽车工业的腾飞

日本汽车工业在 20 世纪 50 年代末形成完整体系,20 世纪 60 年代是其突飞猛进的时期。1960 年,正当美国与欧洲的汽车工业在激烈竞争时,日本推行了员工终身雇佣制及全面质量管理,促进了劳动者与管理者之间的相互信任,提高了人员素质,调动了积极因素,使工业发展出现了飞跃。特别是汽车工业,出现了有名的"丰田生产方式",从而在生产组织管理上产生了新的突破,生产出高质量、低消耗、廉价精巧、多品种的汽车,畅销全世界。

图 2-5　丰田公司的卡罗拉车型

20 世纪 70 年代的两次石油危机使日本认识到包括能源在内的资源短缺是日本的致命弱点,于是,日本政府不断强化汽车法规。1978 年修改的排放及噪声法规是世界最严格的标准,从而迫使日本汽车工业放弃了向大功率、高车速、豪华大型发展的意图,形成了经济、实用的日本汽车的风格,如图 2-5 所示。与此同时,日本政府对国外进口汽车进行严格限制,并鼓励各公司积极引进美国汽车技术,从而保护了日本的民族汽车工业。

日本人对世界汽车工业的最大贡献就是开创了"精益生产方式"。这种精益生产方式就是用精益求精的态度和科学的方法来控制和管理汽车的设计开发、工程技术、采购、制造、储运、销售和售后服务的每一个环节,从而达到以最小的投入创造出最大价值的目的。这其中的每一个环节以及各环节之间的衔接都是经过精心筹划和计算的。日本人的这一创举是具有划时代意义的。像日本丰田汽车公司创造的"丰田生产方式"、日产汽车公司出现的"活动板生产方式"、五十铃公司采取的"流通生产法"等,这些生产方式的目的都是为了减少生产过程中的浪费,最大限度地降低成本,加快资金周转,使产品更具竞争力。日本的这种先进生产方式目前已为各国所效仿。

1980 年,日本汽车产量首次突破 1000 万辆大关,达 1104 万辆,一举击败美国成为世界第一。到 1987 年,日本汽车的年总产量占世界汽车年总产量的26.6%,而美国和西欧四国各分别占 23.7% 和 24.8%。此时,世界汽车工业的重心已移向日本。

当前,尽管世界汽车市场日趋饱和,但日本汽车仍以其优越的性能、合理的价格、可靠的质量、完善的电子设施、低排放、低油耗和多样化的品种不断地扩大世界汽车市场的占有率。

4. 汽车工业走向全球化——中国汽车工业的崛起

中华人民共和国成立之后,中国开始建设自己的汽车工业。1953 年,第一辆解放牌载货汽车下线,实现了中国汽车工业零的突破。改革开放以后,中国面向世界开放汽车市场,建立了大量合资汽车企业,引入了先进的汽车技术、管理模式和资金,培育了大量的汽车行业技术技能人才,中国汽车工业得到了全面的发展,汽车在中国很快实现了普及化。2010 年,中国汽车年产销量双双突破 1000 万辆,成为了世界主要汽车生产国之一。之后,中国本土汽车企业异军突起,形成了以中国一汽、上汽集团、比亚迪、吉利、长安汽车为首的一批大规模汽车集团公司。

20 世纪末,全球气候变暖问题愈发凸显,节能减排成为了世界主旋律,中国在节能减排、大力发展可再生能源技术和增加森林面积等方面作出了巨大努力。2007 年底,《新能源汽车生产准入管理规则》和《产业结构调整指导目录(2007 年本)》相继发布,标志着国家鼓励发展新能源汽车及市场化的开始。因此,有人将 2008 年称之为"新能源汽车元年"。2012 年《节能与新能源汽车产业发展规划(2012—2020 年)》和 2020 年《新能源汽车产业发展规划(2021—2035 年)》的发布,显示了中国在发展新能源汽车和汽车节能技术上的坚定决心。在政策的持续大力支持下,中国加速充电基础设施建设,新能源汽车的市场活力和消费潜力不断释放,中国汽车市场优势逐渐向产业优势转化。创新驱动换道超车,经过多年培育,中国在新能源汽车领域拥有较为完备的产业体系和技术优势。从蓄电池、电动机、电控系统等核心部件到整车制造和销售,中国打造出较为完善的新能源汽车产业链体系。

2020 年 9 月,中国新能源汽车生产累计达到 500 万辆,2022 年 2 月累计突破 1000 万辆,到 2023 年 9 月,中国新能源汽车累计生产 1821 万辆。仅 2023 年上半年,中国新能源汽车产量就达到 361.1 万辆。2023 年,中国新能源汽车出口达到 120 万辆。中国新能源汽车正在改写全球汽车产业竞争格局,当前,在全球电动化、智能化转型的浪潮中,中国新能源汽车正快步走向世界舞台中央,本土品牌迎来历史机遇,也给全球汽车行业带来新的发展机遇,比亚迪新能源汽车如图 2-6 所示。

图 2-6　比亚迪宋 Rro DMi 汽车

(二) 世界汽车工业的基本格局

从 20 世纪 90 年代后期起,全球汽车工业发生的最重要事件莫过于资产重组、联合兼并浪潮了。其中,主要事件有:1998 年,奔驰与克莱斯勒的合并,又在 2007 年分道扬镳;雷诺与日产以交叉持股(前者在后者占有 44% 的股份,后者在前者拥有 15% 的股份)的方式结成战略联盟等。2008 年,世界金融风暴使得全球汽车工业陷入低迷,世界汽车工业经历了再一次洗牌,主要事件有:克莱斯勒破产,被菲亚特全资收购;沃尔沃被吉利汽车全资收购;萨博从通用汽车分离、破产,现被瑞典国家电动汽车公司收购。

全球汽车(专指轿车和轻型车)工业总的竞争态势是大企业、大集团(一般均是跨国公司)主宰和垄断市场,领导发展潮流,这是不容置疑的客观现象,并且将长期存在。

进入 21 世纪以后，随着环保意识的不断提高，新能源汽车越来越受到重视，诞生了一批新能源汽车公司。比较突出的是特斯拉汽车公司，中国也诞生了比亚迪、理想等电动汽车企业。2018 年初，世界各大汽车公司也纷纷宣布向电动汽车发展。

（三）世界汽车工业的发展趋势

世界汽车工业的发展表现为以下三个特点。

(1) 世界汽车年产量在波动中增长，产品结构逐年有所变化。

(2) 跨国企业为实现新兴市场的扩张不断调整战略布局，全球化成为必然趋势。

(3) 世界汽车技术进步的步伐越来越快，汽车工业正处于科技创新时代。

1. 世界汽车年产量在波动中增长

2011—2023 年，全球汽车年产量变化情况如图 2-7 所示。

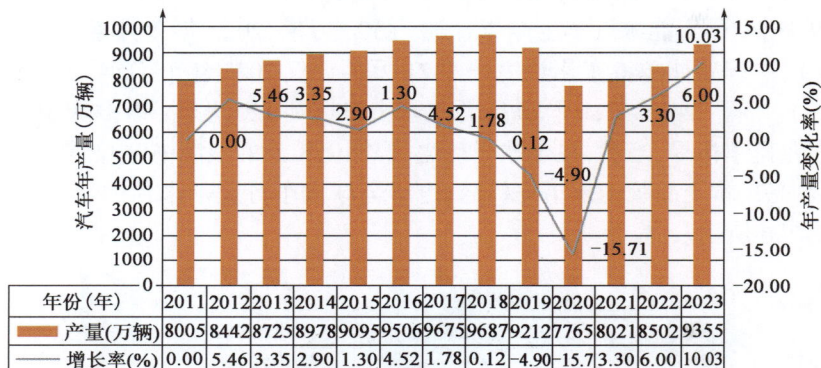

图 2-7   2011—2023 年全球汽车年产量变化情况

2023 年全球主要国家汽车产量如图 2-8 所示。

从全球的汽车生产格局看，美国、日本、德国、法国四个老牌的汽车强国产量一直占全球汽车产量的比例最大。2006 年，这四个老牌汽车强国的产量占世界汽车总产量的近一半。虽然近几年这四个老牌汽车强国的产量占比逐步下降，但截至 2010 年仍能达到 30% 左右的较高比例。

2008 年金融危机以来，欧美国家增速缓慢，甚至出现大幅度的下滑。亚太新兴国家发展势头强劲，快速增长。包括中国、印度、巴西和俄罗斯在内的"金砖四国"，汽车产量比例逐年上升，近两年汽车产量的增长态势直逼四个老牌汽车强国。

2023 年，全球排名前 10 的汽车集团是日本丰田集团、德国大众集团、韩国现代企业集团、荷兰斯泰兰蒂斯集团、美国通用集团、美国福特集团、日本本田集团、日本日产集团、日本铃木集团、中国比亚迪集团。中国吉利控股集团、中国长安汽车集团、中国奇瑞控股集团和中国上汽集团分别排在第 11、第 15、第 16 和第 18 位。

2023 年汽车品牌全球销量排行榜，如图 2-9 所示。丰田以 1065 万辆的销量领先，大众次之，中国比亚迪进入前 10，排名第 9。

国家	12月销量	同比	1月至12月销量	同比
中国	3,156,000	23.5%	30,094,000	12.0%
美国	1,490,000	16.0%	15,600,000	12.6%
印度	366,901	2.4%	4,854,598	10.1%
日本	362,839	5.4%	4,779,086	13.8%
德国	241,883	−23.0%	2,844,609	7.3%
巴西	248,559	14.6%	2,308,689	9.7%
英国	141,092	9.8%	1,903,054	17.9%
法国	181,005	14.5%	1,774,723	16.1%
韩国	142,128	−12.0%	1,729,294	3.4%
加拿大	120,698	10.7%	1,664,000	11.8%
意大利	111,111	5.9%	1,565,331	18.9%
墨西哥	122,787	16.0%	1,361,433	24.4%
土耳其	164,654	35.0%	1,283,952	55.2%
澳大利亚	98,544	12.1%	1,216,780	12.5%
印度尼西亚	85,284	−19.1%	1,005,802	−4.0%
西班牙	81,772	10.6%	949,359	16.7%
俄罗斯	70,922	10.7%	937,081	36.3%
马来西亚	78,398	2.3%	799,731	10.9%
泰国	68,326	−17.5%	775,780	−8.7%
越南	38,740	9.7%	301,989	−25.4%

图 2-8 2023 年全球主要国家汽车产量(单位:辆)
数据来源:各国汽车行业协会 整理:盖世汽车

排名	车企	销量
1	日本丰田	1065万辆
2	德国大众	880万辆
3	韩国现代起亚	689万辆
4	法国斯特兰蒂斯	640万辆
5	雷诺日产-三菱联盟	628万辆
6	美国通用	487万辆
7	美国福特	397万辆
8	日本本田	395万辆
9	中国比亚迪	302万辆
10	日本铃木	301万辆

图 2-9 2023 年汽车品牌全球销量排行榜

随着电动汽车技术的不断发展,电动汽车长期拥有的成本优势日益凸显,全球主要国家的纯电动汽车市场份额将继续上升,但上升的速度将取决于政策格局和整体经济的健康状况。2023年,全球电动汽车(包括纯电动汽车和插电式混合动力汽车)销量达到1410万辆,同比增长34%,市场份额也增至16%,如图2-10所示。尽管中国和几个欧洲国家的电动化转型走在世界前列,但全球大部分市场的电动汽车普及速度并不如意。

国家	12月				1月—12月		
	销量	同比	市场份额	11月市场份额	销量	同比	市场份额
中国	1,191,000	46.4%	37.7%	34.5%	9,495,000	37.9%	31.6%
欧洲	294,200	-29.0%	28.0%	26.0%	3,009,338	16.0%	24.0%
美国	141,055	42.0%	9.8%	9.2%	1,402,371	52.4%	9.1%
德国	72,548	-58.0%	30.0%	25.7%	699,943	-16.0%	24.6%
法国	54,417	28.2%	30.1%	29.7%	461,169	33.0%	26.0%
英国	40,003	-21.0%	28.4%	25.7%	455,995	23.7%	24.0%
瑞典	18,574	-29.6%	63.1%	60.6%	173,232	13.1%	59.8%
荷兰	13,795	-12.5%	52.0%	46.0%	160,930	49.6%	44.0%
意大利	11,288	12.1%	10.2%	9.7%	136,867	16.5%	8.6%
挪威	10,911	-68.5%	89.6%	90.6%	114,757	-25.1%	90.4%

数据来源:Cleantechnica和ACEA;阿贡国家实验室

图2-10　2023年各国新能源汽车销量(单位:辆)

2.世界汽车工业全球化成为必然

汽车工业是国际性产业,各汽车厂资产重组、联合兼并成立跨国公司,即全球化。全球化包括汽车开发的全球化、销售战略的全球化和销售服务的全球化。

汽车工业全球化真实地反映了世界经济变化的新特点和新趋势。汽车工业的全球化表现为两个特点:

(1)当前汽车产业的国家发展战略从过去依赖本国的能力、知识、人力资源、基础设施、国内零部件供应商、国内市场特征和顾客偏好,转向了物理资源的比较优势,进而采取了开放型竞争战略和比较优势战略。因为,仅仅依靠一个国家内部的资源同时在多个功能领域、多个文化环境、多个行政管理地域内开展竞争,已经不够了。

(2)国际主要汽车制造公司的竞争战略和资源配置方式已经超越了一个国家的地理边界,在全球范围内重新配置资源,以追求最佳的配置效果。跨地域全球性的产业合理化调整现在已经成为一个准则,产业链条中所有的活动都不是在一个国家的框架内实现的,而是基于全球平台操作的。跨国公司利用全球资源,实现投资、开发、生产、采购和销售的最优化,以适应各地区不同的环境和市场偏好的需要,提高其竞争力和谋取竞争优势。例如,在过去的投资模式中,跨国公司在本国建立、保持研究和开发机构,对于目标国市场采取复制产品的方式进行投资。而目前,跨国公司采取将各个功能活动和能力分配给全球市场的方式,也就是说不同国家市场多样性的重要性优先于产品的设计和开发。

进入 21 世纪以来,汽车工业全球性结构调整步伐明显加快,汽车跨国联盟已成为世界汽车工业发展的潮流,世界汽车工业全球化已成为必然。

3. 汽车工业正处于合作、竞争与创新时代

汽车市场的竞争实质上是现代科技的较量,是技术创新的竞争。在提倡环境保护的今天,汽车环保技术的开发和应用在某种程度上可能左右一家汽车公司的未来命运。目前的汽车技术发展方向主要是新能源汽车。新能源汽车以纯电动汽车、燃料电池电动汽车和混合动力电动汽车为代表,但无论是纯电动汽车还是混合动力电动汽车,其开发费用都将超过 90 亿美元,一家企业很难应付。通用汽车公司就曾因 20 世纪 90 年代后期集中精力开发燃料电池电动汽车,而忽略了混合动力电动汽车的开发,导致目前其混合动力电动汽车开发远远落后于日本汽车公司,失去了一大块市场。通用汽车公司曾表示,由一家公司独自完成复杂的环保技术开发几乎是不可能的。戴姆勒—克莱斯勒汽车公司也认为,汽车公司之间有必要针对个别项目进行合作。2005 年 9 月,通用决定与戴姆勒—克莱斯勒、宝马进行共同开发,并于 2007 年推出具有混合动力系统的多功能汽车。德国大众与保时捷也决定共同开发混合动力电动汽车。美国两大汽车巨头的衰退以及环保技术开发将成为今后全球汽车行业重组的契机。但新一轮重组的主导者将是日本厂家和欧洲厂家。

二、 中国汽车工业的发展

(一)我国汽车工业的历史背景

1. 中国从出现汽车到试制生产汽车

1901 年,匈牙利商人李恩思从欧洲购进两辆美国生产的奥兹莫比尔汽车(图 2-11)到上海自备使用,中国从此开始出现汽车。

图 2-11 中国最早出现的汽车示意图

图2-12 第二代奔驰轿车示意图

1902年，袁世凯为取悦慈禧太后，通过香港购置了一辆第二代奔驰轿车送给慈禧太后，"老佛爷"慈禧成为中国历史上的第一位有车族，如图2-12所示。

最早提出要建立中国汽车工业的是孙中山。1920年，孙中山在《建国方略》中正式提出"建造大路、发展自动车工业"的国家发展方略。

张学良将军是中国历史上第一个实施组装汽车的人。1927年，张学良在沈阳的兵工厂开始试制组装汽车，于1931年5月，成功试制了一辆"民生"牌载货汽车，如图2-13所示。

图2-13 中国试制组装的第一辆"民生"牌载货汽车

中国汽车的发展

2. 新中国汽车工业的崛起

1950年1月，毛泽东主席、周恩来总理访问苏联，商定苏联援助中国建设一座现代化汽车厂。

1950年3月，重工业部设置了汽车工业筹备组，主要负责人有郭力、孟少农等。

1951年4月，国务院财经委员会批准第一汽车制造厂在长春兴建。

1952年11月，党中央任命饶斌为第一汽车制造厂厂长。饶斌是"中国汽车工业的奠基人"，也被誉为"中国汽车之父"。

1953年6月，毛泽东主席签发《中共中央关于力争三年建设长春汽车厂的指示》。

（二）我国汽车的初创阶段（1949—1965年）

1953年7月15日在长春打下了中国第一汽车制造厂的第一根桩，从此拉开了新中国汽车工业筹建工作的帷幕。国产第一辆汽车"解放牌"载货汽车于1956年7月13日驶下总装配生产线，结束了我国不能制造汽车的历史，圆了中国人自己生产国产汽车之梦，如图2-14所示。

1957年5月，一汽开始仿照国外样车自行设计轿车。1958年5月，第一汽车制造厂生产出第一辆东风牌CA71型普及型轿车。1958年7月，第一汽车制造厂自行设计、试制的第一辆红旗牌 CA72 型高级轿车诞生（图 2-15）。1963 年 8 月，第一汽车制造厂建成了具有批量生产能力的红旗牌轿车生产基地。

图 2-14 解放牌汽车示意图

图 2-15 红旗牌 CA72 型高级轿车示意图

1958 年 9 月，上海汽车制造厂试制成功第一辆凤凰牌轿车，如图 2-16 所示。在 20 世纪 50—60 年代，我国迫切需要一种普及型的公务轿车，凤凰牌轿车的诞生，开创了上海制造汽车的历史。1964 年，凤凰牌轿车更名为上海 SH760，该车一直到 20 世纪 80 年代桑塔纳轿车投产才退出历史舞台。

1969 年以后，上海汽车制造厂、第一汽车制造厂（后转本溪）投入矿用自卸汽车试制、生产。1969 年 7 月，上海汽车制造厂的上海 SH380 型 32t 和 SH361 型 15t 矿用自卸车试制成功。1971 年，第一汽车制造厂试制成功 60t 矿用自卸汽车，如图 2-17 所示。

图 2-16 凤凰牌轿车示意图

图 2-17 60t 矿用自卸汽车示意图

南京汽车制造厂前身是中华人民共和国成立前的枪炮修理厂，1958 年 3 月 10 日，生产出第一辆跃进 NJ130 轻型载货汽车。该汽车投产后成为当时我国轻型载货汽车的主力车型，如图 2-18 所示。

1960 年，济南汽车制造厂试制成功黄河牌 JN150 型载货汽车，如图 2-19 所示。济南汽车制造厂前身是始建于 1935 年的一家汽车配件厂。1959 年，济南汽车制造厂参照捷克的斯柯达 706RT 型 8t 载货汽车设计出我国的重型载货汽车。1960 年 4 月，试制成功了黄河牌 JN150 重型载货汽车。

图 2-18 跃进 NJ130 型汽车示意图

1961 年,北京汽车制造厂试制出第一辆北京 BJ210 型轻型越野车,如图 2-20 所示。我国与苏联关系破裂后,我军指挥车失去了供应来源,军委指示尽快开发部队装备用车。1961 年,国防部批准北京汽车制造厂作为轻型越野汽车的生产基地;1962 年,试制成功第一辆北京 BJ210 轻型越野汽车;1964—1965 年,定型为 BJ212 型轻型越野汽车。

图 2-19　黄河牌 JN150 型载货汽车示意图

图 2-20　北京 BJ210 型轻型越野车示意图

中国汽车初创时期的主要成果为:建立了一汽这样的现代化汽车生产企业,同时建立了南汽、上汽、济汽、北汽等汽车制造厂,形成了五个汽车生产基地。汽车生产实现零的突破,初步形成重型、中型、轻型载货汽车、轻型越野汽车和少数轿车品种的生产能力。积累了一定的汽车制造工厂设计、产品设计经验,培育了一批汽车制造产业工人和技术人员。

1966 年以前,中国汽车工业共投资 11 亿元,主要格局是形成一大四小 5 个汽车制造厂及一批小型制造厂,年生产能力近 6 万辆、9 个车型品种。1965 年底,全国民用汽车保有量近 29 万辆,国产汽车 17 万辆(其中一汽累计生产 15 万辆)。

（三）我国汽车的成长阶段（1966—1978 年）

1. 第二汽车制造厂建立

第二汽车制造厂,也称"二汽",是 1969 年开始在湖北的十堰市建造的,它主要生产"东风牌"货车。建设第二汽车厂早在 1950 年就提出来了,1953 年开始筹备并选址,后来由于种种原因几上几下,厂址也几经变迁,直至 1966 年厂址确定在湖北郧县十堰地区,历时 14 年。1967 年 4 月 1 日,第二汽车制造厂正式破土动工,举行开工典礼。同年 9 月工程全面开工,1975 年 7 月 1 日,第二汽车制造厂东风 EQ240 型 2.5t 越野汽车的生产基地投产。"二汽"是中国三大汽车集团之一,目前行业地位仅次于上汽,稳居行业第二。20 世纪 60 年代后期,为满足重型载货汽车需求,四川汽车制造厂和陕西汽车制造厂,以及一大批配套厂先后投入建设。

到 1976 年,全国汽车厂家增加到 53 个,专用改装车厂增加到 166 个。

这一时期,由于当时全国汽车供不应求,再加上国家再次将企业下放给地方,因此,造成中国汽车工业发展的第二次热潮。1976 年,全国汽车生产厂家增加到 53 家,专用改装厂增加到 166 家,但每个厂平均产量不足千辆,大多数在低水平上重复。

1978 年 7 月,第二汽车制造厂东风 EQ140 型 5t 载货汽车(图 2-21)生产基地基本建成,并开始投入批量生产。

2. 四川汽车制造厂和陕西汽车制造厂的建立

1966 年 3 月 11 日,四川汽车制造厂举行开工典礼,厂址选定在四川大足。1966 年 6 月,四川汽车制造厂红岩牌 CQ260 型越野汽车(图 2-22)在綦江齿轮厂试制成功,后改型为红岩 CQ261 型。1971 年 7 月,四川汽车制造厂批量投产红岩牌 CQ261 型越野汽车。

图 2-21　东风 EQ140 型 5t 载货汽车

图 2-22　红岩牌 CQ260 型越野汽车示意图

3. 陕西汽车制造厂的建立

陕西汽车制造厂厂址选定在陕西省岐山县麦里西沟。1974 年 12 月 27 日,陕西汽车制造厂生产的延安牌 SX250 型越野汽车鉴定定型。1978 年 3 月 14 日,陕西汽车制造厂和陕西齿轮厂建成,正式投产延安牌 SX250 型越野汽车,如图 2-23 所示。

图 2-23　延安牌 SX250 型越野汽车

4. 开发生产矿用自卸汽车和重型载货汽车

有了第一汽车制造厂和第二汽车制造厂的经验,全国各地开始积极发展汽车工业,出现了遍地开花的现象。上海、四川、陕西、安徽等地相继建成整车制造厂和零部件厂,生产轻型载货汽车、轻型客车、改装车和专用汽车。

20 世纪 70 年代末期,我国汽车年产量为 22 万辆,汽车制造厂为 56 家,汽车行业企业总数为 2379 家,从业人员为 90.9 万人,汽车工业总产值为 88.4 亿元。

(四)全面发展阶段(1979—2013 年)

1979 年至今,我国汽车工业的发展开始走向多元化与国际化。到 1979 年,中国汽车产量已达到 19 万辆,形成了以载货汽车和越野汽车为主体的汽车产品体系。

1981 年 9 月,国务院授权国家外国投资管理委员会,批准上海轿车外资合营项目建议书。

1984 年 1 月 15 日,北京汽车制造厂与美国汽车公司(AMC)合资经营的北京吉普汽车有限公司举行开业仪式。

1984 年 7 月,中法合资广州标致汽车公司成立。

1985 年 3 月,中国与德国合资的上海大众汽车有限公司正式成立。同年 9 月 27 日,中国北方工业(集团)总公司和德国戴姆勒—奔驰公司关于重型汽车生产许可证转让合同在北京签字。

1987 年、1988 年,生产时间最长的三个载货汽车老产品换型,转产新解放、新跃进和新黄河。

20 世纪 80 年代,我国初步形成微型汽车制造工业,逐步建成长安汽车(集团)有限责任公司、柳州微型汽车厂、昌河飞机工业公司、哈飞汽车制造有限公司、天津华利汽车公司五大微型汽车生产基地。

1990 年 11 月,一汽和德国大众公司 15 万辆轿车合资项目在北京签字。

1990 年 12 月,二汽与雪铁龙公司轿车合资项目在法国签字。

1991 年 1 月,上海大众汽车有限公司生产桑塔纳轿车。

1991 年 1 月,一汽大众有限公司在长春成立。

1998 年 6 月,中日合资广州本田成立。

1998 年 12 月,上海通用别克下线。

这一阶段取得的成果如下。

(1)汽车工业作为支柱产业发展。汽车产量提高的同时,加快产品结构调整,形成比较完整的汽车产品系列,引进国外先进技术和资本;轿车工业迅猛发展;生产集中度有所提高,汽车产销量持续增长。

(2)汽车产量持续提高。2010 年,我国汽车产销平均每月突破 150 万辆,全年累计生产和销售汽车 1826 万辆和 1806 万辆,分别比 2009 年增长 32.4%,刷新全球历史纪录。2010 年,我国汽车产量占全球汽车产量比例达 23.5%,摩托车产量占世界总产量的一半。

(3)自主品牌汽车份额继续提高。自主品牌乘用车全年销售 627 万辆,占乘用车市场的 45.6%,市场份额提高 1.3%;其中自主品牌轿车销售 293 万辆,占轿车市场的 30.9%,市场份额提高 1%。大企业集团产销规模整体提升,产业集中度进一步提高。全行业有 4 家整车企业产销量超过 200 万辆;上汽、一汽、东风、长安、北汽合计销量占全行业的 70%;排名前 10 位的企业销量比例超过 86%。

(五)汽车生产企业集团化(2013 年至今)

1. 中国一汽集团

中国一汽是中国最大的汽车企业集团,拥有职能部门 18 个,全资子公司 28 个,控股子公司 18 个,其中上市公司 4 个。集团主营业务板块按领域划分为研发、乘用车、商用车、毛坯零部件、辅助和衍生经济六大体系,形成了以载货汽车、轿车、轻微型车、客车为主的多品种、宽系列的产品格局,拥有解放、红旗、奔腾、夏利、威志等自主品牌。其中,生产基地设在长春的子公司有一汽解放(载货汽车)、一汽轿车(红旗、马自达轿车)、一汽大众(大众旗下各品牌轿车)。

2. 北京汽车集团

北京汽车集团有限公司(简称北汽集团)是中国五大汽车集团之一,是北京汽车工业的发展规划中心、资本运营中心、产品开发中心和人才中心。

北汽集团有着悠久的历史,其前身可追溯到 1958 年成立的北京汽车制造厂。先后自主研制、生产了北京牌 BJ210、BJ212 等系列越野车,北京牌勇士系列军用越野车,北京牌 BJ130、BJ122 系列轻型载货汽车,以及欧曼重型载货汽车、欧 V 大客车等著名品牌产品,合资生产了"北京 Jeep"切诺基、现代品牌、奔驰品牌产品。旗下子公司主要有北京现代汽车有限公司、北京奔驰汽车有限公司、北京吉普汽车有限公司、北汽福田汽车股份有限公司等。

3. 上海汽车集团

上海汽车集团股份有限公司的前身是上海汽车股份有限公司,公司简称为上海汽车。

2006 年经过重组,上海汽车成为目前国内 A 股市场最大的整车上市公司,职工总数超过 6 万人,上海汽车目前控股股东为上海汽车工业(集团)总公司。上海汽车下属主要企业有乘用车分公司、南京名爵(MG)、上海大众、上海通用、上海申沃和上汽通用五菱等整车企业,上汽变速器、联合汽车电子等与整车开发紧密相关的零部件企业,以及上汽财务公司等汽车金融企业。

4. 比亚迪汽车集团

比亚迪是一家致力于"用技术创新,满足人们对美好生活的向往"的高新技术企业。比亚迪成立于 1995 年 2 月,经过 20 多年的高速发展,已在全球设立 30 多个工业园,实现全球六大洲的战略布局。比亚迪业务布局涵盖电子、汽车、新能源和轨道交通等领域,并在这些领域发挥着举足轻重的作用,从能源的获取、存储,再到应用,全方位构建零排放的新能源整体解决方案,比亚迪是香港和深圳上市公司,营业额和总市值均超过千亿元。2023 年,比亚迪汽车销量达到302 万辆,全球排名第九,是中国唯一进入全球前 10 名的企业。

5. 吉利控股集团

浙江吉利控股集团前身是李书福于 1986 年成立的冰箱配件公司,1997 年进入汽车行业,成为中国第一家民营汽车企业。2010 年 8 月 2 日,吉利完成对福特汽车公司旗下沃尔沃轿车公司的全部股权收购。同年,吉利以营业收入 233.557 亿美元(约 1500 亿元人民币)首次进入世界 500 强。2017 年,浙江吉利控股集团收购宝腾汽车(PROTON)49.9% 的股份以及豪华跑车品牌路特斯(Lotus)51% 的股份。2017 年,浙江吉利控股集团、吉利汽车控股有限公司、沃尔沃汽车集团合作成立领克汽车合资公司。2018 年 2 月 24 日,吉利集团有限公司宣布收购戴姆勒股份公司 9.69% 具有表决权的股份。2019 年,吉利汽车集团旗下纯电品牌——几何正式发布,几何品牌定位为"高端纯电品牌"。2023 年,吉利控股集团在全球汽车集团中排名第 11 位。

思考题

1. 为什么世界汽车工业全球化成为必然?

2. 中国历史上第一辆国产汽车哪一年在哪里生产的?

3. 我国主要有哪些汽车生产企业基地,简单介绍其发展情况?

4. 我国汽车保有量的发展预测有什么意义?

世界著名汽车公司
和汽车品牌

学 习 目 标

知识目标

1. 了解德国汽车企业与汽车品牌商标的含义；
2. 了解美国汽车品牌、车企简史与商标的含义；
3. 了解法国汽车品牌、车企简史与商标的含义；
4. 了解英国汽车品牌、车企简史与商标的含义；
5. 了解意大利汽车品牌、车企简史与商标的含义；
6. 了解日本汽车品牌、车企简史与商标的含义；
7. 了解中国汽车品牌、车企简史与商标的含义；
8. 了解其他汽车企业与汽车品牌商标的含义。

技能目标

1. 能正确讲解德国汽车企业与汽车品牌商标的含义；
2. 能正确讲解美国汽车品牌、车企简史与商标的含义；
3. 能正确讲解法国汽车品牌、车企简史与商标的含义；
4. 能正确讲解英国汽车品牌、车企简史与商标的含义；
5. 能正确讲解意大利汽车品牌、车企简史与商标的含义；
6. 能正确讲解日本汽车品牌、车企简史与商标的含义；
7. 能正确讲解中国汽车品牌、车企简史与商标的含义；
8. 能正确讲解其他汽车企业与汽车品牌商标的含义。

素养目标

1. 通过学习各国汽车企业的发展经验，传承"企业家精神"和"工匠精神"；
2. 培养学生精益求精、追求卓越的"质量观"；
3. 树立学生严谨务实的工作作风；
4. 培养团队协作精神和奉献精神。

一、德国汽车企业与汽车品牌简介

（一）戴姆勒—奔驰汽车公司简史

1. 戴姆勒—奔驰汽车公司的产生

戴姆勒—奔驰汽车公司的创始人是卡尔·本茨和戈特利布·戴姆勒,总部设在德国的斯图加特市,它的前身是1886年成立的奔驰汽车厂和戴姆勒汽车厂。

1926年两厂合并后,称为戴姆勒—奔驰汽车公司,成为强强联合的首创者。

1998 年,与美国的克莱斯勒公司合并成"戴姆勒—克莱斯勒"公司。

2007 年 5 月 18 日,戴姆勒—克莱斯勒集团证实,戴姆勒与克莱斯勒两集团再度分家。

2. 梅赛德斯—奔驰的由来

1889 年 9 月 16 日,埃米尔·杰林耐克的第三个孩子在维也纳出生,杰林耐克夫妇给这个女儿取了一个西班牙的基督教名字——梅赛德斯,如图 3-1 所示。"梅赛德斯"取自西班牙语,有"优雅"的含义。

1897 年杰林耐克到甘斯塔特旅行中专程到戴姆勒汽车工厂进行参观,然后订购了他的第一辆戴姆勒汽车,一辆 6hp 用皮带驱动的二缸发动机的汽车,并于 1897 年 10 月交付使用。但杰林耐克不久发现,汽车的最高行驶时速为 24km/h 实在太慢了,为此,他又订购了 2 辆最高行驶时速为 40km/h 的汽车。1898 年 9 月,世界上第一辆 8hp 的带四缸发动机的戴姆勒汽车"凤凰号"送到杰林耐克手中。

从 1898 年开始,杰林耐克作为一个商人致力于推广和销售戴姆勒汽车给社会的上层阶级。1899 年,戴姆勒提供了 10 辆汽车给杰林耐克销售,截至 1900 年,戴姆勒公司共供应了 29 辆汽车给杰林耐克销售。

1900 年 4 月,杰林耐克与戴姆勒公司签订了一份有关汽

图 3-1　梅赛德斯

车和发动机销售的合约。决定启用"梅赛德斯"作为产品的名字。另外,合约中还提到开发一种新的"戴姆勒—梅赛德斯"发动机。2 个星期后,杰林耐克用 550000 马克订购了 36 辆采用全新发动机的汽车。几个星期后,他订购了另外 36 辆带 8hp 发动机的汽车。杰林耐克在下订单的时候提出了两个条件:一是他要获得奥匈帝国、法国和美国的独家代理权;二是这批汽车要以他的女儿梅赛德斯(Mercedes)的名字来命名。

这个新名字极受欢迎,不久后戴姆勒公司把全部汽车都命名为"Mercedes"。1902 年,"Mercedes"成为注册商标。

随后由于第一次世界大战德国战败,国内通货膨胀严重,以及大量美国、法国汽车涌入德国市场,在 1924 年戴姆勒汽车公司与奔驰汽车公司不得不选择合作,在两年后的 6 月 29 日两家公司正式合并。合并后的新公司命名为梅赛德斯—奔驰。

3. 梅赛德斯—奔驰百年历程

1886 年,本茨发明的汽油发动机为动力的三轮车被授予专利,与此同时,戴姆勒也发明出了他的第一辆四轮汽车,同年他还取得了船用发动机专利。

1889 年,戴姆勒首先为它的汽车安装上了四挡变速器。

1890 年,戴姆勒汽车公司成立(DMG),迈巴赫设计了第一台直列 4 缸四冲程发动机。

1894 年,世界首次从巴黎到鲁昂(Rouen)的汽车赛,装有戴姆勒发动机的汽车取得了胜利。

1895 年,世界第一条公共汽车线路开始运营,该车采用奔驰的发动机。

1896 年，戴姆勒汽车公司制造成功世界上第一辆货车。同年，戴姆勒为 P&L 公司制造了世界首台汽车用 4 缸发动机。

1897 年，世界首家出租车服务公司在斯图加特将戴姆勒制造的汽车作为出租车，并投入运营。

1901 年，戴姆勒汽车公司制造的第一台 35hp 的梅赛德斯跑车赢得 Nice-La Turbie 爬山赛冠军。

1902 年，戴姆勒获得了"梅赛德斯"法定使用权，并将"梅塞德斯"作为其新的商标。

1903 年，奔驰汽车公司的第一种装有对置式、水冷发动机和传动轴的汽车帕西法尔型汽车制造成功。

1910 年，奔驰汽车公司开发了第一台 4 气门发动机。

1914 年，奔驰汽车公司制造了第一台 12 汽缸 250hp 的航空发动机。

1926 年，奔驰汽车公司和戴姆勒汽车公司，为了避免日益增大的汽车工业中互相排挤，两大汽车巨人终于走到一起，创办了举世闻名的"戴姆勒—奔驰"汽车公司（Mercedes-Benz）。

1934 年，"梅赛得斯—奔驰"汽车公司制造了世界上第一辆排量为 7655mL 的 V8 发动机，可产生 100kW 的功率。

1936 年，"梅赛得斯—奔驰"汽车公司在柏林汽车展上推出了世界上第一款使用柴油发动机的轿车 206D，因此而节省了大量的燃料。

1938 年，公司推出了根据空气动力学设计的"梅赛德斯—奔驰"320 轿车，它比先前的车型都更易操控，而使得它能在新修建的高速公路上以更高的速度行驶。

1951 年，公司在第一届法兰克福国际汽车展上推出了拥有全新发动机（6 缸，顶置凸轮轴）的 220 型轿车。当年还推出了当时德国最大、时速最高的量产车 300 型轿车，这种车很快便成为政客和富商们的最爱。

1953 年 8 月，公司第一款三厢轿车 180 型正式发布。

1954 年公司在带有传奇色彩的跑车 300SL 型上率先使用了汽油喷射装置。从而淘汰了传统汽油车上的化油器。

1961 年，公司推出了第一款带有空气悬架的汽车 300SE 型。

1969 年 9 月，戴姆勒—奔驰汽车公司吸引了全世界的目光。公司在法兰克福汽车展上推出了 C111 型一代试验车，该车采用了三转子的汪克尔发动机，拥有惊人的 280hp。

一年之后，又推出了 C111 型二代车，和一代不同的是，它采用了带四个转子的汪克尔发动机，输出 350hp 的强大动力，使得它具有十分突出的性能。

1972 年，公司开发了一款全新的豪华车 280SE 型。随后，这款车被命名为"S-Class"，也就是我们熟悉的最早的 S 系列车。

1974 年，推出了世界上第一款搭载 5 缸柴油发动机的汽车 240D 3.0。

1978 年，公司在法兰克福国际汽车展上推出了一款搭载 5L 排量的轻型铝合金发动机的汽车 450SLC 5.0。

1979 年，公司凭借着全新开发的"G-Class"进军越野车市场。

4. 车标的变迁

现在戴姆勒—奔驰汽车公司和汽车商标,是简化了的形似转向盘的一个环形圆包围着三叉星商标,它的三叉星象征着是征服陆、海、空的愿望,如图 3-2 所示。

戴姆勒汽车商标　　　奔驰汽车商标　　　梅赛德斯—奔驰汽车商标

图 3-2　戴姆勒—奔驰标志的演变

(二) 宝马汽车公司简介

1. 宝马汽车公司简史

1916 年,卡尔·拉普和马克思·弗里茨在德国慕尼黑建立了巴依尔发动机公司(BMW),1918 年更名为宝马汽车公司。公司早期主要致力于飞机发动机的研发和生产,BMW 的蓝白标志来源于巴伐利亚州蓝白相间的州旗,也象征着旋转的螺旋桨,是公司早期历史的写照。宝马公司 1928 年开始生产汽车。

20 世纪 50 年代,德国匡特家族收购了宝马汽车公司 46% 的股份成为最大股东。此后宝马汽车公司相继收购了英国路虎、劳斯莱斯和迷你(Mini),成为一个后起的跨国大公司。

1959 年 8 月 26 日,英国汽车公司(BMC)推出 Mini 汽车,在半个多世纪的历史里,Mini 汽车获得了巨大的成功。

2000 年,旧款 Mini 汽车停止生产,Mini 品牌的新持有者宝马(BMW)宣布推出 Mini 的继承车款,并将新车的品牌定为 MINI。

2003 年 3 月,宝马汽车公司将旗下的路虎公司以 1 美元的价格出售给了美国福特汽车公司。

劳斯莱斯(Rolls-Royce)是世界顶级超豪华轿车厂商,1906 年成立于英国,公司创始人为 Frederick Henry Royce(亨利·莱斯)和 Charles Stewart Rolls(查理·劳斯)。Rolls-Royce 出产的轿车是顶级汽车的杰出代表,以豪华而享誉全球。除了制造汽车,劳斯—莱斯还涉足飞机发动机制造领域,它也是世界上最优秀的发动机制造者,著名的波音客机用的就是劳斯—莱斯的发动机。2003 年劳斯—莱斯汽车公司被宝马(BMW)接手。

宝马汽车一直追求"纯粹的驾驶乐趣",被誉为"驾驶者之车",宝马所有系列轿车采用后轮驱动。

2. 车标

宝马汽车商标是在双圆环的上方标有 BMW 字样,这是宝马汽车公司全称的缩写,商标内圆为蓝白两色相间的螺旋桨图案,如图 3-3 所示。

图 3-3　宝马、劳斯莱斯和 MINI 品牌标志的演变

（三）保时捷汽车公司简介

1. 保时捷汽车公司简史

保时捷（PORSCHE）汽车公司成立于 1930 年,创建人是费迪南德·波尔舍,总部设在斯图加特市,保时捷商标如图 3-4 所示。

图 3-4　保时捷品牌标志

1945 年,戴姆勒汽车公司首席设计师之子费利·波尔舍和设计师联手,于 1947 年 7 月完成第一辆保时捷设计图纸。

1948 年 6 月 8 日,一辆带有保时捷标志的西斯塔利亚跑车终于问世了,当年,又造出了保时捷 356 跑车。

1963 年,费利的长子亚历山大·费迪南德·波尔舍又推出保时捷 911 跑车。

2009 年,保时捷与大众合并为一家公司,保时捷现为大众公司旗下品牌。

2. 车标

保时捷汽车商标由文字商标"PORSCHE"和图形商标（斯图加特盾形市徽）两部分构成,如图 3-4 所示。波尔舍汽车公司的标志采用斯图加特市的盾形市徽。中间的黑马表明这里早在 16 世纪就以盛产名马闻名,上面有 STUTTGART（斯图加特）字样。背景上的鹿角告诉了人们这里曾是狩猎场,金黄的底色则表示丰收在望的麦子,黑红相间的条纹分别代表肥沃的土地和人们的智慧,公司名称在上方最显眼的地方。

（四）奥迪汽车公司简介

1. 奥迪汽车公司简史

奥迪（Audi）的创建可追溯至整整 100 年前。作为汽车工程师的奥迪创始人奥古斯特·霍希与其他的汽车工程师一样,并不满足于替他人打工,而是希望拥有以自己的名字命名的品牌。

　　1899 年,他在莱茵河畔创立了以自己的名字命名的车厂——Augost Horch & CIE,那一年史称奥迪元年。1901 年,他开始自行生产汽车。其后短短的 8 年间,他的车厂不但颇具规模,还成为一家股份公司。奥迪汽车公司一直将其品牌定位在动力强劲、质量优异、装饰豪华的车型上。

　　1910 年,霍希创建了奥迪汽车公司。

　　1932 年,由奥迪、霍希、旺达尔、DKW 四家公司合并组成汽车联盟公司。

　　1958 年,汽车联盟公司被戴姆勒—奔驰汽车公司收购。1964 年又被转卖给大众汽车公司。

　　1969 年,大众汽车公司买下德国的纳苏汽车公司,汽车联盟公司改称为奥迪纳苏汽车联合公司。

　　1985 年,又更名为奥迪汽车公司,商标未变。

　　奥迪公司发展年史如图 3-5 所示。

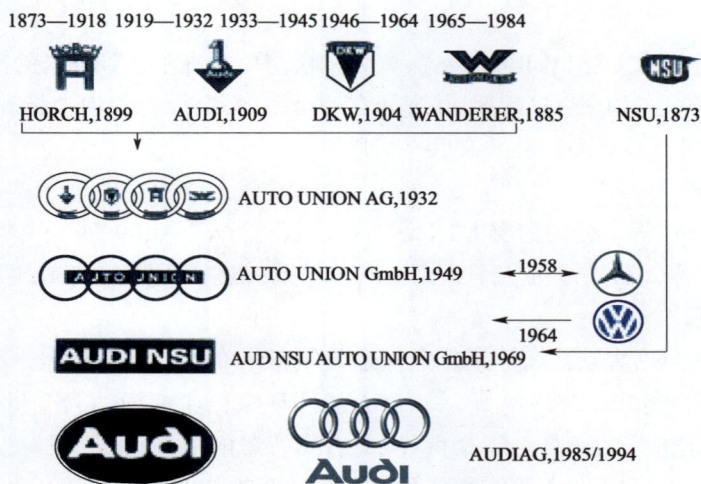

图 3-5　奥迪公司发展年史

2. 车标

　　奥迪汽车商标采用了四连环图案,如图 3-6 所示。这四个相同紧扣着的圆环,象征公司成员平等、互利、协作的密切关系和奋发向上的创业精神。

图 3-6　奥迪品牌标志

（五）大众汽车公司简介

1. 大众汽车公司简史

德国大众汽车公司创建于 1937 年 5 月，是德国最大的汽车生产集团，创始人是费迪德·波尔舍。

1938 年，大众汽车新厂在沃尔斯堡奠基，由波尔舍主持建设，并于 1939 年建成。

目前，大众汽车公司旗下除拥有大众外，旗下收购了奥迪、宾利、保时捷、斯柯达、西亚特、兰博基尼和布加迪等汽车品牌。

2. 车标

1）大众车标

大众汽车公司的德文是"Volkswagen"，意为大众使用的汽车，图形商标是德文单词中的两个字母 V 和 W 的叠合，如图 3-7 所示，并嵌套在一个圆内，也标志着由中指和食指做出的"V"组成，表示大众公司及其产品必胜—必胜—必胜。

2）斯柯达车标

斯柯达（SKODA）汽车公司前身 L&K 公司是一家自行车厂，1899 年开始生产摩托车，1905 年公司转向生产汽车。公司总部位于捷克的汽车城姆拉达—博莱斯拉夫，也是世界上历史最悠久的汽车生产商之一。

1991 年 4 月 16 日，大众集团购买了斯柯达公司 70% 的股份，其余 30% 股份在 2000 年收购。斯柯达汽车品牌标志如图 3-8 所示。巨大的圆环象征着斯柯达为全世界无可挑剔的产品；鸟翼象征着技术进步的产品行销全世界；向右飞行着的箭头，则象征着先进的工艺；外环中朱黑的颜色象征着斯柯达公司百余年的传统；中央铺着的绿色，则表达了斯柯达人对资源再生和环境保护的重视。现在生产的斯柯达·弗雷西亚牌汽车的商标最下边部分的桂枝树叶，表示胜利。另外，关于"斯柯达"商标还有一个传说：据说该厂的经理从美洲带回一名印第安仆人，这个人很勤快，脸谱也很美，所以就选用了他的脸谱作为商标，即现在的斯柯达箭形商标。

图 3-7　大众品牌标志

图 3-8　大众斯柯达品牌标志

3）西亚特车标

西亚特是西班牙最大的汽车公司，1950 年成立于巴塞罗那。现在属于德国大众汽车公司子公司。西亚特车标如图 3-9 所示。S 是 seat 的第一个字母，实现了感性与理性的平衡，标识的对称线条具有永恒的张力，线条精准，现代感十足，车标彰显了西雅特对精准技术与卓越工艺和创新的承诺，红色则延续了品牌的西班牙灵魂。

图 3-9　大众西亚特品牌标志

（六）欧宝汽车公司简介

1. 欧宝汽车公司简史

1862 年，亚当·欧宝（Adan Opel）在吕塞尔海姆创建了欧宝公司，公司最初生产缝纫机、自行车。1897 年开始生产汽车，1924 年，公司建成德国第一条生产汽车的流水线，使汽车产量猛增，在德国廉价车领域独占鳌头。另外，欧宝家族可能对当时的德国政府存在顾虑，于 1929 年将公司 80% 的股份卖给美国通用汽车公司。从此，欧宝汽车公司成为美国通用汽车公司在德国的子公司。

图 3-10　欧宝品牌标志

2. 车标

欧宝汽车商标由图案和文字组成，如图 3-10 所示。图案是震撼世界的闪电，像闪电一样划破长空，代表公司的技术进步和发展。文字是创始人的姓氏"OPEL"。

（七）迈巴赫汽车公司简介

1. 迈巴赫汽车公司简史

迈巴赫（MAYBACH）品牌首创于 20 世纪 20 年代，现属于戴姆勒—奔驰的豪华品牌。其前身是迈巴赫发动机制造厂（Maybach-Motorenbau），创始人是被誉为"设计之王"的威廉·迈巴赫。威廉·迈巴赫不但是戴姆勒—奔驰公司的三位主要创始人之一，更是世界首辆梅赛德斯—奔驰汽车的发明者之一。

1919 年，难舍汽车梦想的威廉·迈巴赫与其子卡尔·迈巴赫共同缔造了"迈巴赫"这一传奇品牌。

2. 车标

迈巴赫品牌标志由 2 个交叉的 M，围绕在一个球面三角形里组成，如图 3-11 所示。品牌创建伊始的 2 个 M 代表的是"Mayhach-Motorenhau"的缩写。

图 3-11　迈巴赫品牌标志

二、美国汽车企业与汽车品牌

（一）通用汽车公司简史

1. 创始人——杜兰特

1904年,杜兰特(图3-12)买下了别克汽车公司,他就成为别克汽车公司的董事长,别克汽车公司是杜兰特在世界汽车工业成名的起点。

1908年9月,通用汽车公司由威廉·杜兰特在别克汽车公司的基础上发展起来的,成立于美国的汽车城底特律。现总部仍设在底特律。其标志GM取自其英文名称(General Motor Corporation)的前两个单词的第一个字母。

1910年,通用汽车公司出现严重的资金困难。董事会接受了通用汽车公司举债的请求,杜兰特也被迫离开了通用汽车公司。

1911年,杜兰特和路易斯·雪佛兰创建了雪佛兰汽车公司,获得了巨额利润。

1916年,在美国化工大王皮埃尔·杜邦财力的支持下,杜兰特秘密买下了通用汽车公司的大部分股权,重新控制了通用汽车公司。

图3-12 杜兰特

1916年11月,杜兰特再次出任通用汽车公司的总经理。

1920年,通用汽车公司再次出现严重危机,杜兰特也再次被迫离开了通用汽车公司,并彻底离开了汽车界。

2. 世界上最伟大的CEO

阿尔弗莱德·斯隆(1875—1966年,图3-13),在通用汽车公司处于困境时,励精图治,为公司构筑起一套完整的组织机构和管理制度,挽救并发展了通用汽车公司。

在斯隆的卓越领导下,通用汽车公司迅速超过竞争对手,在1927年跃升为美国和世界最大的汽车公司,直到2008年,才被日本丰田汽车公司超过,但通用汽车公司仍然是世界上最大的汽车公司之一。

3. 通用汽车公司旗下品牌简介

通用汽车公司的主要市场包括北美、欧洲、亚太地区、拉

图3-13 阿尔弗莱德·斯隆

美、非洲和中东,其中最大的是北美市场。通用汽车自 1931 年起就成为全球汽车企业的领导者。通用汽车旗下的汽车品牌包括:凯迪拉克、雪佛兰、别克、吉姆西、悍马、庞蒂克、土星、欧宝、霍顿和大宇等,其中前七个品牌是美国本土品牌,如图 3-14 所示。

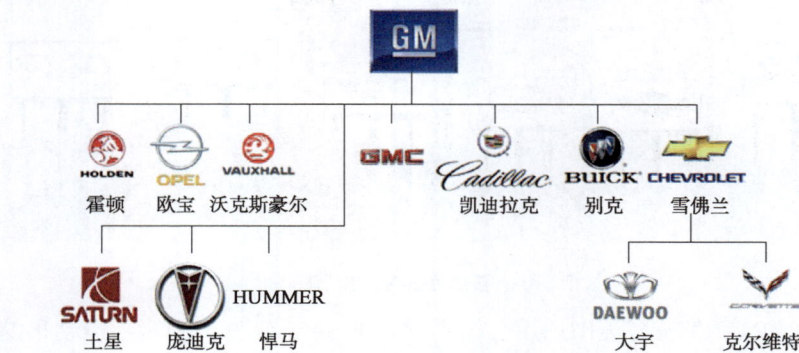

图 3-14　通用汽车旗下主要品牌

1)凯迪拉克品牌简史

凯迪拉克(CADILLAC)品牌原是凯迪拉克汽车公司的品牌,公司建立于 1902 年,创始人是亨利·利兰德。

1909 年,凯迪拉克汽车公司加入通用汽车公司。

凯迪拉克汽车公司成立时选用凯迪拉克作为公司的名称,是为了向法国的皇家贵族、探险家安东尼·门斯·凯迪拉克表示敬意,因为他在 1701 年建立了底特律市。

凯迪拉克汽车商标上为冠、下为盾,周围为郁金香花瓣构成的花环,如图 3-15 所示,比喻凯迪拉克汽车的高贵、豪华、气派和潇洒,凯迪拉克牌汽车具有巨大的市场竞争能力。

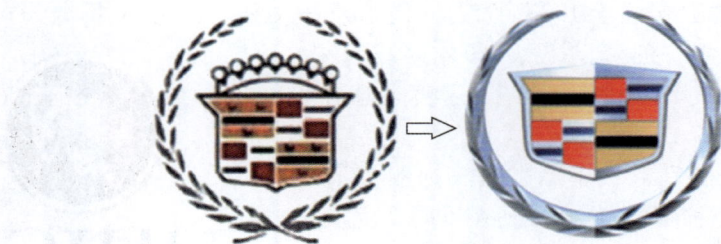

图 3-15　凯迪拉克品牌标志

进入 21 世纪,凯迪拉克使用了新版商标,色彩更明快,轮廓更鲜明。

2)雪佛兰品牌简史

雪佛兰(Chevrolet)品牌原是密执安雪佛兰汽车公司的品牌,公司建于 1911 年,创始人是威廉·杜兰特和瑞士的路易斯·雪佛兰。雪佛兰是瑞士的赛车驾驶员、工程师。

1918 年 5 月,雪佛兰汽车公司并入通用汽车公司。

雪佛兰品牌汽车标志是由图形和文字两部分组成,雪佛兰汽车的标志采用象征变形化了的蝴蝶领结,象征着雪佛兰汽车的大方、气派和风度,更标志着贵族气派与优质的服务精神,如图 3-16 所示。

图 3-16　雪佛兰品牌标志的演变

克尔维特（CORVETTE）是美国通用公司雪佛兰部 1953 年推出的高级运动车的商标,它沿用 17 世纪英国一种炮舰的名字,意向当时风行的英国跑车挑战。

图 3-17　雪佛兰高级跑车标志

商标图案是在椭圆内交叉嵌套着两面旗子,如图 3-17 所示。那面黑白相间的旗子,表示该车是参加公路汽车大赛的运动车;那面红色的旗子上的蝴蝶结商标,表示该车由雪佛兰分部制造,旗上的奖杯和花朵,则代表夺魁后的欢呼和成功的纪念。

自克尔维特汽车诞生那天起,就以超凡的魅力、独一无二的款式而畅销世界,是美国汽车工程艺术领域的代表。

3）别克品牌简介

别克（BLACK）汽车公司建于 1903 年 5 月,创始人是大卫·别克,但不久公司就陷入困境。后来在威廉·杜兰特的资助下,公司才兴旺起来。1908 年,杜兰特以别克汽车公司为中心建立了美国通用汽车公司。

别克汽车品牌车标:别克汽车标志是三把颜色不同（从左到右、红、白、蓝三种颜色）依次排列在不同高度上的利剑,如图 3-18 所示,表示积极进取、不断攀登的意念;表示别克汽车公司采用顶级技术,刃刃见锋;也表示别克汽车公司培养出的人才游刃有余,是无坚不摧、勇于登峰的勇士。

图 3-18　别克品牌标志

4）庞蒂克品牌简介

庞蒂克（PON-TIAC）品牌原为奥克兰汽车公司的品牌,公司建于 1907 年 8 月,创始人是爱德华·墨菲。庞蒂克是一个印第安酋长的名字,18 世纪他曾率部在底特律附近抵抗英法殖民者。为了纪念他,将靠近底特律市的一座小城命名为庞蒂克镇。1909 年 4 月,奥克兰汽车公司加入通用汽车公司,主要以生产高档轿车和跑车为主,从 1932 年 4 月起正式使用庞蒂克汽车这一名称。

庞蒂克汽车品牌车标,如图 3-19 所示。庞蒂克汽车商标是带十字标记的箭头。十字标记表示庞蒂克汽车是通用汽车公司的成员,也象征着庞蒂克汽车安全可靠,箭头则代表庞蒂克汽车的技术超前和攻关精神。

5)土星品牌简史

土星(SATURN)品牌是通用汽车公司最年轻的品牌,是通用公司唯一从内部建立起来的公司。

1985年,通用汽车公司决定新建土星分部,企图开发先进的土星牌轿车以抵御外国轿车大规模进入美国市场,分部设在田纳西州春山市,主要产品分为豪华轿车 SL、旅行轿车 SW 和跑车 SC。

图3-19 庞蒂克品牌标志

土星汽车品牌其标志为土星轨迹线,如图3-20所示,给人一种高科技、新观念、超时空的感觉,寓意土星汽车技术先进,设计超前且最具时代魅力。

6)吉姆西品牌简介

回顾历史,GMC 汽车公司渊源可追溯到1901年成立的疾速汽车公司。该公司曾打造出了最早的商用载货汽车并为这些汽车配备了单缸发动机。

图3-20 土星品牌标志

1909年,疾速汽车公司被通用汽车公司收购。3年后,GMC Truck 品牌首次出现在纽约国际汽车展上,结果这一年就有多达2.2万辆载货汽车被生产出来。

吉姆西英文翻译为 GMC,先前曾被称作 GMC Truck。今天的 GMC 则不仅演变成了通用旗下最重要的商用汽车部门,而且还成为通用旗下唯一一个与通用公司同名的汽车品牌。

GMC 生产的车型主要包括 SUV、房车、皮卡、重型货车、轻型货车、中型货车等。

GMC 的标志即为其英文字母,如图3-21所示。

图3-21 吉姆西品牌标志

7)悍马品牌

20世纪70年代末,军方要求军用车需要符合高机动性、多用途、非履带式等要求,简称 HMMWV。

1992年,AM General 公司推出了 HMMWV 的民用车,取名 Hammer,译音"悍马",有"越野车王"之称。悍马品牌车标即其英文字母,如图3-22所示。

图3-22 悍马品牌标志

1983 年,美国 AM Geaeral 公司完成了 HMMWV 的开发工作,并为军方生产该汽车。至今,HMMW V 系列车生产超过 14 万辆,美国军方装备了 10 万辆,并出口到 30 多个国家和地区。

1999 年,通用汽车公司从 AM General 公司取得了悍马汽车的商标使用权和生产权。

由于污染严重,悍马汽车最终于 2010 年停产。

(二)福特汽车公司简介

1. 福特汽车公司简史

1893 年,福特研制的汽油机试验成功,1896 年开始研制汽车。

1903 年 6 月 16 日,福特和 11 名合伙人建立了福特汽车公司,总部设在底特律市。

1908 年,福特生产出 T 型车;1913 年,创造了用流水线装配汽车的方式。福特 T 型汽车生产了 20 年,共生产了 1500 多万辆。福特汽车公司发展成为当时世界上最大的汽车公司。

1927 年,福特汽车公司世界第一的位置被通用汽车公司占据。

2. 旗下品牌

1903 年 6 月 16 日,亨利·福特创建了福特(FORD)汽车公司。在美国有福特部和林肯·默寇利部等。福特部生产雷鸟(Thunderbird)、野马(Mustang)、野马·眼镜蛇(Mustang Cobra)等轿车或跑车;林肯·默寇利部生产林肯·大陆(Lincoln Continental)、林肯·城市(Lincoln Town)等高档轿车。

1)福特品牌简史

福特(Ford)是世界著名的汽车品牌,是美国福特汽车公司(Ford Motor Company)旗下的众多品牌之一,公司及品牌名"福特"来源于创始人亨利·福特(Henry Ford)的姓氏。福特汽车公司是世界上最大的汽车生产商之一,主要产品有福克斯、嘉年华、蒙迪欧、翼虎、锐界、翼博等。

福特汽车商标是采用福特英文"Ford"字样,蓝底白字,如图 3-23 所示。由于创建人亨利·福特喜欢小动物,所以标志设计者把福特的英文"Ford"画成形似一只活泼可爱、充满活力、美观大方的小白兔形象。犹如在温馨的大自然中,一只活泼的小白兔矫健潇洒地飞奔世界各地。

福特部生产的野马跑车商标中的奔马是原产于墨西哥和美国加利福尼亚州的一种野马,它身强体壮,善于奔跑,如图 3-24 所示。

图 3-23　福特品牌标志　　　　图 3-24　福特品牌野马跑车标志

福特部生产的眼镜蛇跑车商标是一个昂首挺胸的眼镜蛇图案,眼镜蛇跑车是由野马跑车改装而成,其商标如图 3-25 所示。

2)林肯品牌简史

1917 年 8 月,亨利·利兰德创建了豪华汽车公司。

1922 年 2 月,福特汽车公司收购了豪华汽车公司,将其更名为林肯(LINCOLN)部。

1949 年,福特汽车公司将林肯部和默寇利部合并为林肯—默寇利部。亚伯拉罕·林肯是美国第 16 任总统。林肯牌轿车是美国豪华轿车的品牌,它是地位和财富的象征。美国总统胡佛、罗斯福、杜鲁门、艾森豪威尔、肯尼迪、尼克松、卡特、里根、老布什、克林顿都乘坐林肯牌轿车。

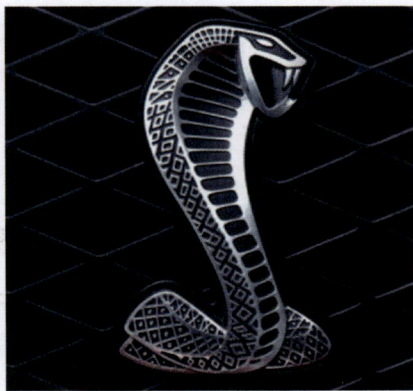

图 3-25　福特品牌眼镜蛇跑车标志

林肯汽车商标是一颗闪闪发光的星辰和一个近似矩形的外框组成的图案,如图 3-26 所示,表示林肯总统是美国联邦统一和废除奴隶制度的启明星,也喻示着林肯牌轿车光辉灿烂。

3)默寇利(水星)品牌简史

Mercury(水星)是福特旗下一著名品牌,是该汽车公司唯一自创的品牌。20 世纪 30 年代中期,福特汽车的管理层意识到在经济型的福特车和豪华的林肯车之间仍存在市场机会,于是在 1935 年开发出了 Mercury 品牌,进军中档车市场,1938 年 10 月正式推出 Mercury 产品。

默寇利(Mercury)车标是罗马神话中的主管商业和道路之神的名字,如图 3-27 所示。默寇利汽车商标中三条道路分隔线表示天下道路为默寇利牌汽车修筑,也象征着该车将畅通无阻地飞驰在各种道路上。

图 3-26　林肯品牌标志

图 3-27　默寇利品牌标志

(三)克莱斯勒汽车公司简介

1. 克莱斯勒公司简史

克莱斯勒(CHRYSLER)汽车公司创建于 1925 年,创始人是沃尔特·克莱斯勒,总部设在密歇根州。1928 年,克莱斯勒汽车公司买下了道奇汽车公司和顺风汽车公司。1998～2007 年曾与戴姆勒—奔驰合作,在 2008 年全球经济风暴中破产,2014 年被菲亚特汽车收购。

2.车标

1）克莱斯勒品牌

目前，克莱斯勒汽车采用的商标是在花形图案中有"CHRYSLER"字样，圆形代表地球，表示克莱斯勒汽车遍及全世界，如图3-28所示。

图3-28　克莱斯勒品牌标志

2）道奇品牌

1914年，由道奇兄弟（约翰·弗朗西斯·道奇和瑞斯·埃尔金·道奇）创建了道奇（DODGE）汽车公司。1928年被克莱斯勒汽车公司收购，成为克莱斯勒汽车公司的一个分部。道奇汽车商标是一个安放在五边形中的公羊头，象征道奇汽车强壮彪悍，善于决斗，如图3-29所示。道奇汽车曾在第二次世界大战中作为主力装备。

蝰蛇跑车是克莱斯勒汽车公司道奇部生产的名车。其商标是一个张着血盆大口的蝰蛇，如图3-30所示，象征蝰蛇跑车勇猛无比。蝰蛇汽车商标在设计中特别突出了蝰蛇那双烁烁放光的眼睛和锐利的牙齿，即以藐视的目光盯着对手，露出毒牙以击退敌人。

图3-29　道奇品牌标志

图3-30　蝰蛇跑车品牌标志

3）吉普（Jeep）品牌

吉普部是美国克莱斯勒汽车公司专门生产轻型越野汽车的部门，是美国克莱斯勒汽车公司接收美国汽车公司后，于1980年成立的子公司，是世界上最大的越野汽车制造厂。吉普商标是Jeep英文拼写，如图3-31所示。

图3-31　吉普品牌标志

4）普利茅斯（PLYMOUTH）品牌

1964 年，克莱斯勒品牌推出"普利茅斯 Barracuda"汽车，掀起了将近 10 年的肌肉车热潮。普利茅斯的英文 PLYMOUTH 是英国一个著名港口的名字，当年一批僧侣乘坐珠夫拉瓦号帆船从英国的这个港口到美国去，名字中有一帆风顺的含义，所以也有人把这种车型称作顺风牌。普利茅斯的商标图案就是当年僧侣曾乘坐过的帆船"珠夫拉瓦"号帆船的船帆图案，如图 3-32 所示。

图 3-32　普利茅斯品牌标志

三、法国汽车企业与汽车品牌

（一）标致—雪铁龙汽车公司简介

1. 标致—雪铁龙简史

1896 年，标致在蒙贝利亚尔省创建了标致（PEUGEOT）汽车公司。

1912 年，安德烈·雪铁龙创建了以自己姓氏命名的雪铁龙齿轮公司，1919 年开始生产汽车并更名为雪铁龙汽车公司。

1976 年，标致汽车公司与雪铁龙（CITROEN）汽车公司合作，成立了标致—雪铁龙汽车公司。

1980 年，改名为标致—雪铁龙集团（PSA），包括标致汽车公司、雪铁龙汽车公司和塔伯特汽车公司。

2. 车标

1）标致车标

标致（PEUGEOT）汽车商标是雄狮。目前采用的是前爪伸出做拳击状的立狮图案，如图 3-33 所示。雄狮商标既突出了力量，又强调了节奏，富有时代感。喻示着标致汽车像雄狮一样威武、敏捷，永远保持旺盛的生命力。

2）雪铁龙车标

雪铁龙（CITROEN）汽车公司的前身是雪铁龙齿轮公司，所以雪铁龙汽车商标是人字形齿轮的一对轮齿，如图 3-34 所示，象征人们密切合作，同心协力，步步高升。

图 3-33　标致品牌标志

图 3-34　雪铁龙品牌标志

（二）雷诺汽车公司简介

1. 雷诺汽车公司简史

雷诺（RENAULT）汽车公司由路易斯·雷诺与其兄菲尔南德·雷诺于1898年在法国比杨古创建，并以创始人姓氏命名。

1899年制造了一辆轻型四轮车，装用单缸迪地昂（De Dion）发动机。当时制造的汽车一般是用链条或皮带驱动的，而他制造的汽车是用传动轴驱动后轴上的锥齿轮。这辆汽车在1899年参加巴黎—特卢维尔（Trouville）的汽车赛，在以后的三年中成绩不错。1902年雷诺便自己制造发动机。

图3-35 雷诺品牌标志

雷诺汽车公司生产的主要车型有阿尔平（Alpine）、埃斯帕斯（Espace）、梅柑娜（Megane）、风景（Scene）等。

2. 车标

雷诺汽车商标为菱形图案，如图3-35所示，象征雷诺三兄弟与汽车工业融为一体，表示雷诺汽车公司能在无限的空间中竞争、生存和发展。

四、英国汽车企业与汽车品牌

（一）宾利汽车公司简介

1. 宾利（BENTLEY）品牌简史

宾利（BENTLEY）汽车公司于1919年8月于英格兰创立的，创始人是沃尔特·欧文·宾利，该公司主要生产运动车。1931年，宾利汽车公司被劳斯莱斯汽车公司兼并，兼并后的宾利汽车公司也生产豪华轿车。1998年，宾利被大众公司收购，一度有人担心宾利的形象会被改变，但德国人并没有改变宾利，宾利的英国皇家血统仍然纯正。

从1919年宾利的第一辆汽车的诞生之日起，近百年来，宾利的品牌虽历经时间的洗礼，却仍旧历久弥新，熠熠生辉。

2. 车标

宾利商标是一只展翅翱翔的雄鹰，鹰的腹部注有公司名称"BENTLEY"第一个大写英文字母"B"，如图3-36所示。那个展翅腾飞的"B"字是宾利最强劲、永

图3-36 宾利品牌标志

不妥协的标志,它是呈现给世人的永远是动力、尊贵、典雅、舒适与精工细做的最完美结合。

(二)劳斯莱斯汽车公司简介

1. 劳斯莱斯品牌简史

劳斯莱斯(ROLLS-ROYCE)汽车公司建立于1906年,是由劳斯汽车销售公司和莱斯汽车制造公司联合而成,并以创始人查尔斯·劳斯和亨利·莱斯的姓氏命名。

劳斯莱斯轿车以外形独特、古色古香、性能优良而闻名于世,是当今世界最尊贵、最豪华、最气派的轿车,被誉为"帝王之车",在世界车坛上享有崇高的地位。2003年劳斯莱斯汽车公司被宝马(BMW)接手。

2. 车标

劳斯莱斯商标采用 ROLLS、ROYCE 两个单词的开头字母 R 叠合而成,如图 3-37 所示,喻义团结奋进、精诚合作、共同创业的精神。汽车雕塑商标采用一尊女神像,做飞翔姿态,意为速度之魂。

a)文字商标　　　　b)雕塑商标

图 3-37　劳斯莱斯品牌标志

(三)捷豹汽车公司简介

1. 捷豹(JAGUAR)品牌简史

捷豹(JAGUAR)是英国的一家豪华汽车生产商,建于1935年,创始人是威廉·莱昂斯,总部设在英国的考文垂,世界奢华汽车品牌捷豹自诞生之初就深受英国皇室的推崇,从伊丽莎白女王到查尔斯王子等皇室贵族无不对捷豹青睐有加,捷豹更是威廉王子大婚的御用座驾,尽显皇家风范。1989年,捷豹被美国福特汽车公司并购,2008年3月26日,福特又把捷豹连同路虎(Landrover)售予印度塔塔汽车公司。自2008年加入塔塔汽车公司大家庭以来,捷豹开始拥有一个真正的全球前景。

2. 车标

捷豹(JAGUAR)车标为一只正在跳跃前扑的"美洲豹"形象,如图 3-38 所示,矫健勇猛,形神兼备,具有时代感与视觉冲击力,它既代表了公司的名称,又表现出向前奔驰的力量与速度,象征该车如美洲豹一样驰骋于世界各地。

图 3-38　捷豹品牌标志

（四）路虎汽车公司简介

1. 路虎（LAND ROVER）品牌简史

路虎（LAND ROVER）曾在中国翻译成"陆虎"，是世界著名的英国越野车品牌。在四驱车领域中，路虎公司不仅拥有先进的核心技术，而且充满了对四驱车的热情：它是举世公认的权威四驱车革新者。

路虎曾属于英国罗孚（ROVER）汽车公司，建于 1884 年的自行车制造厂，1904 年开始生产汽车。1966 年并入利兰德汽车公司，组成新的路虎汽车公司。1994 年被德国宝马公司接管。2000 年，又被福特汽车公司收购。2008 年，由于金融危机的影响，福特公司急于寻求资金就把其子品牌路虎和捷豹卖给了印度的塔塔集团，不过现在路虎越野车仍然在英国原厂生产。印度塔塔集团从福特手中以 23 亿美元收购了路虎品牌。

2. 车标

图 3-39　路虎品牌标志

罗孚（ROVER）是北欧的一个民族，由于罗孚民族是一个勇敢善战的海盗民族，所以路虎汽车商标采用了一艘海盗船，张开红帆象征着公司乘风破浪、所向披靡的大无畏精神。路虎是全球著名的越野汽车，新标志就是英文 LAND-ROVER，如图 3-39 所示。

五、意大利汽车企业与汽车品牌

（一）菲亚特汽车公司简介

1. 菲亚特（FIAT）简史

菲亚特（FIAT）是意大利都灵汽车制造厂（Fabbrica Italianadi Automobili Torino）缩写的译音，是世界十大汽车公司之一，创始人是乔瓦尼·阿涅利。厂址设在都灵市，从 1899 年第一辆汽车的诞生，到 1908 年进军美国市场，并开始出口法国、奥地利、英国等国。经过一个多世纪的发展，菲亚特汽车公司已成为意大利规模最大的汽车公司。不仅汽车产量占意大利汽车总产量的 90% 以上，而且还控制着阿尔法·罗密欧、蓝旗亚、玛莎拉蒂、法拉利等汽车公司，工程车辆有依维柯公司。2009 年菲亚特和克莱斯勒达成收购协议，直到 2014 年完成了对克莱斯勒股权 100% 收购，现在形成了菲亚特—克莱斯勒联盟。2021 年，菲亚特—克莱斯勒联盟与法国标致雪铁龙汽车强强联合，成立斯特兰蒂斯集团，2023 是全球第四大汽车集团。菲亚特汽车旗下品牌如图 3-40 所示。

图 3-40　菲亚特集团品牌展示

2. 车标

菲亚特汽车公司全称是意大利都灵汽车制造厂,菲亚特(FIAT)是该公司缩写的译音,FIAT 也是该公司产品的商标,如图 3-41 所示。

现在菲亚特汽车都采用矩形商标,菲亚特轿车造型紧凑、线条简练、优雅精致、极富动感、充满活力,处处显现拉丁民族热情、浪漫、灵活的风格。所以菲亚特轿车的造型一直引导着世界汽车造型的潮流。

图 3-41　菲亚特品牌标志

(二) 法拉利汽车公司简介

1. 法拉利(Ferrari)品牌简史

法拉利(Ferrari)汽车公司是意大利超级跑车和赛车制造公司,建于 1929 年(最早是赛车俱乐部,即法拉利车队的前身),创始人是恩佐·法拉利,公司总部设在摩德纳,现为菲亚特汽车公司的子公司。

2. 车标

图 3-42　法拉利品牌标志

法拉利汽车商标是一匹跃起的马,标志上部的绿、白、红三色是意大利国旗的颜色,而标志底色为公司所在地摩德纳的一种著名金丝雀的颜色,如图 3-42 所示。2000—2004 年,法拉利汽车公司生产了 F2000、F2001、F2002、F2003GA 和 F2004P1 等品牌赛车,这些赛车均在 2002—2004 年世界一级方程式汽车大赛中夺冠。

（三）阿尔法·罗密欧汽车公司简介

1. 阿尔法·罗密欧品牌简史

阿尔法·罗密欧（ALFA·ROMEO）汽车公司是意大利高档轿车、跑车和赛车制造商，建于1910年，总部设在意大利米兰。1910年，阿尔法汽车公司在米兰成立，并开始生产普通轿车。第一次世界大战中，工程师尼古拉·罗密欧买下了该公司，用于生产军火。战后改为阿尔法·罗密欧汽车公司，生产高档跑车和赛车。1987年，阿尔法·罗密欧汽车公司并入菲亚特汽车公司，之后提高了技术水平，获得了较大的发展。

图3-43　阿尔法·罗密欧
品牌标志

2. 车标

阿尔法·罗密欧汽车公司的汽车商标是将"ALFA RUMEO"字样置于米兰市圆形市徽（原是维斯康泰家族的徽章）外圈的上半部，如图3-43所示。采用该商标，是为了纪念米兰市的创始人维斯康泰公爵及其家族。

（四）兰博基尼汽车公司简介

1. 兰博基尼品牌简史

兰博基尼（LAMBORGHINI）汽车公司建于1961年，创始人是弗鲁西欧·兰博基尼，主要生产跑车和赛车。

1987年，兰博基尼汽车公司与美国克莱斯勒汽车公司合并。

1993年底，克莱斯勒汽车公司又将兰博基尼汽车公司卖给了印度尼西亚的梅佳—泰克财团。

1998年，兰博基尼汽车公司又被奥迪汽车公司收购。

2. 车标

兰博基尼汽车商标是一头金色斗牛，如图3-44所示。全身充满力气，正准备冲击，寓意该公司生产的赛车功率大，速度快，战无不胜。

图3-44　兰博基尼品牌标志

（五）玛莎拉蒂汽车公司简介

1. 玛莎拉蒂品牌简史

1914年，玛莎拉蒂（MASERATI）家族的四兄弟创建了玛莎拉蒂汽车公司，主要生产赛车和跑车。目前为菲亚特汽车公司的子公司。

2. 车标

玛莎拉蒂汽车商标是一个三叉戟兵器,如图 3-45 所示,相传这个兵器是罗马神话中海神纳普丘(在希腊神话中则称为波塞顿)手中的武器,它显示海神巨大无比的威力。该商标表示玛莎拉蒂汽车公司及其汽车,像浩渺无垠的大海咆哮澎湃,隐喻了玛莎拉蒂汽车快速奔驰的潜力。

图 3-45　玛莎拉蒂品牌标志

(六)依维柯汽车公司简介

1. 依维柯(IVECO)简史

依维柯公司的全称为(IVECO)工业车辆公司,创建于 1975 年,是一家以菲亚特汽车公司为主体,由三个国家四个公司(意大利的菲亚特汽车公司、奥姆股份有限公司、法国的尤尼克股份有限公司、德国的马基路斯—道依茨公司)组成的欧洲跨国公司,主要生产载货汽车和客车。

2. 车标

依维柯车标使用英文 IVECO 作为自己品牌标志,如图 3-46 所示。

图 3-46　依维柯品牌标志

六、日本汽车企业与汽车品牌

(一)丰田汽车公司简介

1. 丰田汽车公司简史

世界十大汽车工业公司之一的丰田汽车公司(Toyota Motor Corporation),简称丰田(TOYOTA),是一家总部设在日本爱知县丰田市和东京都文京区的日本汽车制造公司。

丰田喜一郎(1894—1952 年)是丰田汽车公司的创始人,是日本"国产汽车之父",是"丰田生产方式"的奠基人。

1930 年,丰田喜一郎开始研究开发小型汽油发动机。

1933 年,在丰田自动织机制作所内设立汽车部。

1934 年,丰田喜一郎决定创立汽车生产厂。

1936 年,丰田 AA 型轿车问世。

1937 年,丰田喜一郎于 1937 年 8 月 28 日,成立了"丰田汽车工业株式会社"。

1982 年 7 月 1 日,丰田汽车工业公司和丰田汽车销售公司合并为丰田汽车公司,总部设在丰田市。丰田汽车公司主要生产皇冠(Qrown)、陆地巡洋舰(Lend Cruiser)、威驰(VioS)、卡罗拉(corolla)、雷克萨斯(Lexus)等品牌轿车。

丰田汽车公司自 2008 年始逐渐取代通用汽车公司而成为全世界排行第一位的汽车生产厂商,2011 年和 2016 年曾经先后被美国通用汽车公司和德国大众汽车公司超越,2020 年起丰田汽车公司重回全球销量榜首。

2. 车标

1）丰田品牌

20 世纪 80 年代后期,丰田汽车公司图案商标改成三个椭圆,如图 3-47 所示。外边的大椭圆表示地球,大椭圆内的一个横向椭圆和一个纵向椭圆构成一个"T"字,是 TOYOTA 的第一个字母,代表丰田汽车公司,商标富有动感,表示丰田汽车公司在世界上永远发展。其内涵解释为:它象征着丰田立足于未来,对未来的信心和雄心;它象征着丰田置身于顾客,对顾客的保证;它象征着丰田技术之高和革新的潜力。

2）雷克萨斯品牌

雷克萨斯车名是丰田汽车公司花费 3.5 万美元请美国一家起名公司命名的,因为雷克萨斯(Lexue)的读音与英文豪华(Luxe)一词相近,使人们联想到该车是豪华轿车。早期雷克萨斯车名在中国译名为凌志。雷克萨斯轿车商标采用车名"Lexus"第一个字母 L 的大写,L 的外面用一个椭圆包围着的图案,椭圆代表地球,如图 3-48 所示。

图 3-47　丰田品牌标志

图 3-48　雷克萨斯品牌标志

图 3-49　皇冠品牌标志

3）皇冠品牌

皇冠(Crown)品牌是丰田汽车公司生产的一款外形美观、线条流畅、性能优越的中档轿车,该型车于 1955 年 1 月销售,畅销世界各地。皇冠是丰田汽车公司的代表车型之一,被称为丰田汽车公司的旗舰。皇冠轿车的商标是一顶象征王位的皇冠,如图 3-49 所示,它象征着该型车是日本国产车的王者。

（二）日产汽车公司简介

1. 日产（NISSAN）品牌简史

日产（NISSAN）汽车公司又称尼桑汽车公司。1933 年,日本户烟铸造公司与日本产业公司合资建立汽车制造公司,于 1934 年更名为日产汽车公司。

日产（NISSAN）汽车公司是日本的一家汽车制造商,由鲇川义介于 1933 年在神奈川县横滨市成立,于 1934 年更名为日产汽车公司。目前在二十个国家和地区（包括日本）设有汽车制造基地。1999 年,雷诺与日产汽车结成独立的合作伙伴关系,在广泛的领域中展开战略性的合作,日产汽车通过联盟将事业区域拓展至全球。日产汽车公司的主要车型有逍客、轩逸、奇骏、天籁、骏逸、颐达、骊威等。

2. 车标

1）NISSAN（日产）品牌

"NISSAN"（ニッサン）是日语"日产"两个字的罗马音形式,是日本产业的简称,其含义是"以人和汽车的明天为目标"。图形商标是将 NISSAN 放在一个火红的太阳上,简明扼要地表明了公司名称,突出了所在国家的形象,这在汽车商标文化中独树一帜,如图 3-50 所示。

2）英菲尼迪（INFINITI）品牌

1989 年 11 月 8 日,日产汽车公司的高端品牌英菲尼迪（INFINITI）在北美首次面世。几年之内,英菲尼迪迅速成为北美豪华车市场最重要的品牌之一。INFINITI（英菲尼迪）的椭圆形标志表现的是一条无限延伸的道路,如图 3-51 所示。椭圆曲线代表无限扩张之意,也象征着"全世界";两条直线代表通往巅峰的道路,象征无尽的发展。INFINITI（英菲尼迪）的标志和名称象征着英菲尼迪人的一种永无止境的追求,那就是创造有全球竞争力的真正的豪华车用户体验和最高的客户满意度。

图 3-50　NISSAN 品牌标志　　　　图 3-51　英菲尼迪品牌标志

（三）本田汽车公司简介

1. 本田品牌简史

本田（HONDA）汽车公司是世界上最大的摩托车生产厂家,汽车产量和规模也名列世界十大汽车厂家之列。其前身是本田技术研究所,1948 年由本田宗一郎创建,以姓氏对公司命名。公司总部设在东京,雇员总数达18万人左右。现在,本田公司已是一个跨国汽车、摩托车生产销售集团,它的产品除汽车摩托车外,还有发电机、农机等动力机械产品,目前主要生产雅阁(Accord)、思域(Civic)、思迪(City)等品牌轿车。

2. 车标

1)本田品牌

本田汽车商标采用 HONDA 的第一个字母 H,周围用方框围着,体现了品牌技术创新、团结向上、经营有力的思想,如图3-52所示。

2)讴歌品牌

讴歌(ACURA)创立于1986年,过去也称之为"阿库拉"。讴歌一直作为本田汽车公司的一款豪华和准豪华车型在美国、加拿大和墨西哥市场销售。2000年和2008年,它分别被投放到中国和日本本土的市场。本田公司向中国市场投放的 ACURA 品牌更名为讴歌。

ACURA 是拼构出来的,"ACU"意味着"精确",体现了该事业部追求"精确"的精神;ACURA 标识中的"A"转化为一个传统的卡钳(专门用于精确测量的工具)样式,中间的横杆是为了保持"A"字形,也可以看成是本田商标的一种变形形式,如图3-53所示。

图3-52　本田品牌标志　　　　　　图3-53　讴歌品牌标志

(四)三菱汽车公司简介

1. 三菱品牌简史

三菱汽车公司的前身是岩奇弥太郎1870年创建的九十九商会,1873年将九十九商会改称为三菱商会,1970年,三菱汽车公司从三菱集团(Mitsubishi Group)中独立出来,该公司生产快乐(Debonair)、枪骑兵(Lancer)、帕杰罗(Pajero)等品牌轿车和轻型越野汽车。

2. 车标

三菱汽车以三枚菱形的钻石为标志,如图3-54所示,体现公司的三个原则:承担对社会的共同责任,诚实与公平,通过贸易促进国际谅解与协作。这个商标也凸显了三菱汽车菱钻式的造车艺术。

图3-54　三菱品牌标志

（五）五十铃汽车公司简介

1. 五十铃品牌简史

1922 年，涉泽正雄任东京石川岛造船所的董事，负责该所新建立的汽车部门的工作。

1933 年 3 月，石川岛汽车制造所与达特汽车制造公司合并，成立汽车工业公司。

1937 年 11 月，汽车工业公司又与东片煤气电力工业汽车部等合并为东京汽车工业公司。

1949 年 7 月，公司更名为五十铃汽车公司，名字来源于日本伊势（ISUZU）的五十铃河。

2. 车标

1974 年，五十铃汽车采用双柱商标，左边那根柱子象征着与用户并肩前进的五十铃汽车公司；右边那根柱子象征着与世界各国协作发展的五十铃汽车公司，如图 3-55 所示。

图 3-55　五十铃品牌标志

（六）马自达汽车公司简介

1. 马自达品牌简史

马自达汽车公司的前身是 1920 年创建的东京软木工业公司，创建人是松田重次郎，MAZDA 为松田的拼音。1931 年正式开始在广岛生产小型载货车，20 世纪 60 年代初正式生产轿车，1981 ~ 2002 年，马自达已累计生产了 3500 多万辆各种汽车。在 20 世纪 90 年代之前，马自达汽车公司产量始终在日本国内排名仅在丰田、日产之后，也是世界知名的日本汽车品牌之一。自 2000 年开始，马自达公司通过实施 "新千年计划"，使公司的发展进入了一个新的阶段。2002 年开始，马自达公司先后推出了 MAZDA6、MAZDA3、MAZDA2、MAZDA8、RX- 8、Roadstar、CX-7 等一系列新车型。

马自达汽车公司生产的汽车至今还坚持装配自己生产的转子发动机，马自达 MR-8 汽车安装了最新投入使用的转子发动机，是一辆真正带有马自达汽车基因的汽车。

图 3-56　马自达品牌标志

2. 车标

马自达公司与福特公司合作之后，采用了新的车标，椭圆中展翅飞翔的海鸥，同时又组成 "M" 字样。"M" 是 "MAZDA" 第一个大写字母，预示该公司将展翅高飞，以无穷的创意和真诚的服务，迈向新世纪，如图 3-56 所示。

（七）铃木汽车公司简介

1. 铃木（SUZUKI）品牌简史

铃木（SUZUKI）是日本的一个姓氏。铃木公司成立于 1920 年，1952 年开始生产摩托车，1955 年开始生产汽车。铃木汽车公司成立于 1954 年，以生产微型汽车为主。铃木公司也是丰田集团成员，同时通用汽车公司持有铃木汽车公司 10% 的股权。铃木汽车公司是最早与中国汽车公司合作成功的。其在中国生产的主要车型有奥拓、雨燕、天语和羚羊等。

图 3-57　铃木品牌标志

2. 车标

铃木汽车商标图案中的"S"是 SUZUKI 的第一个大写字母，如图 3-57 所示。它给人以无穷力量的感觉，象征无限发展的铃木汽车公司。通过向全世界的客户提供优质产品及向使用铃木产品的客户提供优质服务的方式，铃木汽车公司正以实现与客户建立终生信赖的关系为目标而不懈努力。

（八）斯巴鲁汽车公司简介

1. 斯巴鲁品牌简史

斯巴鲁（SUBARU）汽车公司是富士重工业株式会社（FHI）旗下专业从事汽车制造的一家分公司，成立于 1953 年，最初主要生产汽车，同时也制造飞机和各种发动机，是生产多种类型、多用途运输设备的制造商。

斯巴鲁汽车公司拥有独特的技术，尤其要指出的是其水平对卧式发动机和全时四轮驱动系统。斯巴鲁汽车公司近年来业绩显著，2006 年全球销售创下其历史记录。

2. 车标

富士重工"斯巴鲁"汽车的商标是昴宿星团的六连星，并且也是斯巴鲁汽车的标志，如图 3-58 所示。斯巴鲁的标志代表着第二次世界大战后，五个独立的公司一起组成了现今的斯巴鲁汽车公司。其主要车型有力狮（Legacy）、傲虎（Outback）、翼豹（Impreza）和森林人（Forester）等。

图 3-58　斯巴鲁品牌标志

七、中国汽车企业与汽车品牌

（一）一汽集团自主品牌简介

一汽轿车股份有限公司（简称：一汽轿车，英文名称：FAW Car Co. Ltd），是中国第一汽车集团的控股子公司,由一汽集团公司主要从事红旗轿车整车及其配件生产的优质资产重组成立。公司于 1997 年 6 月 10 日在长春高新技术开发区注册成立。公司主导产品之一为红旗系列轿车及其补充型新产品,"红旗"属于一汽的自有品牌、自有商标,诞生于 1958 年。

1. 中国一汽品牌简史

中国一汽是中国最大的汽车企业集团,拥有职能部门 18 个,全资子公司 28 个,控股子公司 18 个,其中上市公司 4 个。主营业务板块按领域划分为研发、乘用车、商用车、毛坯零部件、辅助和衍生经济六大体系,形成了以载货汽车、轿车、轻微型车、客车为主的多品种、宽系列的产品格局,自主品牌主要有解放、红旗。

2. 车标

中国一汽及生产的汽车商标是由阿拉伯数字和汉字"汽"两个字艺术化的组合,构成一只展翅翱翔在蔚蓝天空中的雄鹰。同时也是中国一汽打印在零部件上的一个产品商标。该标志既代表不断进取、展翅高飞的中国一汽精神,又表达了中国汽车工业冲出国门、走向世界的决心。出口的一汽载货汽车在其前面标有"FAW"字样,意为第一汽车制造厂,如图 3-59 所示。

图 3-59　中国一汽自主品牌标志

红旗牌汽车的历史始于 1958 年。1958 年 8 月 1 日,第一辆红旗牌轿车诞生,成为国家领导人和国家重大活动的国事用车。

"一汽"的设计师经过 5 次系统的试验,"红旗"轿车定型样车被正式定型,生产型号为 CA72。

1959 年国庆节前夕,第一汽车制造厂按照计划如期将首批质量过关的 30 辆红旗轿车送往北京,为建国十周年献礼。

从第一辆红旗轿车的诞生至 1981 年 5 月 14 日停产,共生产了 39 种车型 1542 辆车。今天,当年为数不多的红旗轿车已经成为收藏家手中的珍品,1996 年红旗轿车复产,再次绽放出新的活力。

一汽轿车股份有限公司(简称:一汽轿车,英文名称:FAW Car Co. Ltd),是中国第一汽车集团的控股子公司,由一汽集团公司主要从事红旗轿车整车及其配件生产的优质资产重组成立。公司于 1997 年 6 月 10 日在长春高新技术开发区注册成立。公司主导产品之一为红旗系列轿车及其补充型新产品,"红旗"轿车属于一汽的自有品牌、自有商标,诞生于 1958 年。"红旗"轿车作为一汽的无形资产,自公司成立后,其品牌价值随着企业的经营业绩逐年提升,2003 年已经达到人民币 52.48 亿元,位居中国轿车制造业最有价值品牌首位。

红旗轿车车标包括前车标、后车标和侧车标。前车标是一面红旗,不言而喻,它代表毛泽东思想;后车标是"红旗"两个汉字,是借用的毛泽东为 1958 年 5 月创刊的《红旗》杂志的封面题字。最早的 CA72 在翼子板一侧标有并排五面小红旗,代表工农商学兵。现在红旗轿车图形商标立在发动机罩的前端;另一商标是在椭圆中有一带羽毛的"1",表示"中国第一汽车集团"。该商标镶嵌在散热器的正中;文字"红旗"商标则标注在车尾。红旗轿车新商标以"第一"的"1"字形为依托,将代表全球的椭圆与"1"字形有机结合起来,构成简洁、流畅、活泼的造型,强调了"第一"的品牌名称及其意义,如图 3-60 所示。

奔腾轿车是一汽集团提高自主研发能力、国内首款自主品牌中高级轿车,积极实践自主创新的整车项目之一。是一汽 50 年造车历史的积淀、15 年开放合作经验的成果。该车基于新 MAZDA6 平台的基础

图 3-60 红旗自主品牌标志

上进行适应性开发,吸收了当今中高级轿车先进的造型理念、车身设计、主被动安全技术、内饰模块式开发、NVH 改善等先进技术,是集成创新的结晶,是高起点、高品质的自主品牌的代表。

"奔腾"体现了一种力量,更蕴含有一种激情,是一种根植于民族文化血脉之中的锐意进取的精神,勇于超越的信心和勇气,所展现的是自由驰骋的心迹,是锐意进取的精神,外形饱满敦厚,静中有动,好似一头蓄势待发的公牛,充满了力量与激情,澎湃的动力、卓越的品质,如图 3-61 所示。

图 3-61 一汽奔腾自主品牌标志变迁

（二）北汽集团自主品牌轿车简介

1. 北京牌轿车简史

北京汽车股份有限公司,2010 年 9 月 20 日成立。以北京自主品牌乘用车及中高端越野车生产基地及南方经济型轿车和交叉型乘用车基地为主体。将全面发展自主品牌轿车包括 A0、A－、A＋、B 等轿车产品、越野车产品以及交叉型乘用车等产品。

2. 车标

北汽集团新发布的品牌标识将"北"字作为设计的出发点,"北"既象征了中国北京,又代表了北汽集团,体现出企业的地域属性与身份象征,如图 3-62 所示。同时,"北"字好似一个欢呼雀跃的人形,表明了"以人为本"是北汽集团永远不变的核心。它传承与发展了北汽集团原有形象,呈现出一种新的活力,表达了北汽集团立足北京、放眼全球的远大目标。标识中的"北"字,犹如两扇打开的大门,它是北京之门、北汽之门、开放之门、未来之门,标志着北汽集团更加市场化、集团化、国际化,与集团全新的品

图 3-62 北京牌自主品牌标志

牌口号"融世界　创未来"相辅相成,表示北汽将以全新的、开放包容的姿态启动新的品牌战略。

(三)上汽(集团)自主品牌轿车简介

1. 荣威品牌

荣威(ROEWE)是上海汽车工业(集团)总公司旗下的一款汽车品牌,于2006年10月推出。该品牌下的汽车技术来源于上海汽车之前收购的罗孚,但上海汽车并未收购"罗孚"品牌。2006年10月12日,上海汽车(集团)股份有限公司(以下简称"上海汽车股份")正式对外宣布,其自主品牌定名为"荣威(ROEWE)",取意"创新殊荣、威仪四海"。荣威的品牌在4年时间里面发展迅速,其产品已经覆盖中级车与中高级车市场,"科技化"已经成为荣威汽车的品牌标签。荣威品牌口号为"品位,科技,实现"。

2. 车标

荣威汽车的名字来源于"创新殊荣,威仪四海",如图3-63所示。英文命名"Roewe",源自德语"Loewe"(狮子)。标志以中国最经典的红、黑、金三个色系组成,两只站立的东方雄狮护卫着的代表中华文化的华表,展现出尊贵、威仪、睿智的强者气度。

图3-63　荣威自主品牌标志

(四)浙江吉利控股集团自主品牌轿车简介

1. 吉利品牌

浙江吉利控股集团始建于1986年,1997年进入汽车行业,多年来专注实业、专注技术创新和人才培养,取得了快速发展。2010年8月2日,吉利完成对福特汽车公司旗下沃尔沃轿车公司的全部股权收购。同年,以营业收入233.557亿美元(约1500亿元人民币)首次进入世界500强。

吉利汽车的发展

2017年浙江吉利控股集团收购宝腾汽车(PROTON)49.9%的股份以及豪华跑车品牌路特斯(LOTUS)51%的股份。2017年,浙江吉利控股集团、吉利汽车控股有限公司、沃尔沃汽车集团合作成立领克汽车合资公司。2018年2月24日,吉利集团有限公司宣布收购戴姆勒股份公司9.69%具有表决权的股份。2019年,吉利汽车集团旗下纯电品牌——几何汽车正式发布,几何汽车品牌定位为"高端纯电品牌"。2023年吉利控股集团在全球汽车集团中排名第十一位。

吉利帝豪是吉利母品牌之下构建的一个子品牌。帝豪品牌对吉利汽车有传承亦有突破,其标识设计高贵、透露着浓郁的国际化特质,在甩掉吉利原有历史印象包袱的同时,也有效地传承了优秀固有文化基因。稳重、高贵的标识内涵将卓有成效地为帝豪品牌开拓广阔而稳定的全新市场助力。

自主开发的吉利熊猫、帝豪 EC7、帝豪 EC8 先后获得 C-NCAP 五星安全评价；帝豪 EC7 获得 E-NCAP 四星安全认定，成为中国首款获得欧洲权威安全评定机构高星级认定的车型，被誉为中国汽车行业安全技术的里程碑；2012 年 7 月，吉利首款 SUV 车型——全球鹰 GX7 以 50.3 的高分获得 C-NCAP"超五星"殊荣，成为自主品牌中绝无仅有的"超五星"车型，在截至 2012 年 6 月参加过 C-NCAP 评测的 172 款车型中名列第四，超越了众多合资品牌车型。

2. 吉利车标

吉利汽车标志是椭圆，如图 3-64a）所示。象征地球，表示面向世界、走向国际化；椭圆在动态中是最稳定的，喻示及祝愿吉利的事业稳如磐石，在风雨中屹立不倒；"六个六"：象征太阳的光芒，只有走进太阳，才能吸取无穷的热量，只有经过竞争的洗礼，才能百炼成钢。

a)吉利汽车　　　　　b)全球鹰　　　　　c)帝豪

图 3-64　吉利自主品牌标志

六个六，"六六大顺"祝愿如意、吉祥。

六个六，吉利一步一个台阶，不断超越，发展无止境。

六个六，中华优秀传统文化的底蕴才是吉利不断发展超越的精神源泉。

六个六，发展民族工业，走向世界，是吉利不舍不弃的追求。

"内圈蔚蓝"：象征广阔的天空，超越无止境，发展无止境。

"外圈深蓝"：象征无垠的宇宙，超越无限，空间无限。

由地球走向太阳，由广阔的天空走向无垠的宇宙，只有拥有如此开阔的胸怀，具备如此坚毅的超越精神，才能不断成功，发展无止境；由浙江而中国，由中国而世界；由地域而民族，由民族而国际，吉利不舍不弃，只为"造老百姓买得起的好车"。所有的创新拼搏，所有的奋斗汗水，只为了一个真情的愿望：快乐人生，吉利相伴。

吉利全球鹰车标整体外廓为椭圆形，是图形中兼具动态和稳固特征的图形，如图 3-64b）所示，象征着全球化的背景，寓示吉利在全球市场的动态平稳的发展前景。椭圆形状呈掎角之势，意喻吉利开拓、奋进、忠诚和使命感。吉利全球鹰车标中间部分为吉利首字母"G"的变体，同时又是阿拉伯数字"6"形状，"6"在中国传统文化中含有"吉祥顺利"的寓意，全球鹰造型则昭示着在新的阶段，吉利正以全新的激情和姿态，蓄势待发，并在不断的自我雕琢中崭露头角。

帝豪标识整体外廓为盾形，如图 3-64c）所示，彰显稳重、奋进气质，寓示帝豪品牌在高端汽车品牌市场动态平稳的发展前景。帝豪品牌选用盾形徽标寓意对用户的安全保护与品质承诺，更彰显着乘坐者的尊贵、沉稳、豪迈和荣耀。

吉利汽车的新标识以帝豪 Logo 为基础，融入了原有吉利 Logo 的蓝色，盾形代表了安全与信赖，宝石代表永恒的品质，蓝色代表天空，黑色代表大地，寓意驰骋天地之间。吉利汽车旗下的汽车品牌现在已发展到 12 个，如图 3-65 所示。

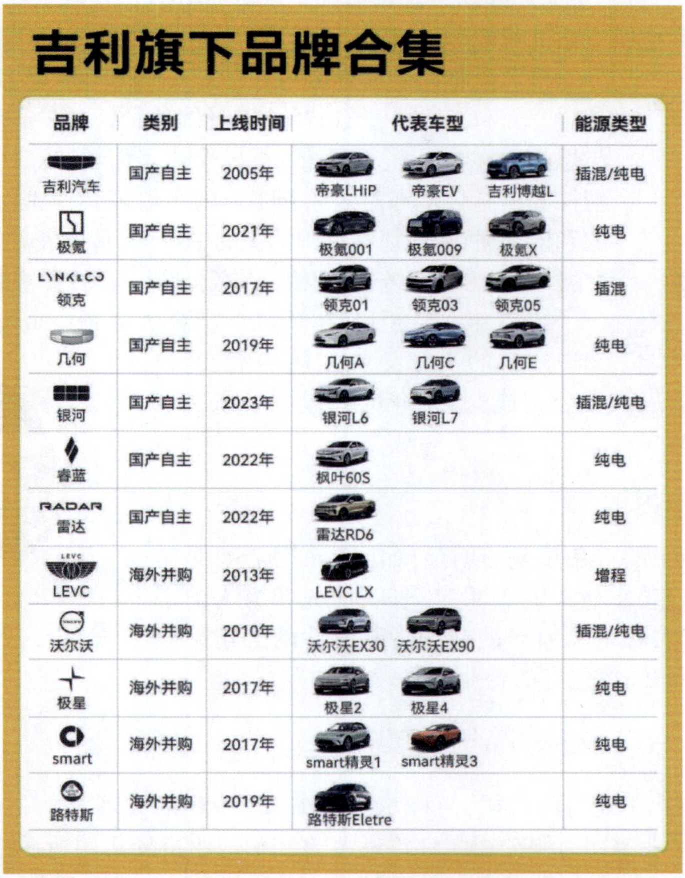

吉利旗下品牌合集

品牌	类别	上线时间	代表车型	能源类型
吉利汽车	国产自主	2005年	帝豪LHiP、帝豪EV、吉利博越L	插混/纯电
极氪	国产自主	2021年	极氪001、极氪009、极氪X	纯电
LYNK&CO 领克	国产自主	2017年	领克01、领克03、领克05	插混
几何	国产自主	2019年	几何A、几何C、几何E	纯电
银河	国产自主	2023年	银河L6、银河L7	插混/纯电
睿蓝	国产自主	2022年	枫叶60S	纯电
RADAR 雷达	国产自主	2022年	雷达RD6	纯电
LEVC	海外并购	2013年	LEVC LX	增程
沃尔沃	海外并购	2010年	沃尔沃EX30、沃尔沃EX90	插混/纯电
极星	海外并购	2017年	极星2、极星4	纯电
smart	海外并购	2017年	smart精灵1、smart精灵3	纯电
路特斯	海外并购	2019年	路特斯Eletre	纯电

图 3-65　吉利旗下品牌标志

(五)东风自主品牌轿车简介

东风汽车公司乘用车公司,英文名称为 Dongfeng Motor Corporation Passenger Vehicle Company(缩写 DFPV),成立于 2007 年 7 月 25 日,是东风汽车公司从建设“永续发展的百年东风、面向世界的国际化东风、在开放中自主发展的东风”的战略需要,全资组建的集研发、生产制造、销售东风风神品牌(即东风自主品牌)乘用车为主的新兴事业板块,由东风汽车公司授权经营,属于事业部(分公司)性质,相对独立核算,并模拟子公司运行,承担事业发展与经营绩效责任。

东风风神是东风汽车公司旗下的自主乘用车品牌,其总部设在湖北省武汉市。由东风乘用车公司负责研发、生产,于 2009 年 3 月 26 日正式发布。2012 年 9 月 19 日,东风风神旗下车型正式悬挂全新正圆双飞燕品牌标识。

1. 东风风神车标

东风汽车车标,以艺术变形手法,取燕子凌空飞翔时的剪形尾羽作为图案基础,采用了含蓄的表现手法。主要含意是双燕舞东风。它格调新颖，寓意深远，使人自然联想到东风送暖，春光明媚，神州大地生机盎然的景象。

东风风神品牌标识的核心形象——两只环绕椭圆、展翅高飞的春燕，如图 3-66 所示，既是春风送暖的象征，又是寄托着东风人全部情与思的吉祥物，一个代表传承，一个代表创新，既表明东风风神对东风精神的血脉传承和对东风新事业的激情拓展，又喻示着中西汽车文明的和谐交融；东风风神品牌标识的主色调，是代表着经典、吉祥、进取的"中国红"，和凸显安全、可靠、从容、睿智、品质的"金属银"。

2010 年 9 月 8 日，在东风日产合资体系中成立了拥有中国自有知识产权的汽车品牌东风启辰，2017 年 2 月 8 日，东风启辰汽车公司成立。7 年时间成就了东风汽车一个崭新的品牌。

图 3-66　风神自主品牌标志

2. 东风启辰车标

东风启辰车标上的五角星是启明星，如图 3-67 所示，是黎明前最亮的一颗星星，寓意着它带来了光明，而光明为人类带来希望。启明星代表着东风启辰的起源。开放性的五角星设计，传达了东风启辰开放、包容的企业风格。

图 3-67　东风启辰自主品牌标志

（六）东南汽车公司简介

东南（福建）汽车工业有限公司，简称东南汽车于 1995 年 11 月 23 日诞生在福建省福州市，由福建省汽车工业集团有限公司与台湾最大的汽车企业裕隆集团所属中华汽车公司共同组建，注册资本 6030 万美元，总投资 9982 万美元，闽台双方各占 50% 股份，是迄今为止经国家正式批准成立的最大的海峡两岸合资汽车企业，建厂初期主要生产"东南得利卡"和"东南富利卡"两大系列 7～11 座位的轻型客车产品。目前，东南汽车产品线已完整覆盖轿车、SUV、商用车等多个领域。2024 年 1 月，奇瑞汽车收购左海汽车拥有的东南（福建）汽车工业股份有限公司主体福州青口控股有限公司 100% 股权，成为东南汽车的实控方。

东南汽车标志灵感来源于"鹏起东南，行诸四海"，所以它的标志是一只大鹏鸟的形象，鹏鸟头朝东南方向，振翅欲飞，如图 3-68 所示。同时标志整体由"SOUTH"和"EAST"的首字母艺化而成。

"鹏鸟"造型整体由"SOUTH"和"EAST"的首字母变幻组成，意指东南汽车。

图 3-68　东南汽车自主品牌标志

"鹏鸟"的头部造型设计，由东南昂首朝上，表现出振翅欲飞的态势，表现出企业旺盛、强烈的进取心及能力。椭圆造型，象征源源不断的能量感，更如一颗永远追求进步和卓越的心灵。刚中带柔的线条，凸显东南汽车是"稳固、实用、高质量"的好车。

2022 年东南汽车开始寻求与奇瑞汽车合作，2024 年 3 月，东南汽车完成实控方变更，东南汽车正式被奇瑞汽车收购。

（七）长安汽车集团自主汽车品牌简介

1. 长安品牌简史

长安汽车（Chana Automobile）成立于 1983 年，全称重庆长安汽车股份有限公司，是中国长安汽车集团股份有限公司的控股子公司，也是中国长安汽车集团旗下最大的汽车企业，1984年，中国第一辆微型车在长安下线。1996 年注册并成为极具竞争力的上市公司。其悠久的历史可追溯到洋务运动时期，起源于 1862 年的上海洋炮局，曾开创了中国近代工业的先河。拥有长安、哈飞、昌河、陆风等自主汽车品牌。

2. 车标

1）长安车标

长安车标图案由象征长安军工厂"出身"的矛与盾组成，但在圆润线条修饰和古典与现代色彩渲染下，其总体风格却散发出浓郁的欧陆色彩，同时透露出长安轿车立足国内、放眼世界的"野心"，如图 3-69 所示。

图 3-69　长安汽车自主品牌标志

2）哈飞车标

哈飞新车标寓意深远，两颗星相连，展示了哈飞与东安战略一体化后机车一体、强强联手，星星相映，也寓意过去哈飞东安的航空背景，展示了今后美好的星路里程碑，如图 3-70 所示。

3）昌河车标

江西昌河汽车有限责任公司是直接隶属中国长安汽车集团股份有限公司的全资子公司。

图 3-71 所示是昌河现在使用的标志，蓝色背景象征着追求技术创新的昌河汽车，这意味着该公司将继续创新，通过先进的技术为用户提供更好的产品。

图 3-70　哈飞汽车自主品牌标志　　图 3-71　昌河自主品牌标志

4）陆风车标

陆风汽车由江铃控股有限公司在国家新的汽车产业政策的引导和支持下，于 2004 年 11月由长安汽车股份有限公司和江铃汽车集团公司通过强强联合，实现中、中合作的国内首家汽车制造企业。

陆风汽车的标志源自"风"的概念，"L"为"陆"的首字母，飘动的设计代表"风"，充满了乐趣和活力，如图 3-72 所示。

图 3-72　陆风汽车自主品牌标志

（八）奇瑞汽车自主汽车品牌简介

1. 奇瑞品牌简史

奇瑞汽车股份有限公司 1997 年 1 月 8 日注册成立，注册资本为 32 亿元，1997 年 3 月 18 日动工建设，1999 年 12 月 18 日，第一辆奇瑞轿车下线。2007 年 8 月 22 日，奇瑞公司第 100 万辆汽车下线，标志着奇瑞已经实现了通过自主创新打造自主品牌的第一阶段目标，正朝着通过开放创新打造自主国际名牌的新目标迈进。拥有奇瑞、威麟和开瑞等自主汽车品牌。

2. 车标

1）奇瑞车标

奇瑞汽车的标志以一个循环椭圆为主题，由"C""A""C"三个字母组成，即"Chery Auto-mobile Company"的缩写，如图 3-73 所示。中间镶有钻石状立体三角形，主色调银色代表着质感、科技和未来。同时整个标志又是"W"和"H"两个字母的交叉变形设计，为"芜湖"一词的汉语拼音的声母，表示公司的生产制造地在芜湖市。

图 3-73　奇瑞自主品牌标志

2）威麟车标

威麟 Logo 以字母"R"和一个圆构成，如图 3-74 所示。就像麒麟的脚印。麒麟在中国传统文化中具有古典、活力和智慧的象征意义，被中国人广泛认知和喜爱。使用麒麟作为威麟品牌的象征与威麟高端商用车品牌的定位是十分吻合的。一方面，威麟借麒麟这样一个美丽的形象为我们未来的消费者送去平安、吉祥的祝愿。其次，威麟品牌的目标消费者是那些具有领导风范的企业所有者，他们更希望以自己的座驾体现出自身良好的文化素养和高端品位。而麒麟除寓意吉祥之外更富于贵族化的色彩，这一点对于塑造威麟目标用户的高端形象是契合的。

图 3-74　威麟自主品牌标志

3)开瑞车标

开瑞 Logo 为椭圆形寓意圆满、完美、和谐之意，象征企业发展的美好前途；环绕 Logo 的两个非同心圆，给 Logo 平稳的外形增添了几分动感，也象征开瑞微型车生生不息的发展；Logo 主体为品牌的英文名称，粗黑字体变形，简洁、明快，有时代感；Logo 主色调含银、蓝两种颜色，既有科技感，又象征开瑞微型车面对着一片蓝海市场，发展前途无量，如图 3-75 所示。

图 3-75 开瑞自主品牌标志

（九）华晨汽车集团自主汽车品牌简介

华晨汽车集团控股有限公司，2002 年 09 月 16 日成立，经营范围包括国有资产经营，受托资产经营管理，开发、设计各类汽车、发动机及零部件并提供技术咨询，制造、改装、销售各种轿车。旗下有自主品牌中华轿车、华晨金杯是我国汽车工业民族自主品牌的主力品牌。

中华轿车车标是小篆演变过来的一个中字，如图 3-76 所示，形状又像一个金杯的形状，所以这个设计也就说明金杯和中华轿车是有着密不可分的联系。

金杯自主品牌标志秉承"汇融天下，精铸金杯，卓越品质，回报社会"的经营理念，不断提高企业创新和发展能力，提升产品研发水平，为用户提供性能先进、质量可靠、造型美观、经济实用的产品和一流的服务，如图 3-77 所示。

图 3-76 中华自主品牌标志

图 3-77 金杯自主品牌标志

（十）长城自主汽车品牌简介

1.长城品牌简史

长城汽车股份有限公司 2001 年 6 月 12 日成立，目前产品涵盖哈弗 SUV、腾翼轿车、风骏皮卡三大品类。

长城哈弗，是长城汽车 SUV 系列的一款重要轿车车型，是 SUV 系列的当家花旦，它融合了轿车、MPV 和 SUV 等不同车型的特点，采用了三菱汽车发动机以及和德国博士联合开发的柴油增压发动机，特别是柴油发动机在油耗和动力的表现上都达到了世界水准。

2. 车标

1）长城车标

长城车标内涵是椭圆外形：立足世界，走向中国；烽火台形象：中国传统文化象征；剑锋箭头：充满活力蒸蒸日上；敢于亮剑无坚不摧；立体"1"：快速反应永争第一，如图3-78所示。

2）哈弗车标

哈弗汽车的标志由红底加银色金属字母"HAVAL"组成。红色代表热情、奔放，"HAVAL"为"Have All（无所不能）"之意，如图3-79所示。

图3-78　长城自主品牌标志　　　　　图3-79　哈弗自主品牌标志

（十一）比亚迪自主汽车品牌简介

1. 比亚迪品牌简史

比亚迪股份有限公司，1995年02月10日成立，2003年，比亚迪收购西安秦川汽车有限责任公司（现"比亚迪汽车有限公司"），正式进入汽车制造与销售领域，开始民族自主品牌汽车的发展征程。比亚迪是全球纯电汽车的领导者，2023年4月，比亚迪宣布停止生产燃油车。目前比亚迪代表车型包括王朝系列、海洋系列、腾势和仰望。王朝系列有秦、汉、唐、宋、元等，海洋系列有海豚、海豹、海鸥等。2023年比亚迪销售3024417辆汽车，代表中国自主品牌首次进入全球车企销量前十。

2. 车标

比亚迪的车标为首字母"BYD"的组合，同时也是"Build Your Dream"的首字母，意为"构筑您的梦想"，如图3-80所示。

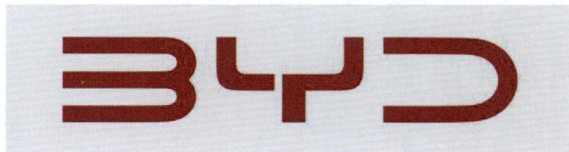

图3-80　比亚迪自主品牌标志

（十二）广州汽车集团简介

1. 广汽传祺品牌简史

广州汽车集团股份有限公司（Guangzhou Automobile Group Co. Ltd，简称广汽集团）的前身是成立于 1997 年 6 月的广州汽车集团有限公司,2005 年 6 月 28 日,由广州汽车工业集团有限公司、万向集团公司、中国机械工业集团有限公司、广州钢铁企业集团有限公司、广州市长隆酒店集团有限公司作为共同发起人,对原广州汽车集团有限公司进行股份制改造,以发起方式设立的大型国有控股股份制企业集团,是中国汽车行业首家在集团层面引入多家合资伙伴,进行改制设立股份公司的企业。

广汽传祺(简称传祺)是广汽集团为提升核心竞争力,实现可持续发展而打造的国产品牌。2010 年 12 月,首款车传祺轿车成功推向市场。

2. 车标

广汽传祺的标志为广汽集团英文缩写"GAC"的首字母,同时变体设计的"G",外圆内延,象征着路路畅通,勇攀高峰,如图 3-81 所示。

图 3-81　传祺自主品牌标志

(十三) 上汽通用五菱公司简介

1. 五菱品牌简史

上汽通用五菱汽车股份有限公司,1998 年 6 月 15 日成立,自主设计开发的微型商用车五菱之光、五菱荣光、五菱宏光、宝骏品牌。

上汽通用五菱的发展

2. 车标

1)五菱车标

五菱汽车标志由五个菱形组成,五个菱形幻化为展开的双翅,寓意飞翔。整体红色,象征着饱满的热情和吉祥之光,如图 3-82 所示。

2)宝骏车标

"骏"即为"马",所以宝骏的标志为一只"马头"的形象,马首昂立,充满动感与活力,如图 3-83 所示。

图 3-82　五菱自主品牌标志

图 3-83　宝骏自主品牌标志

（十四）蔚来汽车集团简介

1. 蔚来品牌简史

蔚来汽车集团是一家全球化的智能电动汽车公司,于2014年11月成立,创始人李斌。蔚来致力于通过提供高性能的智能电动汽车与极致用户体验,为用户创造愉悦的生活方式。

旗下主要产品包括蔚来ES8、蔚来ES7、蔚来ES6、蔚来EC7、蔚来EC6、蔚来ET7、蔚来ET5、蔚来ET5T、蔚来EP9、蔚来EVE等。

蔚来汽车持续加大在电动汽车基础设施领域的投入,率先在全国布局换电站网络。自2018年5月20日第一座换电站投入运营以来,截至2024年4月10日,蔚来汽车集团已在全国范围累计提供换电服务超过4160万次,换电站累计布局数量已达2400座,其中高速公路换电站近800座,超充站数量达2192座,高速公路充电站364座,充电桩1422根。蔚来长城加电风景线贯通,东起辽宁丹东,西至甘肃玉门,从山海关到嘉峪关,全程5199km布局88座充换电站,平均每59km就有一座充换电站。

2. 车标

蔚来车标中NIO取意A New Day（新的一天）。"NIO蔚来"表达了蔚来追求美好明天和蔚蓝天空、为用户创造愉悦生活方式的愿景。全新Logo由象征着开放、未来的天空,以及象征着行动、前进的道路组成,诠释了蔚来NIO的品牌理念,如图3-84所示。

图3-84　蔚来汽车品牌标志

（十五）小鹏汽车集团简介

1. 品牌简史

小鹏汽车集团成立于2014年,总部位于广州,是中国领先的智能电动汽车公司,由何小鹏、夏珩、何涛共同创办。2017年,小鹏汽车首款量产车型正式下线,在互联网造车行业中率先实现量产,完成从研发到生产、销售以及售后的完整布局。

小鹏汽车主要产品包括:P5,P7,P7i,G3,G6,G9,X9等车型,小鹏P7、小鹏P5为轿车;旗下以"G"开头的,如小鹏G3、小鹏G3i则是一辆入门级别的SUV汽车。

2. 车标

小鹏汽车车标主要由首字母"X"变异而来；根据，小鹏汽车官方解释，庄子逍遥游有云："北冥有鱼，其名为鲲。鲲之大，不知其几千里也；化而为鸟，其名为鹏。鹏之背，不知其几千里也；怒而飞，其翼若垂天之云"；于是，小和鹏形成了强烈反差，都叫鹏了，却偏偏搭配一个小字，如图 3-85 所示。

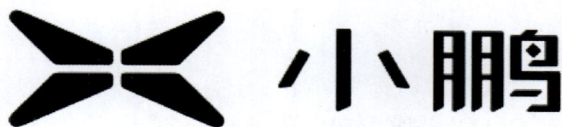

图 3-85　小鹏汽车品牌标志

（十六）理想汽车集团简介

1. 品牌简史

理想汽车是中国新能源汽车制造商，设计、研发、制造和销售豪华智能电动汽车，于 2015年 7 月创立，总部位于北京，通过产品创新及技术研发，为家庭用户提供安全及便捷的产品及服务，其创始人李想是中国著名的连续创业家，曾创办全球访问量最大的汽车网站汽车之家。

理想汽车产品包括理想 L9（全尺寸六座 SUV）、理想 L8（中大型六座 SUV）、理想 L7（中大型五座 SUV）。理想汽车致力于增程电动系统的研发及升级，推出魔毯空悬技术；在智能驾驶、智能空间等方面表现优秀。

2. 车标

理想品牌名称由创始人李想的全名同音词得来，Logo 图形则是以"理"的拼音字母"LI"为造型设计，并搭配中文字体"理想"组成，如图 3-86 所示。

图 3-86　理想汽车品牌标志

八、其他汽车企业与汽车品牌

（一）沃尔沃汽车公司简介

1. 沃尔沃品牌

沃尔沃（Volvo）是瑞典著名汽车品牌，曾译为富豪。该品牌于 1927 年由阿瑟·加布里尔森和古斯塔夫·拉尔森在瑞典哥德堡创建。1926 年开始生产沃尔沃汽车。1935 年,沃尔沃正式脱离母公司。沃尔沃集团是全球领先的商业运输及建筑设备制造商,主要提供货车、客车、建筑设备、船舶和工业应用驱动系统以及航空发动机元器件、金融和售后服务的全套解决方案。1999 年,沃尔沃集团将旗下的沃尔沃轿车业务出售给美国福特汽车公司。2010 年 8 月,中国浙江吉利控股集团有限公司正式完成对沃尔沃品牌 100% 的收购。沃尔沃净资产超过 15 亿美元,品牌价值接近百亿美元。

2. 车标

沃尔沃商标为车轮,并有指向右上方的箭头,如图 3-87 所示。"VOLVO"是滚滚向前的意思,寓意着沃尔沃汽车的车轮滚滚向前和公司兴旺发达,前途无量。

图 3-87　沃尔沃品牌标志

（二）萨博汽车公司简介

1. 萨博品牌

瑞典著名汽车品牌萨博(SAAB)汽车公司也曾译为绅宝汽车公司,创建于 1937 年 4 月,它的前身是斯文斯卡飞机有限公司(Svenska Aeroplan Artie Bolaget),缩写为 SAAB,1991 年与美国通用汽车公司合资,主要生产萨博 900i、萨博 9-x 等轿车。

瑞典萨博(SAAB)汽车公司脱胎于飞机制造企业,于 20 世纪 40 年代中期建厂,并于 1947 年推出了首部具有领先科技水平的 SAAB92 型轿车,距今已有半个世纪。Saab 轿车是汽车界的后起之秀,在 20 世纪 70 年代世界汽车市场大滑坡时,Saab 轿车以其贵族的绅士派头进入汽车市场。由于性能可靠、节约燃油,不仅销量没有下降反而名声大振。在 20 世纪 80 年代末期,该公司在经营中遇到了困难,但 9000 系列轿车的推出,以其典雅豪华的造型和多项新技术的采用,仍雄踞世界轿车市场。在销售持续旺盛的情况下,Saab 于 2000 年归于通用汽车旗下。2010 年,荷兰跑车制造商世爵收购萨博,从此萨博品牌进入一个新纪元。中国庞大集团和青年汽车成立合资公司的合作曾试图收购濒临破产的 Saab 汽车,但最终以失败告终。2011 年 12 月,萨博正式向瑞典法院递交破产申请。经过一番波折,2013 年,萨博汽车被瑞典国家电动车公司(简称"NEVS")收购。

2. 车标

萨博商标是公司名称 SAAB 的缩写。1987 年开始采用皇冠的狮身鹫首标志,车标正中是一头戴皇冠的狮身鹫首怪兽,皇冠象征着尊严、权威和高贵,半鹰、半狮的怪兽则是空中与地面全方位力量的象征,再融合了"SAAB"的标识字母。风格整体一致,整齐划一,喻示着萨博汽车的高贵和显耀。

2013 年 1 月 21 日,萨博新东家瑞典国家电动车公司(NEVS)发布了萨博品牌新 Logo,萨博将不再使用原先的"鹰狮"图案,改为只有英文字母与圆圈组合的灰色标,如图 3-88 所示。

图 3-88　萨博品牌标志演变

（三）现代汽车公司简介

1. 现代（HYUNDAI）品牌

现代汽车公司是韩国最大的汽车企业，世界 20 家最大汽车公司之一。韩国现代汽车公司（HYUNDAI）建于 1967 年 12 月，创始人是郑周永，总部位于首尔，建厂初期只是组装美国福特汽车公司的轿车，到 1974 年才开始生产自己的轿车。现代汽车旗下主要车型包括索纳塔（Sonata）、伊兰特（Elantra）、胜达（Santa Fe）和途胜（Tucson）等。

2000 年现代汽车收购起亚汽车公司，成为韩国最大的汽车公司。2023 年现代企业集团在世界汽车集团排行榜中排名第三。

2. 车标

现代商标为现代汽车公司英文拼音 HYUNDAI 的第一个字母 H，与日本本田商标区别在于它用的 H 为斜花体，且 H 外边用椭圆包围着，象征现代汽车遍及全球，如图 3-89 所示。

图 3-89　现代品牌标志

（四）起亚汽车公司简介

1. 起亚（KIA）品牌

韩国起亚汽车公司成立于 1944 年，是韩国最早的汽车制造商，现在隶属于现代集团。起亚作为韩国汽车工业的驱动力，拥有完善的乘用车和商用车生产流水线，具有年产 100 万辆汽车的生产力。起亚即起亚汽车集团，是韩国最早的汽车制造商。2000 年与现代集团合并成立现代起亚汽车集团。旗下的主力车型有赛拉图、锐欧、狮跑和智跑等，起亚的车系基本上已经覆盖了从轿车到 SUV、MPV 的各种车型，其中很多车型多次获得各项殊荣。

图 3-90　起亚品牌标志

2. 车标

起亚汽车现行的标志是由白色的椭圆、红色的背景和黑体的"KIA"三个字母构成，而更改后的标识将变为亮红的椭圆、白色的背景和红色的"KIA"字样，形象更加鲜活。起亚汽车公司标志是英文"KIA"，形似一只飞鹰，象征公司如腾空飞翔的雄鹰，如图 3-90 所示。

（五）大宇汽车公司简介

1. 大宇（DAEWOO）品牌

1967 年，金宇中创建大宇（DAEWOO）汽车公司，位于仁川市，是韩国第二大汽车公司。大宇与美国通用汽车公司关系密切，在创业之初便与通用公司合作生产轿车和 8t 以上货车及大客车。大宇以出口为目标，在韩国是最早出口汽车的企业，早在 1984 年就出口汽车到美国。

然而，由于经营不利，资不抵债，大宇汽车公司于 2000 年 11 月 8 日正式宣布破产。2002 年 10 月 28 日，通用大宇汽车科技公司（简称通用大宇）在韩国汉城正式宣布成立。因此大宇是美国通用汽车公司旗下品牌之一。

2. 车标

大宇汽车公司采用形为蝴蝶的商标，如图 3-91 所示。大宇商标像高速公路大"动脉"向未来无限延伸，表示大宇的未来和发展意志；椭圆形代表世界；向上展开的花朵形态，体现了大宇家族的创造力和挑战精神。

图 3-91　大宇品牌标志

思考题

1. 奔驰汽车的商标为什么是梅赛德斯—奔驰,而不是戴姆勒—奔驰?

2. 宝马汽车公司旗下有哪些品牌? 各品牌车标有什么含义?

3. 通用汽车旗下的汽车品牌包括哪些? 凯迪拉克汽车商标是什么结构? 有何含义?

4. 举例说明福特汽车公司旗下有哪些汽车品牌,车标的含义是什么?

5. 法国汽车企业有哪些知名品牌,各品牌车标有何含义?

6. 法拉利(FERRARI)汽车公司是哪个国家的? 其车标含义是什么?

7. 丰田汽车公司图案商标由三个椭圆组成,其是什么含义?

8. 国内有众多自主品牌汽车,经过选择比较,你喜欢什么品牌? 为什么?

9. 查询资料说明沃尔沃(Volvo)目前是哪个国家汽车品牌。

10. 查询资料说明中国与韩国现代品牌汽车的合资简介。

汽车结构基础

学 习 目 标

知识目标

1. 了解现代汽车的分类；

2. 了解现代汽车识别标志；

3. 了解汽车动力的类型；

4. 了解发动机、底盘各部分结构及其作用；

5. 了解发动机电气装备、照明及车身电气系统；

6. 了解车载通信技术的发展与应用。

技能目标

1. 能正确描述汽车的分类；

2. 能正确说出 VIN 代表的含义；

3. 能正确描述汽车动力的类型；

4. 能正确描述发动机、底盘各部分结构及其作用；

5. 能正确描述发动机电气装备、照明及车身电气系统；

6. 能正确描述车载通信技术的发展与应用。

素养目标

1. 树立知行合一、精益求精的"工匠精神"和开拓进取的创新精神；

2. 树立学生践行勤学修身的思想，严谨务实的工作作风；

3. 培育学生的团队意识和奉献精神。

一、 汽车的分类

汽车是由动力装置驱动，具有 4 个或 4 个以上的车轮的非轨道无架线的车辆。汽车的主要用途是运输，用来运送人员、货物或者牵引车辆。汽车按不同的分类方法大致可分为以下几种类型。

（一）按用途分

2022 年国家市场监督管理总局公布新修订的《汽车、挂车及汽车列车的术语和定义 第 1 部分：类型》(GB 3730.1—2022)，汽车按用途分类，如图 4-1 所示。

其中，客车、载货汽车、专项作业车、专门用途汽车统称为商用车。

（二）按使用能源分

汽车按使用能源分为汽油车、柴油车、电动汽车（如纯电动汽车、混合动力电动汽车、太阳能汽车、燃料电池电动汽车、氢气汽车等）、燃气汽车（如天然气、煤气、石油液化气、沼气等）、其他燃料车（如酒精、植物油等）。

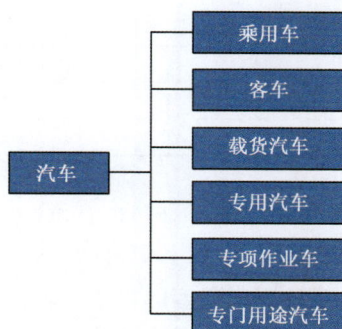

图 4-1　汽车按用途分类

（三）按行驶道路条件分

汽车按行驶道路条件分为：

（1）公路用车：轿车、客车、货车等。

（2）非公路用车：矿山、机场和工地用车。

（3）越野汽车：客、货都有（轻型 $G_a \leqslant 5t$，中型 $5t < G_a \leqslant 13t$，重型 $13t < G_a \leqslant 24t$，超重型车 $G_a > 24t$）。

（四）根据《机动车辆及挂车分类》（GB/T 15089—2001）国家标准分类

根据《机动车辆及挂车分类》（GB/T 15089—2001），机动车辆及挂车分为 L 类、M 类、N 类、O 类和 G 类五种类型，见表 4-1。

机动车辆及挂车分类（GB/T 15089—2001）　　　　　　　　　　表 4-1

字母代号	种类	细类		内容	
L 类车辆	两轮或三轮机动车辆	L_1、L_2、L_3、L_4、L_5		根据排量、驱动方式、车速和车轮数分类	
M 类车辆	四个车轮的载客机动车辆	M_1		座位数（包括驾驶员）<9 座	
		M_2	A	最大设计总质量 <5000kg	允许站立
			B	可载乘员数（不包括驾驶员）<22 人	不允许站立
			I	最大设计总质量 <5000kg 可载乘员数（不包括驾驶员）>22 人	①
			II		②
			III		不允许站立
		M_3	A	最大设计总质量 >5000kg	允许站立
			B	可载乘员数（不包括驾驶员）<22 人	不允许站立
			I	最大设计总质量 >5000kg 可载乘员数（不包括驾驶员）>22 人	①
			II		②
			III		不允许站立
N 类车辆	四个车轮的载货机动车辆	N_1		最大设计总质量 <3500kg	
		N_2		3500kg < 最大设计总质量 <12000kg	
		N_3		12000kg < 最大设计总质量	

续上表

字母代号	种类	细类	内容
O 类车辆	挂车（包括半挂车）	Q_1、Q_2、Q_3、Q_4	根据设计最大总质量分类
G 类车辆	越野车	—	满足要求的 M 类、N 类

注：①允许乘员站立，并且乘员可以自由走动。

②只允许乘员站立在过道或提供不超过相当于两个人座位的站立面积。

（1）L 类：指两轮或三轮机动车辆。

（2）M 类：指至少有四个车轮并且用于载客的机动车辆。

（3）N 类：指至少有四个车轮并且用于载货的机动车辆。

（4）O 类：指挂车，包括半挂车。

（5）G 类：指满足特殊条件要求的 M、N 类的越野车辆。

（五）按内燃机汽车的动力类型分类

现代汽车普遍采用内燃机作为动力装置，按照其所需燃料的不同，可以把内燃机分成 3 个不同的类型。

1. 汽油发动机车辆

这种类型的汽车采用汽油发动机作为动力装置，如图 4-2a) 所示。汽油发动机是以汽油作为燃料的发动机，汽油机的特点是转速高、结构简单、质量轻、造价低廉、运转平稳、使用维修方便。汽油机在汽车上，特别是小型汽车上大量使用，至今不衰。

2. 柴油发动机车辆

这类车使用柴油发动机，如图 4-2b) 所示。柴油发动机的动力性、燃油经济性较好，广泛应用于载货汽车、大客车和 SUV 等车型上。由于柴油机的优势逐渐被人们所重视，在部分中高档轿车上也开始广泛采用柴油机。

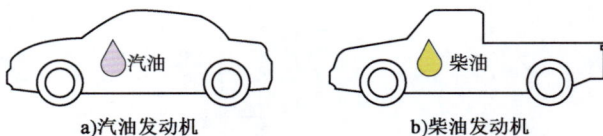

a)汽油发动机　　　　　　b)柴油发动机

图 4-2　以不同燃料发动机为动力的车辆示意图

3. 其他内燃机车辆

除了汽油机和柴油机外，内燃机还包括 CNG（天然气）发动机、LPG（液化石油气）发动机和酒精发动机等。因为形势日趋严峻的能源紧缺问题，尤其是石油的短缺，人类不得不寻找能替代汽油和柴油的燃料作为内燃机的新燃料，总之内燃机将朝着节约能源、提高效率、减小排放和污染等方向不断地发展。

（六）按新能源汽车的动力类型分类

1. 纯电动汽车（BEV）

纯电动汽车是指驱动能量完全由电能提供的、由电机驱动的汽车。电机的驱动电能来源于车载可充电储能系统或其他能量储存装置。如图 4-3 所示。它的优点主要是节约了燃油资源、零废气排放、低噪声等。

2. 混合动力电动汽车（HEV）

混合动力电动汽车，如图 4-4 所示，这类汽车能够至少从可消耗的燃料、可再充电能/能量储存装置的能量中获得动力，如汽油发动机和电动机的配合使用，汽油发动机可以发电为电动机存储电能，因此，这类车不需要外部电源充电。车辆在低速运行时，使用能够产生高动力的电动机运转方式；当车辆加速时，汽油发动机在较高转速下以更高效的方式运转。通过这样的方式转换，实现两种动力类型的最佳利用，可以提高效率、减少废气排放、节约能源。

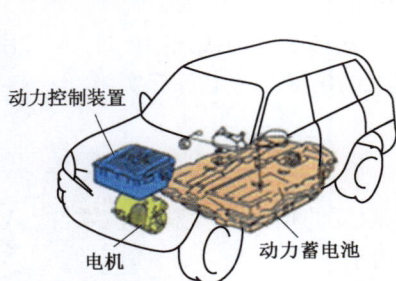

图 4-3 纯电动汽车示意图

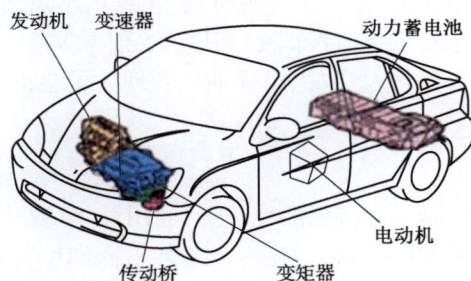

图 4-4 混合动力电动汽车示意图

3. 燃料电池电动汽车（FCEV）

FCEV 是以燃料电池系统作为单一动力源或者是以燃料电池系统与可充电储能系统作为混合动力源的电动汽车，如图 4-5 所示。由于此化学反应仅生成水，因此，被认为是低污染车辆的最终形式。预计燃料电池将成为下一代车辆的主要驱动动力。

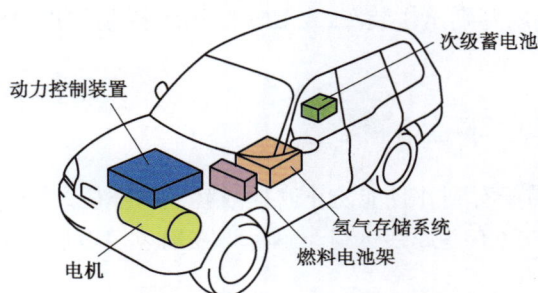

图 4-5 燃料电池电动汽车示意图

二、 现代汽车的识别

(一)车辆的 VIN 码识别

VIN 是英文 Vehicle Identification Number(汽车识别码)的缩写,以下简称 VIN 码。VIN 码每一辆汽车都有,每个 VIN 号码都不一样,30 年不重复。

SAE(美国汽车工程师学会,下同)标准规定:VIN 码由 17 位字符组成,它包含了车辆的制造商、车型、年份、车身形式及代码、发动机代码、组装地点及生产顺序等信息。通过汽车的 VIN 码,可以得到汽车的历史报告,而这也逐渐成为车辆维修和二手车买卖的重要资料。

VIN 码的历史可以追溯到 1949 年。但直到 1981 年之前,标准一直处于变换中。例如,1965—1969 年的 VIN 码只有 9 位,当生产量超过 100 万辆之后采用 10 位;1970—1980 年的 VIN 码则固定为 10 位。现行的 17 位汽车识别码始于 1981 年。

国家标准《道路车辆 识别代号(VIN)》(GB 16735—2019)于 2019 年 10 月 14 日由国家市场监督管理总局、国家标准化管理委员会正式发布,于 2020 年 1 月 1 日起实施。

(二)VIN 码的作用

VIN 码具有很强的唯一性、通用性、可读性以及最大限度的信息载量和可检索性。VIN 码一般以标牌的形式,装贴在汽车的不同部位。VIN 码可用于:

(1)车辆管理:登记注册、信息化管理的关键字。

(2)车辆检测:年检和排放检测。

(3)车辆防盗:识别车辆及其零部件和盗抢数据库。

(4)车辆维修:诊断、电脑匹配、配件订购、客户关系管理。

(5)二手车交易:查询车辆历史信息。

(6)汽车召回:年代、车型、批次和数量。

(7)车辆保险:保险登记、理赔、浮动费率的信息查询。

(8)利用 VIN 码还可以鉴别出拼装车、走私车。因为拼装的进口汽车一般是不按 VIN 码规定进行组装的。

(三)VIN 码在汽车上的位置

车辆的 VIN 码位于易于看到并且能防止磨损或替换的部位。

(1)前风窗玻璃左下方(有些原装进口车辆标识在前风窗玻璃右下方)。

(2)发动机铭牌。

(3)发动机舱内车架或悬架上。

(4)仪表板右侧、左前门边或立柱上。

(5)行李舱中等位置。

（四）VIN 码各字母的含义

VIN 码由世界制造厂识别代号（WMI）、车辆说明部分（VDS）和车辆指示部分（VIS）三部分组成，如图 4-6 所示。

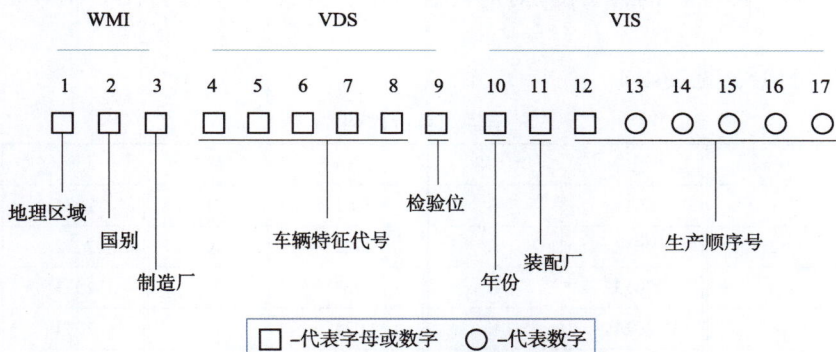

图 4-6　车辆 VIN 的编码规则示意图

1. WMI——世界制造厂识别代号

（1）部分国家汽车制造厂的 WMI 编号，见表 4-2。

部分国家汽车制造厂的 WMI 编号　　　　　表 4-2

字母/数字	代表的国家	字母/数字	代表的国家	字母/数字	代表的国家	字母/数字	代表的国家
10 ~ 19	美国	W0 ~ W9	德国	J	日本	S	英国
1A ~ 1Z	美国	WA ~ WZ	德国	K	韩国	T	瑞士
2A ~ 2W	加拿大	L	中国	Y	瑞典	6	澳大利亚
3A ~ 3W	墨西哥	Z	意大利	V	法国	9	巴西

（2）我国部分汽车制造厂的 WMI 编号，见表 4-3。

我国部分汽车制造厂的 WMI 编号　　　　　表 4-3

WMI 代码	制造厂	WMI 代码	制造厂	WMI 代码	制造厂	WMI 代码	制造厂
LSV	上海大众	LFV	一汽大众	LDC	神龙公司	LEN	北京吉普
LHG	广州本田	LHB	北汽福田	LKD	哈飞汽车	LSS	长安汽车
LSG	上海通用	LNB	北京现代	LVG	广州丰田	LFP	一汽轿车

2. VDS——车辆说明部分

VDS 的第一至五位对车型特征进行描述：车辆类型；车辆结构特征（如车身类型、驾驶室类型、货厢类型、驱动类型、轴数和布置方式等）；车辆装置特征（如约束系统类型、发动机特征、变速器类型、悬架类型和制动形式等）；车辆技术特性参数（如最大总质量、车辆长度、轴距和座位数等）。

VDS 的最后一位（即 VIN 的第九位字码）为检验位。检验位可为"0~9"中任一数字或字母"X"，用以核对车辆识别代码记录的准确性。

3. VIS——车辆指示部分

车辆指示部分是车辆识别码的第三部分，由八位字码组成（即 VIN 的第十至十七位）。VIS 的第一位字码（即 VIN 的第十位）对应代表年份。由 26 个字母去掉 I、O、Q、U、Z 和 1~9 组成。

车辆的年份代码，见表 4-4。

车辆的年份代码　　　　　　　　　　表 4-4

年份	代码	年份	代码	年份	代码	年份	代码
2001	1	2011	B	2021	M	2031	1
2002	2	2012	C	2022	N	2032	2
2003	3	2013	D	2023	P	2033	3
2004	4	2014	E	2024	R	2034	4
2005	5	2015	F	2025	S	2035	5
2006	6	2016	G	2026	T	2036	6
2007	7	2017	H	2027	V	2037	7
2008	8	2018	J	2028	W	2038	8
2009	9	2019	K	2029	X	2039	9
2010	A	2020	L	2030	Y	2040	A

4. 案例

（1）上海通用汽车公司别克君越轿车车辆识别码含义，见表 4-5。

别克君越轿车车辆识别码含义说明　　　　　　　　　　表 4-5

位置	定义	字符	说明
1-3	世界制造厂识别代号	LSG	中国上海通用汽车有限公司
4-5	车型代码	JS	LE（1.6L 发动机）
		JV	LSAT（1.8L 发动机）
6	车身款式	5	4 门轿车
7	保护装置系统	2	起动（手动）、安全带及驾驶人和乘客座辅助充气式保护装置
8	发动机类型	P	T1.8SED 型 1.8L 直列四缸多点喷射发动机
		U	F1.6D3 型 1.6L 直列四缸多点喷射发动机
9	检验位数	—	检验位代码
10	车型年款	C	2012
11	指示装配厂	S	上海
12-17	生产顺序号		000001

（2）神龙汽车有限公司雪铁龙轿车车辆识别代码含义，见表4-6。

雪铁龙轿车车辆识别代码含义说明　　　　　　　　表4-6

位置	定义	字符	说明
1-3	世界制造厂识别代号	LDC	中国神龙汽车有限公司
4-5	车型代码	A1	C5 车型系列
		B7	C4L 车型系列
6	车身款式（外形）	3	3-厢4门（1-5门2厢，2-厢式车身，8-单厢5门）
7	发动机类型	X	P-1.4L，L-1.6L，X-2.0L，W-2.0L，R-2.3L，S-3.0L
8	变速器类型	3	2-手动变速器，3-四速自动，4-6速自动变速器
9	检验位数	2	由其他字符产生的检验
10	车型年款	D	2013
11	指示装配厂	0	0-神龙一厂，2-神龙二厂
12-17	生产顺序号	000001（一种车型一种顺序号；即习惯上所说的车架号）	

（3）车型代码以两位数表示，各厂商不同车系区别较大，神龙公司东风雪铁龙车型代码见表4-7。

神龙公司东风雪铁龙车型代码　　　　　　　　表4-7

车型	车型代码	车型	车型代码
DC7141 RPC（富康 1.4L）	13	DC7200 D（毕加索 2.0L）	82
DC7160 AXC（富康 1.6L 8V）	24	DC7162D、DC7200DAT/AT（毕加索007）	83
DC7163 X（爱丽舍 8V）	72	DC7205/D（凯旋）、DC7165AB/DB、DC7205AB/DB（世嘉两厢）	C4
DC7163 16V（爱丽舍 16V）	73		
DC7163DT/AT（新爱丽舍三厢）	70	DC7148（C2 1.4L）、DC7168 B（C2 1.6L）	62
DC7160BB/DB（新爱丽舍两厢）	27	DC7207/DC7237/DC7307（C5 车型系列）	A1
DC 7162（毕加索 1.6L）	81	DC7163LY、DC7163LYAA、DC7163TYAA（C4L 车型系列）	C2

三、汽车基本结构认识

传统燃油汽车一般由发动机、底盘、车身和电气设备等四个基本部分组成。新能源汽车是指采用新型动力系统，完全或者主要依靠新型能源驱动的汽车。新能源汽车的基础仍然是汽车，只是驱动车辆的能源形式变了。

（一）发动机的总体结构认识

发动机的总体结构由两大机构和九大系统组成，如图4-7所示。

汽车基础知识

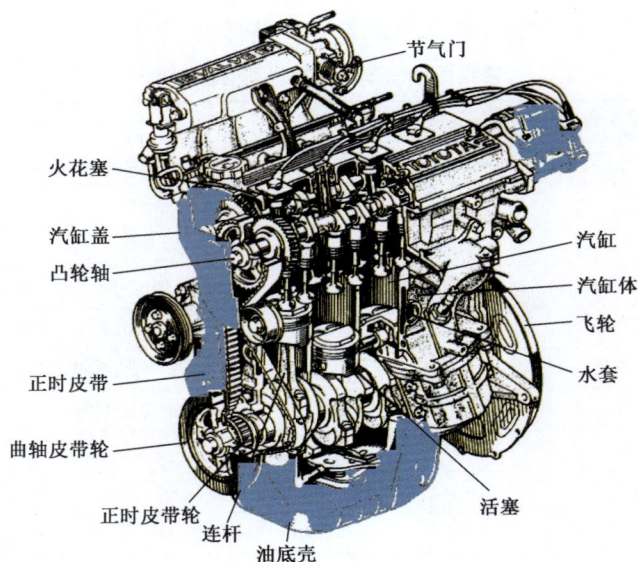

图 4-7　发动机的总成示意图

1. 发动机的两大机构

发动机是由许多零部件组成的。在空气—燃油混合气燃烧时,发动机把热能有效地转化为机械能。

1）曲柄连杆机构

曲柄连杆机构的位置如图 4-8 所示。其功用是完成热能向机械能的转换,将活塞的直线往复运动转变为曲轴的回转运动。

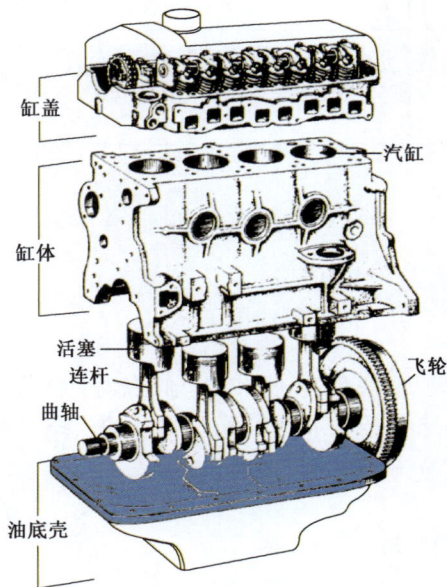

图 4-8　曲柄连杆机构示意图

2）配气机构

配气机构的功用是按照发火次序和各缸工作循环的要求,定时开启和关闭进、排气门,完成换气过程,如图4-9所示。

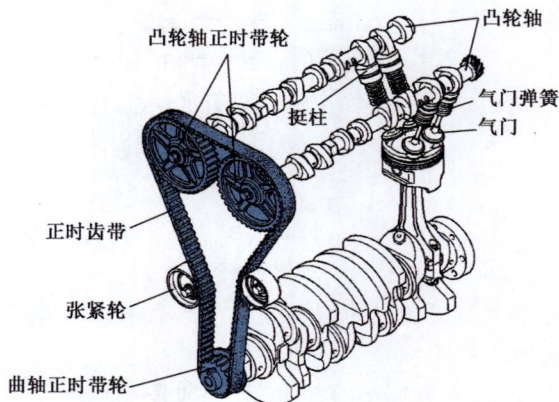

图4-9　配气机构示意图

2. 发动机的九大系统

1）润滑系统

润滑系统向发动机各个摩擦副供应发动机润滑油,产生润滑油油膜。依靠油膜降低摩擦作用,从而使发动机零件滑动平稳,最终使性能得到优化,如图4-10所示。

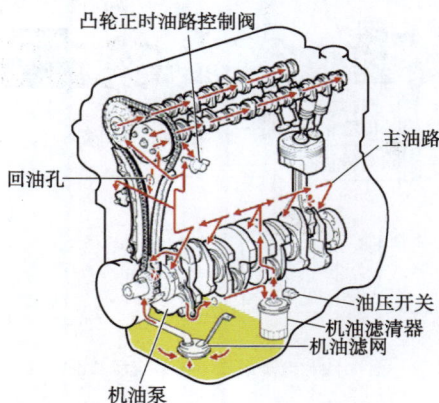

图4-10　润滑系统示意图

每台发动机都有许多个转动的和滑动的零件。当发动机高速运转时,如果这些零件未受到润滑,则摩擦力会变得很大,造成磨损和咬死。为保持发动机转动平稳,必须将每个零件所受摩擦力降至最低。

2）冷却系统

当发动机升温后,冷却系统将热量传给周围的空气,降低发动机的温度;相反地,当发动机冷却后,冷却系统又使发动机易于暖机,如图4-11所示。

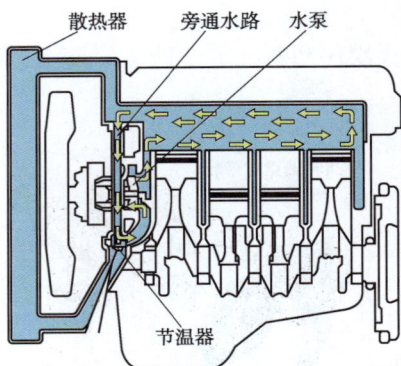

图 4-11　冷却系统示意图

冷却系统即以此方式来保持发动机的适宜温度。其有风冷和水冷两种类型，目前汽车发动机上用的主要是水冷式冷却系统。

在水冷式冷却系统中，冷却液循环至冷却水套，吸收发动机所产生的热量，从而保持发动机适宜的温度，被吸收的热量通过散热器释放，冷却后的冷却液又重新循环冷却发动机；同时，冷却液的热量又可供加热器使用。

3）电子燃油喷射（EFI）系统

EFI 系统使用各种传感器探测发动机和车辆的运行工况，根据来自这些传感器的信号，发动机电子控制器（ECU）计算喷射量并驱动喷油器以喷射合适的油量，如图 4-12 所示。

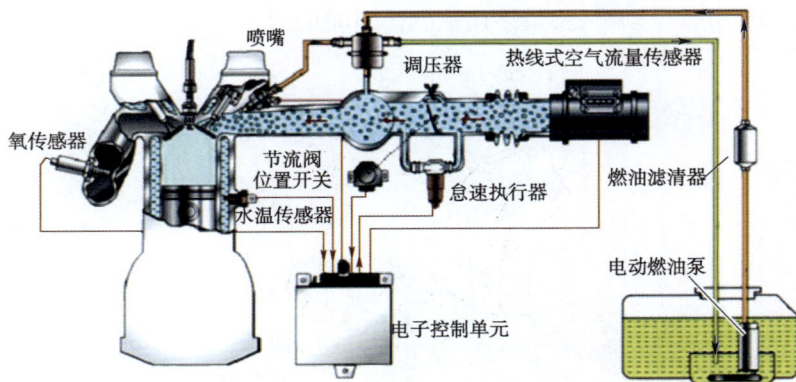

图 4-12　电子燃油喷射系统示意图

在正常行驶中，为达到理论空燃比，保证适当的动力输出、燃油消耗量和废气排放水平，在其他时候，如在暖机、加速、减速或高速行驶状况下，发动机 ECU 通过各种传感器探测到这些状况并校正喷油量，以便随时匹配最佳空气—燃油混合气。

4）点火系统

点火系统用点火线圈产生的高电压来产生火花，点燃已经被压缩的空气—燃油混合气；空气—燃油混合气在汽缸内被压缩和点燃，燃烧产生发动机的推动力。

由于自感和互感，点火线圈产生点火所必需的高电压，初级线圈产生几百伏的电压，次级线圈产生几万伏的电压，如图 4-13 所示。

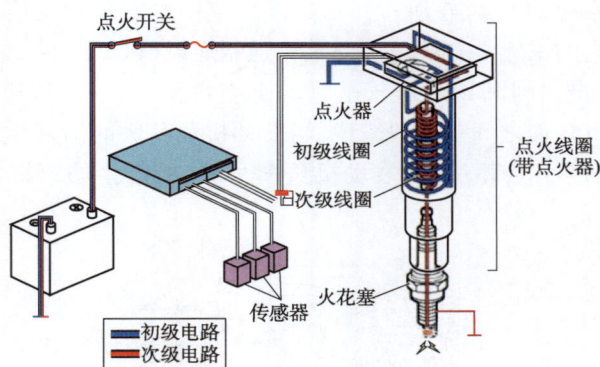

图 4-13　点火系统示意图

5）进气系统

把空气或燃油混合气导入发动机汽缸的零部件集合体称为发动机进气系统，如图 4-14 所示。当代汽车进气系统主要是可变进气系统。可变进气系统主要分 VVT（可变气门正时）、CVVT（连续可变气门正时）、VVT-i（电子可变正时）、i-VTEC（电子可变气门升程）四种。

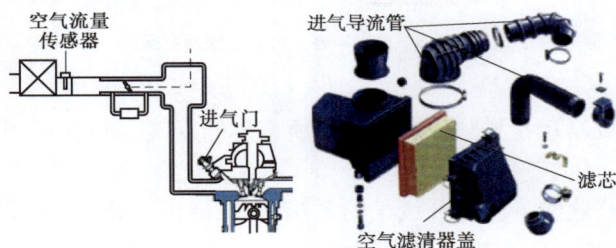

图 4-14　进气系统示意图

带涡轮增压器的进气系统如图 4-15 所示。它是一种利用排气能量使涡轮高速旋转的装置。和涡轮同轴装着泵轮，它旋转时把空气压进汽缸，从而达到了增加发动机的输出功率。

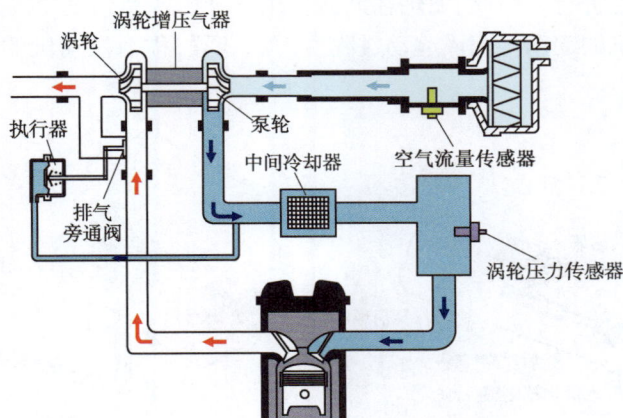

图 4-15　带涡轮增压器的进气系统示意图

曲轴箱强制通风系统如图 4-16 所示。窜缸混合气中含有大量从活塞环和汽缸壁间的空隙漏出而进入曲轴箱内的未燃混合气体。曲轴箱强制通风（PCV）阀系统能将窜缸混合气导入进气系统，将其重新燃烧。因利用了进气歧管的真空负压，所以可将窜缸混合气吸入。PCV阀安装在进气歧管和汽缸盖之间。一般来说，当发动机负荷大时所产生的窜缸混合气的量变得较大（进气歧管真空度小）；相反，当发动机负荷小时，所产生的窜缸混合气的量变得较小（进气歧管真空度大）。

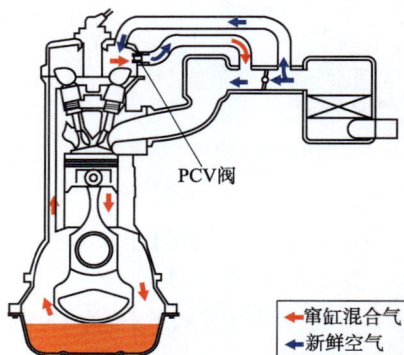

图 4-16　曲轴箱强制通风系统示意图

6）排气系统

汽车排气系统主要功用是排放发动机工作所产生的废气，同时使排出的废气污染减小，噪声减小。

汽车排气系统是指收集并且排放废气的系统，一般由排气歧管、排气管、三元催化转化器、排气温度传感器、汽车消声器和排气尾管等组成，如图 4-17 所示。

7）起动系统

要使发动机由静止状态过渡到工作状态，必须先用外力转动发动机的曲轴，使活塞作往复运动，汽缸内的可燃混合气燃烧膨胀做功，推动活塞向下运动使曲轴旋转，发动机才能自行运转，工作循环才能自动进行。因此，曲轴在外力作用下开始转动到发动机开始自动地怠速运转的全过程，称为发动机的起动。完成起动过程所需的装置，称为发动机的起动系统，如图 4-18 所示。

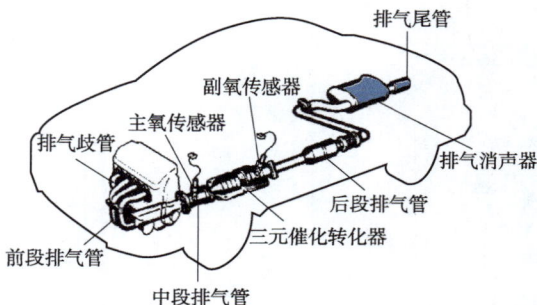

图 4-17　排气系统示意图

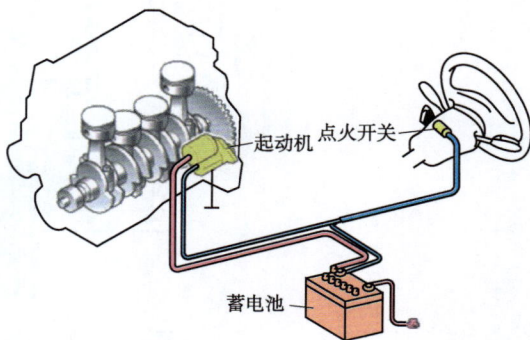

图 4-18　起动系统示意图

8）发动机的计算机控制系统

为了使发动机的电脑正常地进行功能控制,它要求一个有输出和输入设备的组合系统,如图 4-19 所示。在汽车上,传感器(如水温传感器或空气流量传感器)与输入设备对应,而执行器(如喷射器或发生器)与输出设备对应。控制系统的电脑称为 ECU(电子控制单元),控制发动机的电脑称为发动机 ECU(或 ECM:发动机电子控制模块),传感器、执行器和发动机 ECU 通过配线连接。只有当发动机 ECU 传送来自传感器的输入信号和至执行器的输出信号后,整个系统作为电脑控制系统运作。

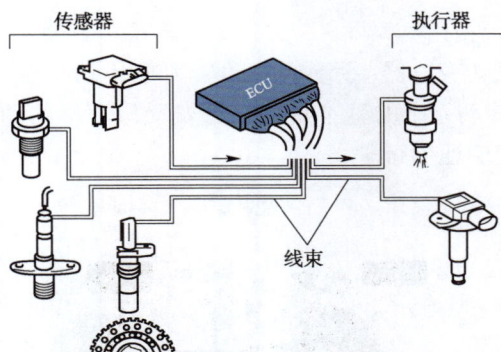

图 4-19　发动机的计算机控制系统示意图

9）发动机 CAN 通信系统

CAN 通过一条双绞线来连接每个 ECU。CAN 使用双绞线作为通信线,因此,该双绞线有一条"＋"导线(高)和一条"－"导线(低);单导线用 Lin 通信,双绞导线用于 CAN 通信,如图 4-20 所示。

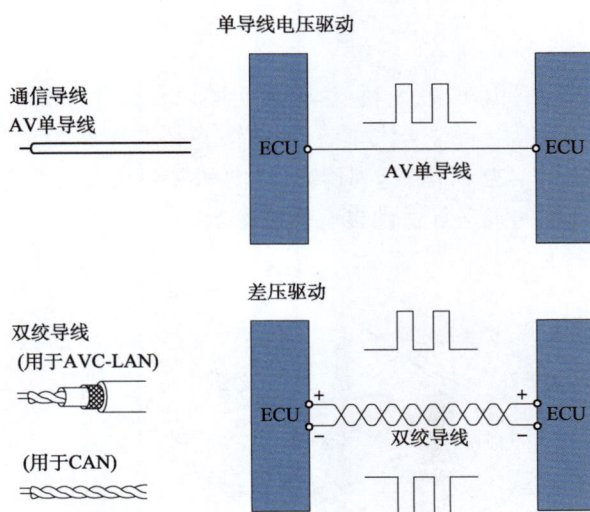

图 4-20　CAN 通信系统示意图

一种采用双绞线,在这种通信导线中,两根导线扭绞在一起,并覆盖绝缘材料,通信是通过向两根导线加上正(＋)和负(－)电压驱动的,以发出信号。

另一种 Lin 单导线是双绞线末端的补充，这是一种由一根周围包有绝缘材料的单芯导线组成的质量轻的单通信导线。电压被加到这根导线上以驱动通信，这种系统称为"单导线电压驱动"。

（二）汽车底盘的总体结构认识

汽车底盘包括传动系统、行驶系统、转向系统和制动系统。

1. 传动系统

传动系统一般由离合器、变速器（手动或自动）、万向传动装置、主减速器、差速器和半轴等组成，如图 4-21 所示。传动系统的基本功用是将发动机发出的动力传给汽车的驱动轮，产生驱动力，使汽车能以一定的速度行驶。

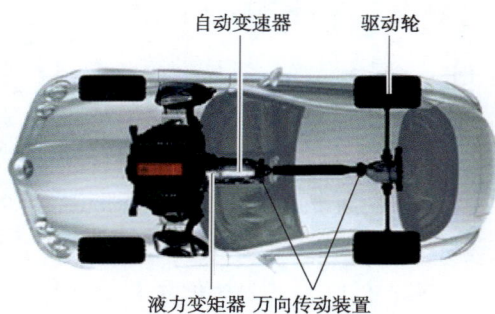

图 4-21　传动系统示意图

2. 行驶系统

行驶系统是汽车的基础，由车架、车桥、车轮与轮胎以及位于车桥和车架之间的悬架装置组成。车架是汽车的装配基体，将整个汽车装成一体；车桥与车轮负责汽车的行驶；悬架装置将车桥安装于车架上，如图 4-22 所示，起到传力、导向和缓冲减振的作用。行驶系统除影响汽车的操纵稳定性外，对汽车的乘坐舒适性也有重要影响。

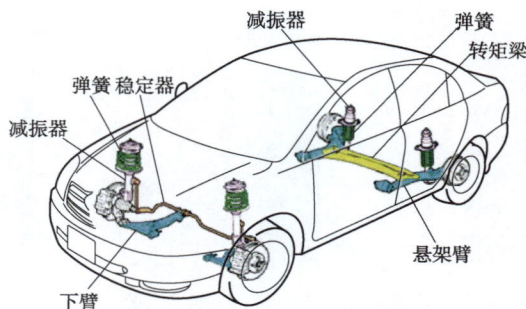

图 4-22　行驶系统示意图

3. 转向系统

用来改变或保持汽车行驶方向的一系列装置称为汽车转向系统,如图4-23所示。主要由转向操纵机构、转向器和转向传动机构等组成,有些车上还有转向助力装置。转向系统对汽车的行驶安全至关重要。

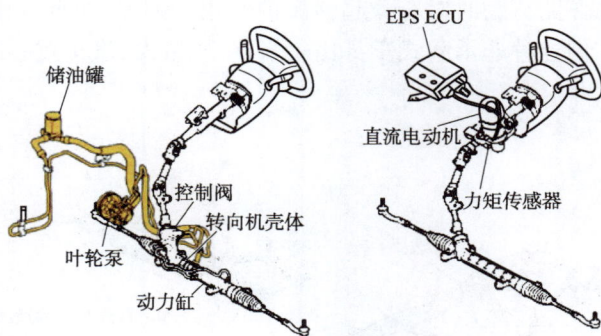

图4-23　转向系统示意图

4. 制动系统

制动系统由行车制动装置和驻车制动装置两大部分组成。行车制动装置(图4-24)的作用使行进中的汽车减速直至停车,它由设在每个车轮上的制动器和制动操纵机构组成,由驾驶人通过制动踏板来操纵;驻车制动装置使停放的汽车可靠地驻留在原地不动,大多数驻车制动装置的制动器装在变速器的第二轴上,与后桥制动器合一,驻车制动器一般由手操纵杆来操纵。

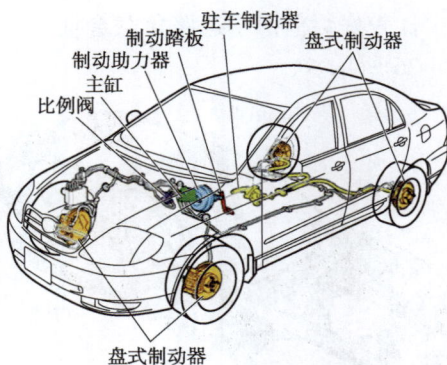

图4-24　制动系统示意图

(三)车身结构认识

1. 车身结构形式

汽车车身的作用主要是保护驾驶人以及构成良好的空气动力学环境。好的车身不仅能带来更佳的性能,也能体现出车主的个性。汽车车身结构从形式上说,主要分为非承载式和承载式两种。

1)非承载式车身

非承载式车身的汽车有刚性车架,又称底盘大梁架。车身本体悬置于车架上,用弹性元件连接。车架的振动通过弹性元件传到车身上,大部分振动被减弱或消除。发生碰撞时,车架能吸收大部分冲击力,在坏路行驶时对车身起到保护作用。因此,车厢变形小,平稳性和安全性好,而且厢内噪声低。但这种非承载式车身比较笨重,质量大,汽车重心高,高速行驶稳定性较差,如图 4-25 所示。

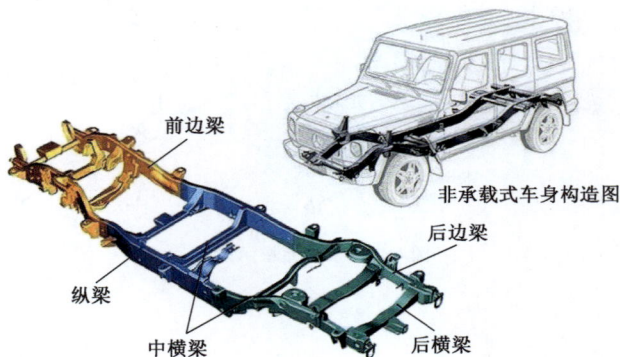

图 4-25　非承载式车身结构

2)承载式车身

承载式车身的汽车没有刚性车架,只是加强了车头、侧围、车尾、底板等部位,车身和底架共同组成了车身本体的刚性空间结构。这种承载式车身除了其固有的乘载功能外,还要直接承受各种负荷。这种形式的车身具有较大的抗弯曲和抗扭转的刚度,质量小,高度低,汽车重心低,装配简单,高速行驶稳定性较好。但由于道路负载会通过悬架装置直接传给车身本体,因此,噪声和振动较大,如图 4-26 所示。

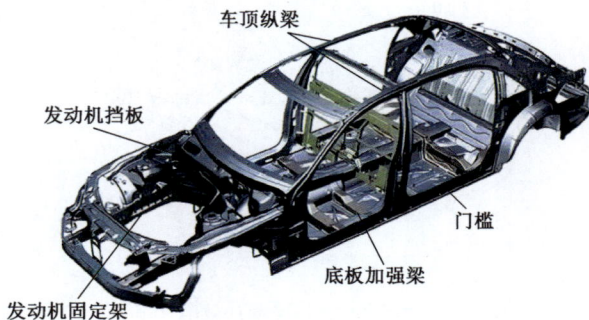

图 4-26　承载式车身结构

2. 轿车车身组成

1)车身本体

车身本体由梁、支柱、加强板等车身结构和车身覆盖件组合而成。车身覆盖件是车身上各种具有不同曲面形状及大小尺寸的薄板,如顶盖、发动机盖、翼子板、行李舱盖、车门等,如图 4-27 所示。

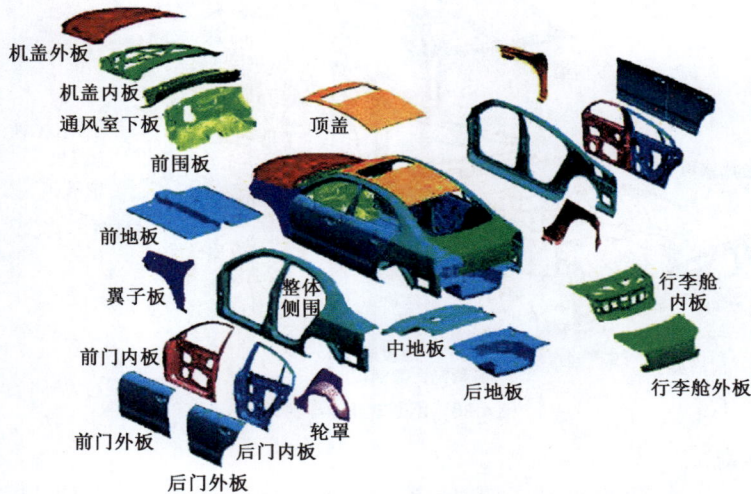

图 4-27　车身覆盖件

2)车身外装件

车身外部起保护或装饰作用的一些部件,以及具有某种功能的车外附件成为车身外装件,如前后保险杠、外部装饰条、密封条、车外后视镜、散热器罩、车门机构及附件。

3)车身内装件

车身内装件是车内对人体起保护作用且有内装饰作用的部件,及具有某种功能的车内附件,如仪表板、座椅及安全带、安全气囊、遮阳板、车内后视镜、车门、地板及轿车内饰。

4)车身电气附件

车身电气附件是除用于轿车底盘以外的所有电气及电子装置,如仪表开关、灯、音响及收视装置、空调、刮水器、洗涤器、除霜装置、GPS 等。

3. 承载式轿车车身结构

承载式轿车车身本体结构一般由地板焊接总车、左右前纵梁及轮罩焊接总成等 7 个总成及零件焊接而成,如图 4-28 所示。

1)地板焊接总成

车身地板是车身的基础,因为车身骨架都是直接或间接地焊在车身地板上。车身地板的强度和刚度不仅会影响到地板自身,而且影响到整车。

2)左、右前纵梁及轮罩焊接总成

车辆前纵梁、轮罩与悬架支座焊接成一体,发动机和悬架系统安装在前纵梁及轮罩焊接总成上。

3)左、右侧围焊接总成

侧围焊接总成由前支柱、中支柱、后支柱、后风窗支柱、顶盖侧梁门槛外板及后翼子板组成,装配时作为独立大总成与地板、前后围等焊接成一个整体。

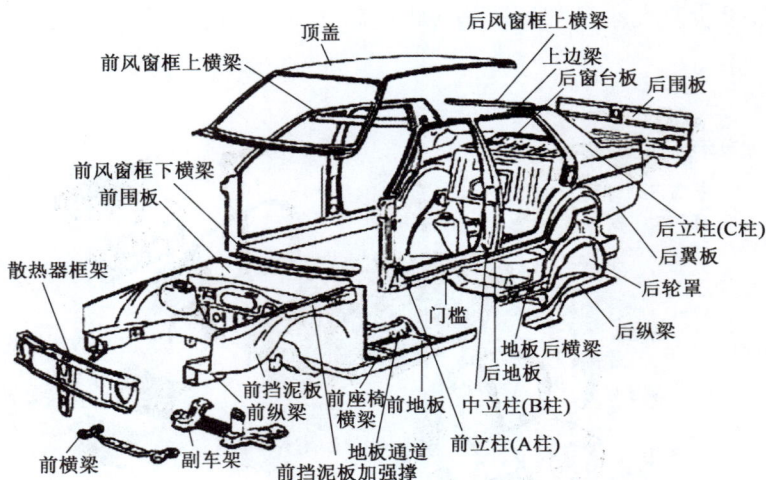

图 4-28　承载式轿车车身结构

4）前围焊接总成

前围焊接总成由水槽、转向柱支架、仪表盘支架及加强板组成。前围焊接总成与倾斜的前地板一起将发动机舱与乘员舱分开。

5）顶盖及前后梁

顶盖前、后横梁分别与前、后支柱焊接，与顶盖侧梁一起共同构成了乘员舱上部的完整受力骨架。

6）左、右后纵梁及后轮罩焊接总成

后纵梁、后轮罩与后悬架支座焊接成一体，后悬架系统安装在后纵梁及轮罩焊接总成上。

7）后围焊接总成

后围焊接总成包括后围上连接板、后围下连接板、后围加强板、锁销加强板和后围托架等零件，构成行李舱及车体后围板，为尾灯及后保险杠提供安装配合面及相应固定孔，是承受横向载荷的主要零件之一。

（四）汽车电气系统认识

汽车电气系统主要包括起动系统、照明信号系统及车身电气系统。

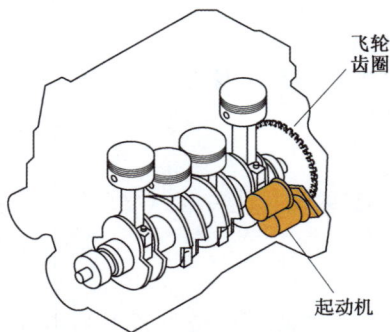

图 4-29　起动机示意图

1. 起动机的作用

发动机自己不能起动，需要有外部动力使之产生第一次燃烧进行起动。起动机通过环形齿轮带动发动机飞轮周缘上的环齿啮合，驱动发动机的曲轴旋转，要起动发动机，曲轴转速必须旋转得比最小曲轴转速快。起动发动机所需的最小曲轴转速取决于发动机的结构和操作条件。

起动机要用来自蓄电池的有限动力产生极大的转矩，它应该十分紧凑而且很轻，如图 4-29 所示。

2. 发电机的作用

在发动机运行时,它发出相当于操作车辆所有电气设备和对蓄电池充电的电量。

为了能安全和舒适的驾驶,车辆装有许多电气装置。车辆不但在行驶时要用电,停车时也用电。因此,汽车用蓄电池作为电源,并有充电系统,通过发动机运行来发电。充电系统向所有的电气设备供电并对蓄电池充电。发动机上装备的发电机如图 4-30 所示。

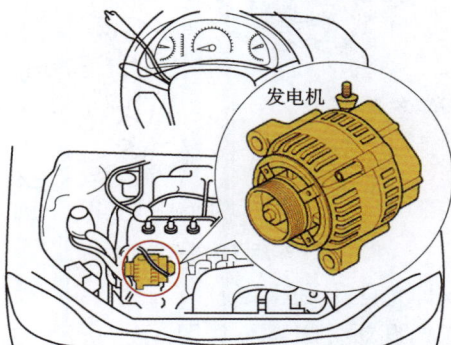

图 4-30　发电机示意图

3. 照明信号系统

车辆使用的灯光可按用途分类,分别用于照明、信号或指示。例如,前照灯用于夜间照明,转向信号灯用于向其他车辆和行人发出信号,尾灯则指示自己车辆的存在和位置。除了一般的照明系统,根据地区和等级,汽车还装有不同功能的系统。

1)白天行车灯光系统

白天行车灯光系统如图 4-31 所示。在此系统中,发动机运行的同时,前照灯或者前照灯和尾灯自动点亮(即使在白天也这样),使其他车辆可以看到它。某些国家为安全起见,通过法律将它强制性规定为必装的系统。如果此灯用夜间同样的亮度连续点亮,灯泡寿命将会缩短。为了防止这一情况,此线路的设置夜间运行时,灯光亮度提高。

图 4-31　白天行车灯光系统示意图

2)车后灯警告系统

车后灯警告系统如图 4-32 所示。尾灯、停车灯等的灯泡烧坏时无法从驾驶人处看到。车后灯警告系统通过组合仪表中的警告指示灯通知驾驶人诸如尾灯和停车灯灯泡损坏。系统由灯光故障探测器控制,此探测器一般装在行李舱中。灯光故障继电器通过比较灯光正常时和线路开路时的电压检测灯泡是否烧掉。

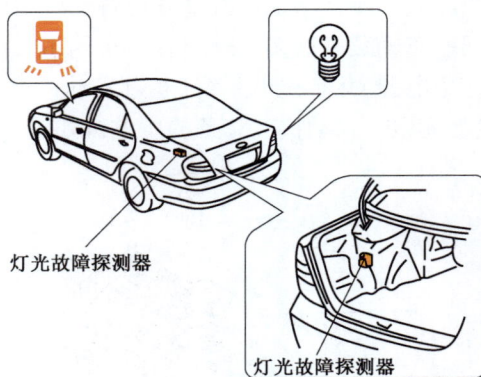

图4-32　车后灯警告系统示意图

3)灯光提醒蜂鸣器系统/灯光自动关闭系统

灯光提醒蜂鸣器系统/灯光自动关闭系统如图4-33所示。在灯光控制开关在ON位置时,即使点火开关在LOCK位置,前照灯和尾灯连续点亮。本系统的目的是为了防止由于驾驶人忘记关掉前照灯和尾灯而把蓄电池的电用完。如果点火开关在LOCK或ACC位置处,或者点火钥匙已不在点火锁芯中,而驾驶人侧门打开,那么此系统用蜂鸣器通知驾驶人灯仍然亮着,或者自动关掉灯光。

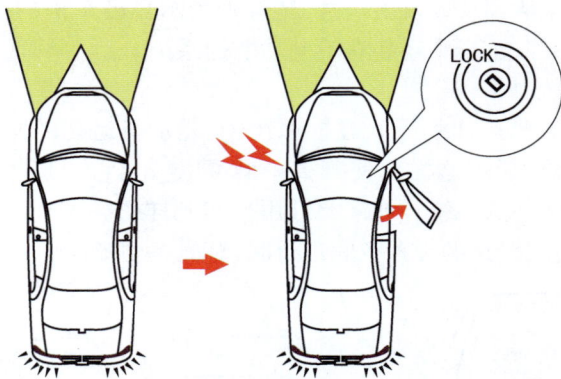

图4-33　灯光提醒蜂鸣器系统/灯光自动关闭系统示意图

用蜂鸣器通知的系统称为灯光提醒蜂鸣器系统;自动关掉前照灯的系统称为灯光自动关闭系统。大多数车型有带尾灯指示器的尾灯系统。

4)自动灯光控制系统

自动灯光控制系统如图4-34所示。当天黑下来需要打开前照灯时,一般是驾驶人操作灯光的控制开关。在此系统中,当灯光控制开关处于AUTO(自动)位置时,自动照明控制传感器检测环境的照明水平。当暗的时候,系统自动打开前照灯。自动照明控制传感器位于仪表板的上部。某些车辆在照明开关上没有"AUTO"位置。在这种情况下,自动照明控制系统在OFF位置工作。

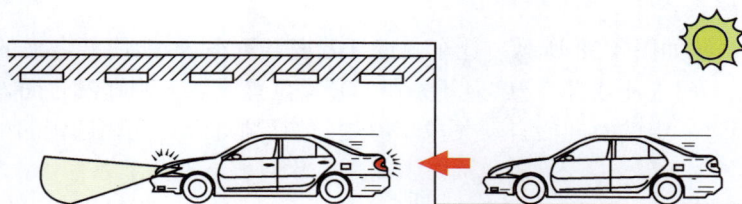

图 4-34　自动灯光控制系统示意图

5）前照灯光束水平控制系统

前照灯光束水平控制系统如图 4-35 所示。车载负荷（乘员数目和行李的数量）使汽车产生倾斜，影响前照灯在路面的照射距离。在此系统中，操作前照灯光束水平控制开关，调整前照灯的垂直角度。某些车辆中有一自动前照灯光束水平控制系统，它自动将前照灯调到最佳垂直角度。

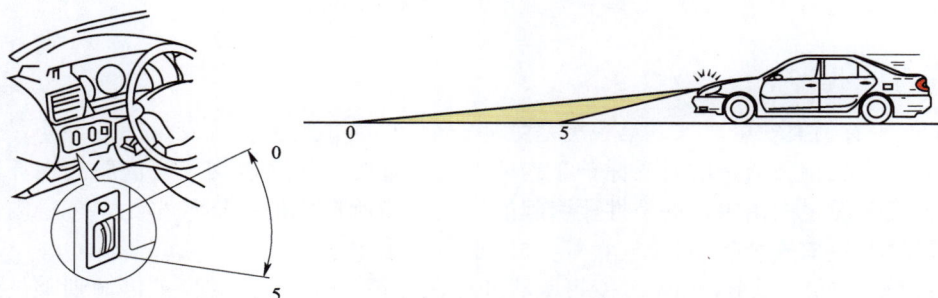

图 4-35　前照灯光束水平控制系统示意图

6）前照灯系统

前照灯系统如图 4-36 所示。前照灯的灯泡使灯泡内的氙气放电，能发射白光，与卤素等相比，光的分布更宽。前照灯系统的特点之一是灯泡寿命较长。

7）进车照明系统

进车照明系统如图 4-37 所示。夜里车内很暗，难以看见点火开关和足部区域。此系统在车门关闭后，将点火开关照明灯及车内灯开亮一定的时间，使之能容易地将点火钥匙塞入锁芯，或者看清足部区域（只有车内灯处于 DOOR 位置时），点亮的时间随车辆型号不同而异。

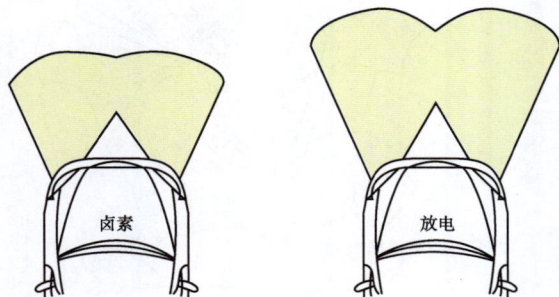

图 4-36　前照灯系统示意图

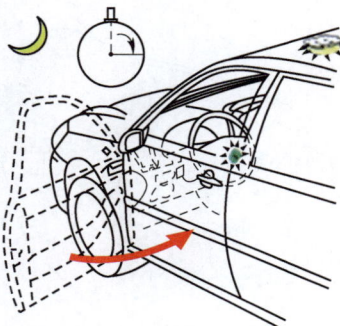

图 4-37　进车照明系统示意图

8)车内灯提醒系统

车内灯提醒系统如图4-38所示。让车内灯开着离开汽车,可能使蓄电池的电放完。为了防止这一情况,在车门虚掩或开着,点火开关在LOCK位置或点火钥匙没有插入点火锁芯的情况下,此系统在经过一定的时间后自动关掉车内灯(包括顶灯和点火钥匙锁芯的照明)。

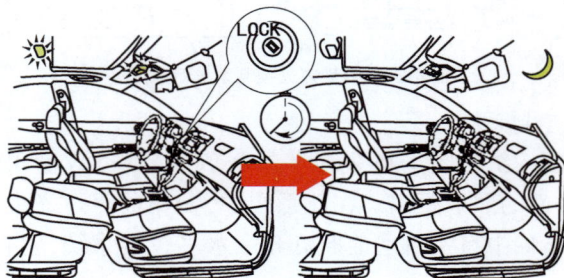

图4-38 车内灯提醒系统示意图

4. 车身电气系统

日常行车有两类安全要求。第一类是主动安全,它主要是指事故发生前的预防。另一类是被动安全,它是指在撞车的时候保护车内的乘员。重要的是两者均要将座舱的损坏降到最小,以及使在车舱之内由乘员的惯性所引起的二次碰撞所造成的损伤最小化。车身内部设有撞击吸收结构、座椅安全带、安全气囊等,被用于完成此任务。

通过使车身的前面或后面部分变形吸收并分散碰撞的撞击力,减少被传输到乘员的作用力。提供刚性的座舱结构也使座舱的变形最小化。

1)座椅安全带

座椅安全带如图4-39所示。座椅安全带是主要的约束乘员的措施,系好座椅安全带将防止在撞车期间乘员被抛出车外,也同时使座舱内发生的二次碰撞造成的损伤最小化。

2)安全气囊

安全气囊如图4-40所示。除了座椅安全带提供的保护外,安全气囊可进一步对乘员进行防护,当发生严重的前面或侧面撞击时,安全气囊膨胀,与座椅安全带一起防止或减少乘员伤害。

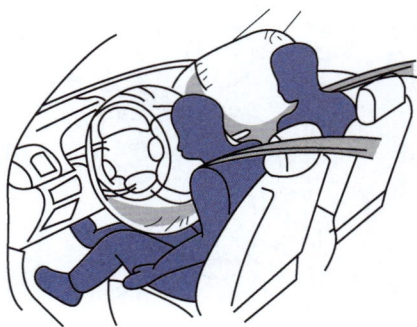

图4-39 座椅安全带示意图

减少乘员撞击

图4-40 安全气囊示意图

3) 车辆防盗系统

车辆防盗系统如图 4-41 所示。防盗系统利用汽车门锁系统的功能,在所有车门均锁上后,如果任何车门和机舱罩盖被强制打开,或者蓄电池的端子被断开后重新连上,它发出警报,警报装置立即使喇叭发声以及前照灯、尾灯和其他外部灯光闪烁,安全指示灯闪烁,告知车辆周围的人此车装有防盗系统。

图 4-41　车辆防盗系统示意图

报警装置根据区域不同而不同。在某些车型上,报警工作期间系统阻止起动机继电器的工作,因此,起动机也不工作。

4) 巡航控制、导航帮助系统与音响

(1) 巡航控制系统。

巡航控制系统如图 4-42 所示。自动地调节发动机节气门开度,以驾驶人设置的速度驱动车辆。因此,驾驶员无须一直踩加速踏板。甚至上坡或下坡时,车辆也可以用巡航按给定速度行驶。此系统在高速公路或在没有长时间停等的广阔的乡间道路上行驶特别有益,驾驶人可以放松舒适地开车。某些车型有自动地保持车距的功能。

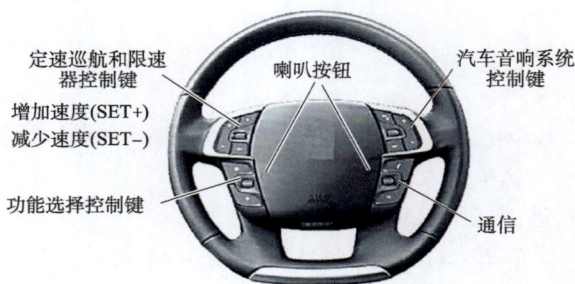

图 4-42　巡航控制系统示意图

巡航控制系统主要利用主开关、控制开关、加速踏板和制动踏板来运行。控制开关的设计随车型不同而不同,一般五种使用模式:设置、滑行、恢复、加速和取消。

设置所需巡航速度:

①推并松开主开关(位于转向盘巡航控制按钮)。电源指示灯将点亮。

②踩加速踏板获得要求的行车速度(在 40 ~ 200km/h 之间)。

③向下推巡航控制按钮并松开;这将接通 SET/COAST(设置/滑行)控制开关。当手把松开时,车速被保存在巡航控制 ECU 储存器内,并且巡航控制车速被设定,保存在储存器内的车速称为设定车速。

(2) 导航帮助系统与音响。

车载导航系统如图 4-43 所示。用于引领驾驶人沿着选择的指定路线行驶,导航系统由装有电子地图(存储在硬盘上)和 GPS 模块的导航通信音响系统组成;包括多功能显示屏(彩色屏幕)和用于捕捉卫星定位信号的 GPS 天线。

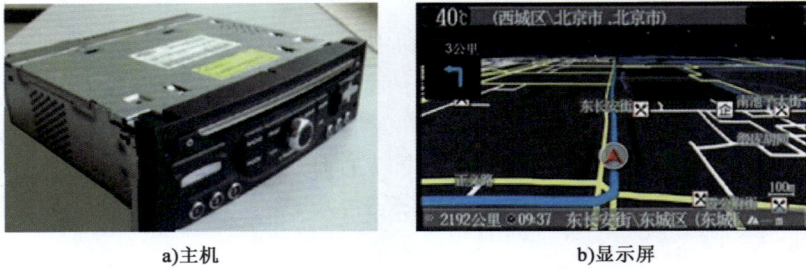

a)主机   b)显示屏

图 4-43　导航帮助系统示意图

导航系统首先收到驾驶人决定的目的地,然后计算出行驶路线,最后显示导航的声音和图形指令。

在导航帮助系统运行时,可以在 CD 播放机或换碟机中插入 CD 收听音乐,还可以收听点唱机。长按转向盘下的转换模块(左开关末端的按钮)能通过合成声功能重播导航的最后一个声音信息。

多功能显示屏的作用包括向车内乘客显示信息、外部温度、日期、时间、移动电话、总菜单(车载电话)、音响信息(收音机电台、CD 号、歌曲名称等)。

5.汽车车载网络

1)控制局域网络发展史

(1)控制局域网络的发展。

1986 年 2 月,Robert Bosch 公司在 SAE 大会上介绍了控制器局域网(CAN)技术。

1999 年,有 6000 万个 CAN 投入使用。

2000 年,市场销售超过 1 亿个 CAN。

今天,几乎每一辆新型轿车上都装配有 CAN,如图 4-44 所示。

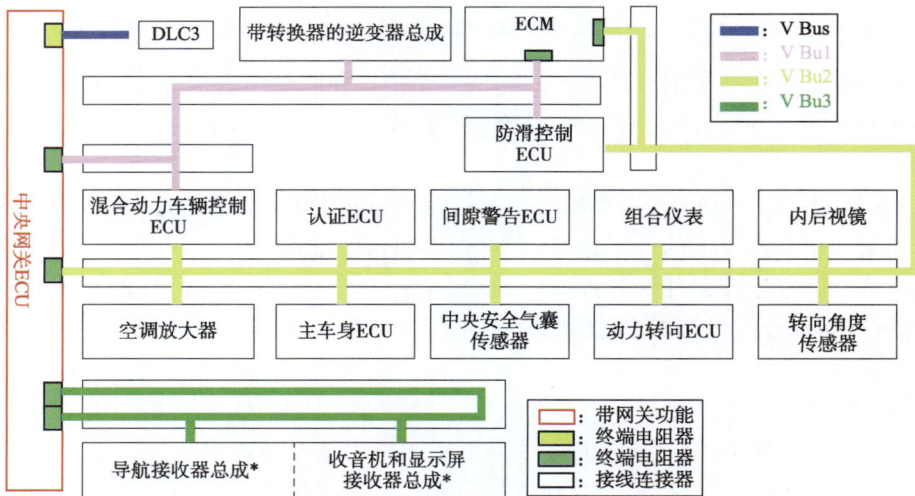

图 4-44　现代轿车车载网络示意图

1990 年,Bosch 公司的 CAN 规范被提交国际标准化组织。

1993 年 11 月,出版了 CAN 国际标准 ISO 11898;ISO 11519-2,规定了数据传输中的容错方法。

1995 年,ISO 11898 进行了扩展,以附录的形式说明了 29 位 CAN 标符。

所谓多路传输,即在计算机局域网中,将多种信息混合或交叉通过一个通信信道传送的方式。

一个具有多路传输功能的网络,允许多个计算机同时对它进行访问,就像无线电广播和移动通信的电波分为不同的频率,我们可以同时传输不同的数据流。这听起来好像不可能,但在某种意义上讲是可能的。事实上数据是依次传输的,但速度非常之快,似乎就是同时传输的。你从手表上看 1/10s 算是非常快了,但对一台运算速度相对慢的计算机来说,这 1/10s 就太长了。如果将 1/10s 分成段,许多单个的数据都能被传输——每一段传输一个数据,这就叫作分时多路传输。

随着现在和未来的汽车装备多线路传输装置的增加,基于频率、幅值或其他方法调制调节,同时数据传输也成为可能。汽车上用的是单线或双线制分时多路传输系统。

（2）多路传输技术应用于汽车可以实现的功能。

①布线简化,降低成本。

②电控单元之间交流更加简单和快捷。

③传感器数目减少,实现信息资源共享。

④提高汽车总体运行可靠性。

2）车载局域网技术应用背景

汽车电子控制系统越来越多,一些数据如发动机转速、车轮转速、加速踏板位置等,需要各个电控系统共享。

传统的点对点的单一通信方式,造成庞大的布线系统,成本高、可靠性低;无论从材料成本还是工作效率看,传统布线方法都将不能适应汽车的发展,如图 4-45 所示。

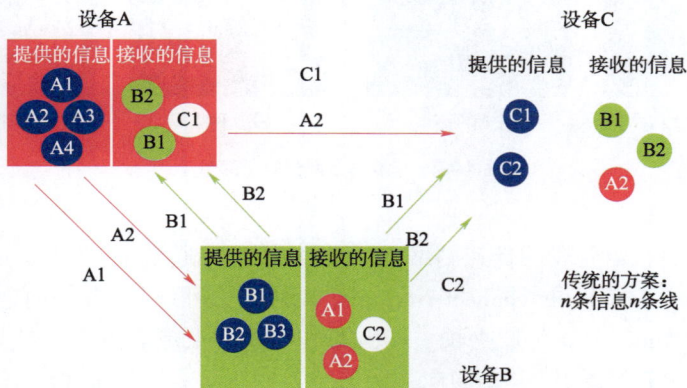

图 4-45　传统布线方法示意图

为了满足各子系统的实时性要求,有必要对汽车公共数据实行共享,如发动机转速、车轮转速、加速踏板位置等的瞬时数据。但每个控制单元对实时性的要求是因数据的更新速率和控制周期不同而不同的。要求其数据交换网采用一根总线且基于优先权竞争的模式,且本身具有一定的通信速率进行通信,如图 4-46 所示。

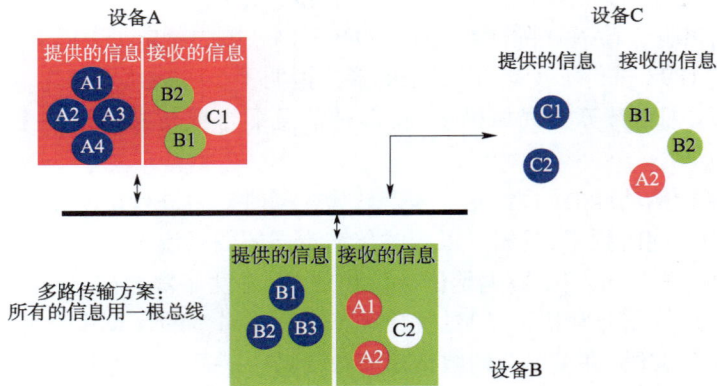

图 4-46 总线布线方法示意图

3）车载局域网分类

绝大多数车用总线都被 SAE（美国汽车工程师协会）下属的汽车网络委员会按照协议特性分为 A、B、C、D 四类，如图 4-47 所示。

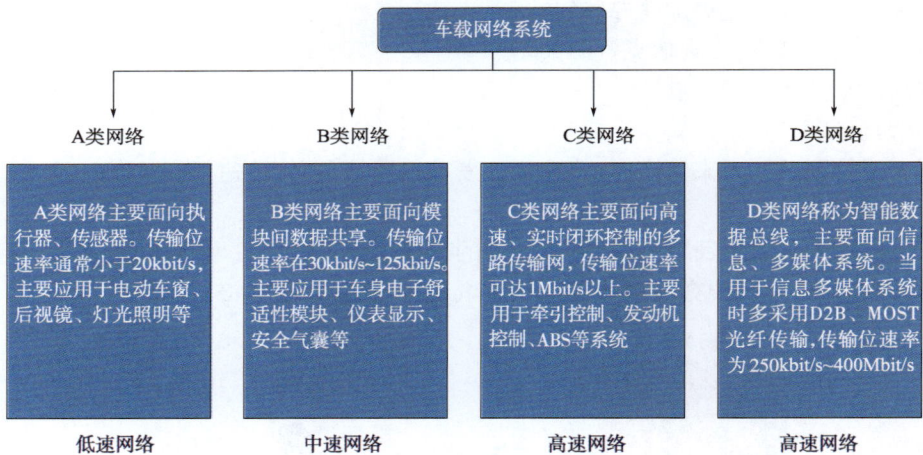

图 4-47 车载局域网分类示意图

（1）A 类总线。

面向传感器或执行器管理的低速网络，它的位传输速率通常小于 10kbit/s。

A 类总线以 LIN（Local Interconnect Network，本地互联网）规范最有前途。其由摩托罗拉（Motorola）与奥迪（Audi）等知名企业联手推出的一种新型低成本的开放式串行通信协议，主要用于车内分布式电控系统，尤其是面向智能传感器或执行器的数字化通信场合。

（2）B 类总线。

面向独立控制模块间信息共享的中速网络，传输位速率一般在 10 ~ 125kbit/s 之间。

B 类总线以 CAN（Controller Area Network，控制器局域网络）最为著名。CAN 网络最初是 BOSCH 公司为欧洲汽车市场所开发的，只用于汽车内部测量和执行部件间的数据通信，逐渐地发展完善技术和功能，1993 年 ISO 正式颁布了道路交通运输工具—数字信息交换—高速通信控制器局域网(CAN)国际标准(ISO 11898-1),近几年低速容错 CAN 的标准 ISO 11519-2 也开始在欧洲的一些车型中得到广泛的应用。

B 类总线主要应用于车身电子的舒适型模块和显示仪表等设备中。

(3)C 类总线。

面向闭环实时控制的多路传输高速网络,传输位速率多在 125kbit/s ~ 1Mbit/s。

C 类总线主要用于车上动力系统中对通信的实时性要求比较高的场合,主要服务于动力传递系统。

在欧洲,汽车厂商大多使用"高速 CAN"作为 C 类总线,它实际上就是 ISO 11898-1 中传输位速率高于 125kbit/s 的那部分标准。

美国则在货车及拖车、客车、建筑机械和农业动力设备中大量使用专门的通信协议 SAEJ1939。

(4)D 类总线。

面向多媒体设备、高速数据流传输的高性能网络,传输位速率一般在 2Mbit/s 以上,主要用于 CD 等播放机和液晶显示设备。MOST 光纤传输,传输位速率为 250kbit/s ~ 400Mbit/s。

D 类总线近期才被纳入 SAE 对总线的分类范畴之中。其带宽范畴相当大,用到的传输介质也有好几种。其又被分为低速(IDB-C 为代表)、高速(IDB-M 为代表)和无线(Bluetooth 蓝牙为代表)三大类。

一般来说,汽车通信网络可以划分为四个不同的领域,每个领域都有其独特的要求。现有的主流汽车总线协议都无法适应所有的要求。

(1)信息娱乐系统:此领域的通信要求高速率和高带宽,有时会是无线传输,目前主流应用协议有 MOST,正在推出的还有 IDB-1394 等。

(2)高安全的线控系统(X-By-Wire):由于此领域涉及安全性很高的制动和导向系统,所以它的通信要求高容错性、高可靠性和高实时性。

(3)车身控制系统:在这个领域 CAN 协议已经有了 20 多年的应用积累,其中包括传统的车身控制和传动装置控制。

(4)低端控制系统:此系统包括那些仅需要简单串行通信的 ECU,比如控制后视镜和车门的智能传感器以及激励器等,这应该是 LIN 总线最适合的应用领域。

车载局域网的优点:

(1)网络总线式结构,只需一根或两根通信电缆连接,由软件逻辑控制替代传统的直接线束控制。线路简化,减少线束连接复杂性。

(2)无需专用配电盒,部件数量减少,可靠性能增加,总线节点控制器(ECU)可靠性很高(是目前汽车电器可靠性的几十倍)可实现实时诊断、测试和报警功能,系统扩展方便。

(3)更高的可靠性、更好的服务赢得市场,汽车总线的人性化设计功能,更加贴近汽车制造商与客户,汽车总线提供更完善的车况信息,用户自我服务变为可能,降低了制造与服务成本。

(五)新能源汽车与传统燃油汽车的区别

新能源汽车是在传统汽车一些系统的基础上,改进了驱动汽车的动力,如采用了存储电能的动力蓄电池和驱动电机,或者是继续保留内燃机,但通过增加一套电力驱动来优化内燃机燃烧的混合动力。需要特别说明的是,目前我们所说的新能源汽车一般就是指纯电动汽车或插电混合动力电动汽车,因此,以下的内容在没有特别说明的情况下,所述的新能源汽车即为上述两种类型。

与传统燃油汽车相对比,新能源汽车具有一些基本的结构特征,这包括:

1. 改变了驱动车辆的动力形式

如果是纯电动汽车,那么驱动汽车行驶的动力全部依靠电机,电机的驱动电能来自加装在车上的动力蓄电池。如图 4-48 所示,纯电动汽车的驱动系统上不再有传统汽车的内燃机、变速器,取而代之的是位于尾部的动力蓄电池(也称高压蓄电池包等)以及位于原内燃机位置的一个带有电机的驱动单元(也称为变速器)。

图 4-48 纯电汽车典型驱动结构

如果是混合动力电动汽车,那么它的驱动系统仍包括传统汽车的内燃机、变速器等部件,但是在驱动的部件上还会多一些部件,这就是增加的电力驱动系统。车辆前舱仍然有内燃机,但是连接内燃机的位置会多一条明显的橙色电缆,以及位于电缆末端的动力蓄电池,这是一个内燃机与电力组合的混合动力电动汽车驱动系统典型结构。

2. 保留了传统燃油汽车的大多数部件

无论是纯电动汽车还是混合动力电动汽车,从车辆的外观上是很难区分出来的。新能源汽车与传统燃油汽车相比,有着类似的车身设计以及汽车的基本设计要素,如行驶系统、制动系统、转向系统、车身电气等。

3. 因为驱动系统和运行模式的改变,整车部分系统也做了升级

新能源汽车的动力源不再只是内燃机了,因此,虽然新能源汽车是在传统汽车的基础之上诞生的,但是新能源汽车有些系统是不同于传统燃油汽车的,如空调与暖风系统、发电系统以及补充能源的形式等。

(1)空调与暖风系统的不同。新能源汽车的空调压缩机一般直接采用电驱动,这有区别于传统燃油汽车通过内燃机曲轴传动带驱动的形式。在暖风实现的形式上,新能源汽车特别是大多数的纯电动汽车,通常是利用电加热的方式来产生暖风。其中,电加热的方式有两种,一种是通过高压电加热类似传统空调与暖风系统中的冷却液,再经过循环为暖风水箱提供热

量;另一种是直接通过高压电驱动 PTC 加热器(暖风加热器)来加热经过蒸发箱的空气实现暖风,PTC 加热器是汽车制造热风的主要来源,它最大的优势就是发热速度快、温度高(可控)、使用方便,该部件安装于暖风蒸发箱总成内部。

(2)发电系统的不同。新能源汽车通常不再设计有发电机,车载电气设备供电和 12V 蓄电池的充电都是由车辆上的动力蓄电池来提供的。例如,纯电动汽车在运行过程中,动力蓄电池通过 DC/DC 变换器,将高电压转换成 12V 的低电压为蓄电池和车载电器提供 12V 电源。

(3)补充能源形式的不同。如果是纯电动汽车,行驶车辆的能源主要是通过外部电网提供的电能;而如果是混合动力电动汽车,其行驶车辆的能源有来自电网的电能也有传统汽车使用的燃油,这就不同于传统燃油汽车仅仅是依靠燃油来驱动车辆的了。

四、 汽车外形与色彩

(一) 汽车的外形变迁

汽车外形的确定取决于三个方面的要求,即机械工程学、人机工程学和空气动力学。

1. 汽车外形设计的原则

汽车外形设计应同时满足机械工程学、人体工程学和空气动力学的要求。机械工程学提出车身必须具有一定强度和刚度,能承载人体和货物,能满足一定程度的碰撞要求,要求汽车动力性和操纵稳定性好;人机工程学要求汽车提供给驾乘人员有足够的活动空间,舒适性好;空气动力学要求汽车行驶时空气阻力小。

汽车造型发展史

2. 马车形汽车

第一台汽车是马车形,其外观与古代的马车无本质上的区别,如图 4-49、图 4-50 所示。其车身简单,乘坐者不舒适。

a)1892年的标致汽车　　　　　　b)1902年的梅赛德斯汽车

图 4-49　1892—1902 年的马车形汽车示意图

a)1901—1905年奥兹莫比尔弯挡板汽车

b)1902年的雷诺汽车

图 4-50　1901—1902 年的马车形汽车示意图

3. 箱形汽车

箱形汽车很像一个大箱子,箱子上部有门窗,如图 4-51 所示。箱形汽车空气阻力太大,影响了汽车行驶速度的提高。

a)1928年的奥斯汀12型汽车

b)1932年的杜森博格SJ高级轿车

图 4-51　1928—1932 年箱形汽车示意图

4. 甲壳虫形汽车

甲壳虫形汽车属于流线形,由德国人波尔舍博士设计,其迎风阻力很小,第一次运用到了仿生学,销量非常可观,如图 4-52 所示。

a)1934年克莱斯勒气流牌轿车

b)大众甲壳虫汽车

c)1936年的宝马328型汽车

d)1938年的凯迪拉克汽车

图　4-52

e)1946年的福特轿车　　　　　　　　　　f)1948年的别克轿车

图 4-52　20 世纪 30—40 年代甲壳虫形汽车示意图

5. 船形汽车

船形汽车最先由福特公司开发,增加了空间,便于操纵,解决了横风不稳定的问题,如图 4-53 所示。

a)1952年的福特轿车　　　　　　　　　　b)1952年的别克轿车

c)1956年的雪佛兰轿车　　　　　　　　　d)1959年的凯迪拉克轿车

图 4-53　20 世纪 50 年代船形汽车示意图

6. 鱼形汽车

鱼形汽车的后背为斜背式,缺点是对横风的不稳定性;优点是涡流阻力小,正面行驶平稳。其典型车型是别克牌轿车,如图 4-54 所示。

图 4-54　1952 年别克牌鱼形轿车示意图

7.楔形汽车

楔形汽车车身前方下压,尾部上翘,呈楔形,能有效克服升力,用于高速汽车,如图 4-55 所示。

a)兰博基尼康塔什跑车

b)法拉利521型跑车

c)1963年保时捷356型跑车

d)1966年保时捷911型跑车

图 4-55　20 世纪 60 年代楔形汽车示意图

图 4-56　E1 纯电动汽车概念车示意图

8.概念车车身

概念汽车(Concept Car)是汽车制造厂家在车展会上推出的、以体现超前设计思想和水平的样车。概念汽车主要用以展现制造厂家雄厚的科研和新产品开发能力,同时也起"引导消费"的作用,如图 4-56 所示。

总而言之,汽车车身形态的发展落后于发动机和底盘以及电控系统的发展,车身设计已经成为单独的学科,有待进一步发展。

(二)汽车的外观色彩

随着汽车工业的不断发展,汽车漆面的颜色种类及颜色效果也层出不穷。人们不可能把每一种颜色都做成涂料并储存起来以备随时使用,唯一的解决办法是提高调色人员的配色技能,利用涂料制造商提供的几十种基本色素或色母,按照一定的用量比例及颜色配方,对现有颜色进行调配,以达到我们所期望的理想色彩。

1.颜色的概念

颜色是光线刺激人的眼睛所产生的一种视感觉。也可以说,颜色是光线和感觉器官作用后所引起的一种生理感觉。

既然是一种感觉,由于每个人生理结构、认知、理解、表达的不同,对颜色感觉描述的结果也会不同。那么,在调色时如何统一汽车用户、维修人员、调色人员的感觉就需要对颜色进行定性、定量的描述。

2. 颜色的属性

尽管颜色有很多,但纵观所有颜色,都有三个共同点,即一定的色彩相貌、一定的明亮程度和一定的浓淡程度。我们把颜色的这三个共同点称为颜色的三个属性或特性,分别称为色调、明度和彩度。

1) 色调

色调又称色相或色别,是色彩最显著的特征,是不同色彩之间彼此相互区分最明显的特征。色调表示一定波长的单色光的颜色相貌,是能够比较确切地表示某种颜色类别的名称,如红、橙、黄、绿、青、蓝、紫,每一个名称都代表一类具体的色调。色相环示意图如图4-57所示。

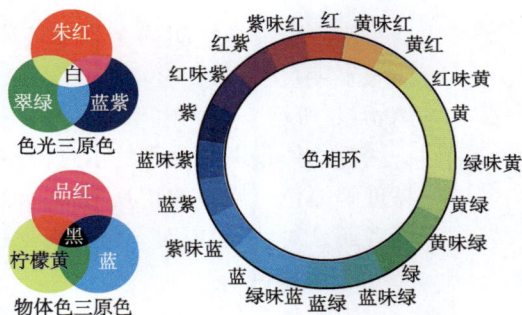

图4-57　色相环示意图

紫红、红、红黄等都是红色类中各个不同的色调,这三种颜色之间的差别就属于色调的差别。描述色调时一般用偏什么来表述,如偏红、偏黄、偏蓝等。

2) 明度

明度又称亮度、深浅度或黑白度等。明度是表示一个物体反射光线多少的颜色属性,是人们所看到的颜色引起的视觉上明暗程度的感觉。

同一色调可以有不同的明度,如图4-58中的颜色色调都为绿色,它们之间的差别主要是明度之间的差别,也就是颜色深浅度之间的差别。

不同色调也可以有不同的明度,如在太阳光谱中,紫色明度最低,红色和绿色明度中等,黄色明度最高,所以人们感到黄色最亮。描述明度时,一般用偏暗、偏亮或偏深、偏浅来表述。

3) 彩度

彩度又称纯度或饱和度,是指反射或透射光线接近光谱色的程度,也可以说是表示颜色偏离具有相同明度的灰色的程度,如图4-59所示。

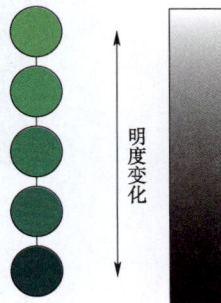

图4-58　明度变化示意图

低彩度   高彩度

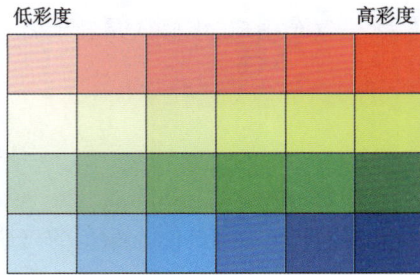

图 4-59　彩度变化示意图

彩度可分为 0~20 档,一般彩度小于 0.5 时就成为无彩色,彩度接近 20 时就接近饱和。彩度是颜色在心理上的纯度感觉。在可见光谱中,各种单色光是最纯的颜色,为极限纯度。描述彩度时,一般用偏鲜艳、偏浑浊来表述。

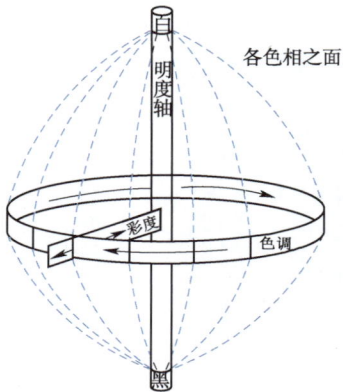

图 4-60　色立体示意图

3. 颜色的表示方法

用一个三维空间的立体枣核形可以把颜色的三个属性(色调、明度、彩度)全部表示出来,一般称其为色立体,如图 4-60 所示。

色立体是理想化了的示意模型,目的是为了使人们更容易理解颜色三属性的相互关系。汽车车身的颜色,不论对使用者还是对外界,或对车辆的视觉感,都非常重要。

1)银灰色

银灰色汽车整体感很强,是最能反映汽车本质的颜色,如图 4-61 所示。看见了银灰色就会想起金属材料,具有很强的科技感和运动感。

图 4-61　银灰色车身示意图

2)白色

白色给人明快、活泼、大方的感觉,是膨胀色,容易使小车显大,如图 4-62 所示。白色是中间色,易与外界环境相吻合而协调,白色车身较耐脏。另外,白色车相对中性,男女都适用。

图 4-62　白色车身示意图

3）黑色

黑色给人庄重、尊贵、严肃的感觉。黑色是一种矛盾的颜色,既代表保守和自尊,又代表新潮和性感,如图 4-63 所示。黑色也是中间色,容易与外界环境相吻合,但黑色车身反而不耐脏,有一点灰尘就能看出来。黑色一直是公务车最受青睐的颜色,高档车选用黑色显得气派十足,低档车最好不要选用黑色。

图 4-63　黑色车身示意图

4）红色

红色包括大红、枣红,给人以跳跃、兴奋、欢乐的感觉,如图 4-64 所示。红色也是膨胀色,同样可使小车显大。红色是别致又理想的颜色,红色的车身彰显动感与性感,适合年轻人、运动型车、特别是跑车。

图 4-64　红色车身示意图

5）蓝色

蓝色是安静的色调，如图4-65所示，给人的感觉非常收敛，个性不张扬，就如同我们星球的深邃和大海的包容，但蓝色不耐脏。

图4-65　蓝色车身示意图

6）黄色

黄色给人欢快、温暖、活泼的感觉，也是膨胀色，在环境视野中很显眼，如图4-66所示。出租车和工程抢险车用黄色，一是便于管理，二是便于人们早早地发现，并可与其他汽车相区别。跑车和小型汽车选用黄色也非常适合，香槟色是黄色派生出来的金属漆颜色，很受大众喜爱。

图4-66　黄色车身示意图

7）绿色

绿色是大自然中森林的色彩，也是春天的色彩，如图4-67所示。这是一种浅淡且颜色鲜艳的色彩，有较好的可视性。绿色的金属漆也一改以前冰冷的色调，以温暖的面貌出现，但在车身上应用不多。

图4-67　绿色车身示意图

4. 汽车颜色的应用

（1）高级轿车多采用较稳重的颜色：黑色、深蓝色、深灰色。图 4-68 所示为黑色奔驰汽车的外观，略显高雅和稳重。

图 4-68　黑色调车身示意图

（2）中级及小排量汽车采用较活泼的浅色：淡蓝、淡绿、淡黄、灰白色，如图 4-69 所示。

图 4-69　浅色调车身示意图

（3）浅色的汽车车身表面温度较低，深色的汽车车身有华美感，如图 4-70 所示。

图 4-70　深色调车身示意图

（4）客车大平面较多，采用双色最好，但不要对比过强，轿车也有使用双色调的车型，如图 4-71 所示。

图 4-71　双色调车身示意图

（5）货车和越野车在装饰上要力求简朴，如图 4-72 所示。

图 4-72　简色调车身示意图

（6）军车往往采用迷彩色（保护色），如图 4-73 所示。

图 4-73　迷彩色车身示意图

（7）特种车辆主要采用对比鲜明的颜色，如黄色、红色，表示警告色，如图 4-74 所示。

图 4-74　警示色调车身示意图

5. 汽车常用的流行色彩

流行色彩是指在一定的时期内被人们广泛采用的颜色。汽车流行色具有周期性、区域性和层次性,有其自身的发展规律。新鲜感是流行色彩的原动力。每年大约有 600 种新的汽车颜料被开发出来。汽车色彩无疑将向更加丰富多彩和更加赏心悦目的方向发展。2023 年汽车原厂漆色彩报告如图 4-75 所示。

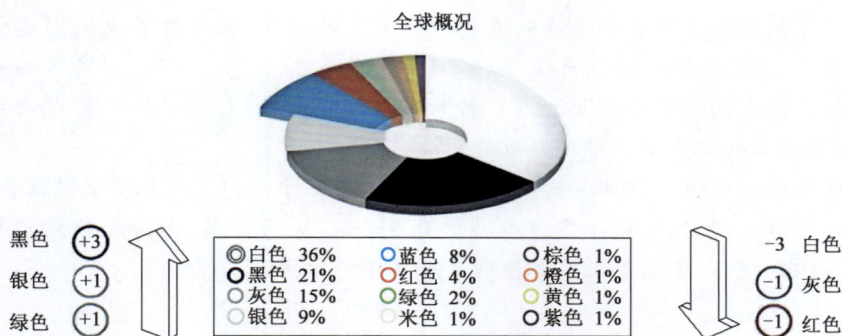

全球概况

| 黑色 (+3) | 银色 (+1) | 绿色 (+1) | | | -3 白色 |

◎白色 36%	◉蓝色 8%	○棕色 1%
●黑色 21%	●红色 4%	●橙色 1%
○灰色 15%	○绿色 2%	○黄色 1%
○银色 9%	○米色 1%	○紫色 1%

图 4-75　2023 年汽车原厂漆色彩报告

6. 汽车的色彩与安全

有国外研究机构通过对交通事故(案例)分析发现,事故率与车身颜色的确存在某种联系。研究数据显示:银白色是最佳颜色,出车祸概率最小。车身颜色与事故率对比趋势如图 4-76 所示。

白色与自然环境色差较大,目标明显,属于安全色。白色的车不管是在白天还是晚上,由于光的反射更容易被其他驾驶人发现,从而降低了因未被发现而导致发生交通事故的概率。

详细来讲,颜色的进退性、颜色自身的胀缩性、颜色的明暗性对心理行为的暗示导致了颜色与汽车安全的关联。同样距离,一般浅色车比深色车看上去会近。另外,浅色车明度高目标更明显,而深色会让人视线不清,容易出现事故。白色、红色、银色等颜色是典型的膨胀色,它们会让汽车看起来更显大,膨胀系颜色的汽车在夜间行驶会更安全。因此,一般来说,浅色车身比深色车身更安全。

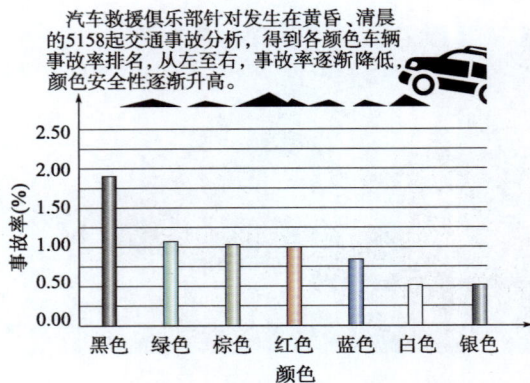

图 4-76　车身颜色与事故率对比趋势图

内饰颜色同样影响行车安全,红色内饰容易引起视觉疲劳,明快的内饰给人以宽敞、舒适的感觉。

知识拓展

比亚迪刀片蓄电池:刀锋如何磨砺出?

新能源汽车的续驶里程和安全性一直是许多车企的心病,三元锂蓄电池因能量密度高于磷酸铁锂蓄电池而受到追捧,却因天生热稳定性差,屡屡发生意外,新能源汽车的安全口碑则因此付出了极其惨重的代价。比亚迪刀片蓄电池的横空出世,打破了传统蓄电池系统的模组概念,对新能源汽车行业产生了举足轻重的影响。

刀片蓄电池最难最核心的部分其实在于叠片工艺,由于业内没有此类成熟设备,比亚迪对叠片工艺进行了自主研发,实现了高速叠片机 0.3s/pcs 的高效率。同时,刀片蓄电池生产过程中的配料、涂布、辊压、检测等工艺都达到了世界顶尖水平。

思考题

1. 新能源汽车有哪些动力类型? 各种类型有何特点?
2. 一台四冲程发动机的运转有哪些工作循环? 四冲程发动机的工作原理是什么?
3. 发动机点火系统用点火线圈产生的高电压,需要多少伏电压值来产生火花?
4. 汽车底盘的总体结构有几个系统? 各个系统有何功用?
5. 由哪几种颜色可以调制成汽车漆的各种颜色种类?
6. 举例说明你最喜欢的三种汽车颜色,各种颜色对客户的选择有何含义?
7. 车身颜色与车辆交通事故有什么联系?
8. 车辆通信使用总线布线方法与传统布线方法有何区别?

模块五

汽车新技术与车辆安全

知识目标

1. 了解新能源汽车技术的发展与应用；

2. 了解汽车被动安全、主动安全新技术的应用；

3. 了解智能汽车的等级划分方法及其应用研究；

4. 了解新能源汽车存在的高压电路及其安全防护知识；

5. 了解新车安全评价的方法。

技能目标

1. 能正确叙述新能源汽车技术的发展与应用；

2. 能正确叙述被动安全、主动安全新技术的应用；

3. 能正确叙述智能汽车的等级划分方法及其应用研究；

4. 能正确叙述新能源汽车存在的高压电路及其安全防护知识；

5. 能正确叙述新车安全评价的方法。

素养目标

1. 在求知问学上下苦功，践行勤学修身思想；

2. 树立严谨务实的工作作风；

3. 培育团队意识和奉献精神。

一、新能源汽车技术的发展

新能源汽车是指采用非常规的车用燃料作为动力来源（或使用常规的车用燃料、采用新型车载动力装置），综合车辆的动力控制和驱动方面的先进技术，形成的技术原理先进、具有新技术、新结构的汽车。新能源汽车包括纯电动汽车、增程式电动汽车、混合动力电动汽车、燃料电池电动汽车、氢发动机汽车等。

（一）电动汽车的发展

1859 年，法国物理学家加斯东·普朗特（Gaston Plant）发明了铅酸蓄电池；1881 年，另一位法国科学家卡米尔·阿方斯·富尔（Camille Alphonse Faure）改进了该蓄电池的设计。

1867 年，在巴黎世界博览会上奥地利发明家弗朗茨·克拉沃格尔（Franz Kravogl）向人们展示了一辆两轮电动车，但当时还不被承认是一辆"车"，因而他们不能开上路。1881 年 4 月，法国发明家居斯塔夫·特鲁维在巴黎街道又制造并测试了一辆带有三个轮子的电动车。由此，电动汽车的雏形诞生。

1884 年，英国发明家托马斯·帕克（Thomas Parker）改进并重新设计了蓄电池，这次蓄电池容量更大，还可以再充电。1884 年，他在伦敦制造了第一辆可规模化生产的电动汽车，如图 5-1 所示。这比 1886 年卡尔·本兹发明出三轮燃油汽车还早 2 年。

　　1888 年,欧洲开始重视环境及能源问题,尤其英国和法国更是广泛支持电动汽车的发展,工程师安德烈弗洛肯制造了德国的第一辆电动汽车——弗洛肯电动汽车,如图 5-2 所示。这个时候,世界各个主要发达国家,都先后开始了对于电动汽车的研发。

图 5-1　托马斯·帕克和他 1884 年发明的电动汽车

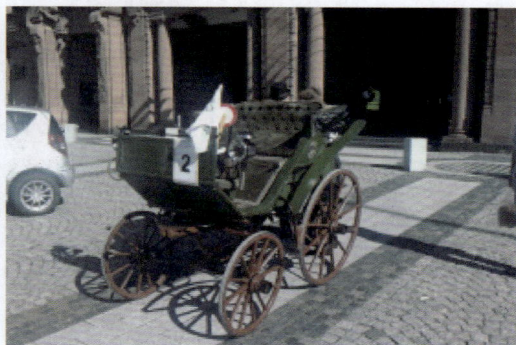

图 5-2　1888 年弗洛肯电动汽车(复制于 2011 年)

　　1890—1891 年,威廉·莫里森在美国爱荷华州也制造出美国的第一辆电动汽车,这是一辆六座客车,能够达到每小时 23km 的速度。而美国消费者 1895 年才开始关注电动汽车,此时欧洲人已经使用电动三轮车、自行车和汽车近 15 年。

　　19 世纪 90 年代末和 20 世纪初,人们对于电动汽车的热爱到了顶峰,电动出租车也在 19 世纪末问世。1897 年,沃尔特·C·贝茜(Walter C. Bersey)就在伦敦组建了一支由电动汽车组成的车队,并成功营业。由于汽车在运行的时候会发出独特的“嗡嗡”声,它们就被称为“蜂鸟”。同年在纽约市,萨缪尔电动马车公司也开始用 12 辆电动双轮马车进行营业。这家公司一直经营到 1898 年,直到将它改组成立了电动汽车公司,而这个时候由于内燃机汽车的发展,人们对一直没有进步的电动汽车也渐渐没了兴趣。

　　到了 20 世纪 20 年代,燃油汽车的改进、完善的道路基础设施、价格合理的汽油的广泛应用,且续驶能力更强;电动汽车的速度慢,适用范围小,续驶里程短;燃油汽车在各方面都超越了电动汽车,电动汽车在 20 世纪初之后便逐渐开始失去其在汽车市场的地位,也慢慢的退到历史幕后很长一段时间。

　　1959 年,美国汽车公司(AMC)和 Sonotone 公司宣布联合研究,考虑生产一种由“自充电”蓄电池供电的电动汽车。这种蓄电池可以快速充电,并且比传统的铅酸蓄电池质量更小。同年,努威工业公司(Nu-Way Industries)就展示了一款带有一体式塑料车身的实验性电动汽车,该车也于 1960 年初开始生产。沉寂了多年之久的电动汽车,又逐渐回归大众视野。

　　20 世纪 60 年代中期便出现了一些电动概念车,但都没有进入实质生产阶段。1966 年,恩菲尔德 8000(Enfield 8000)进入了小规模生产(图 5-3),最终生产了 112 辆。1967 年,美国汽车公司(AMC)又与古顿工业公司(Gulton Industries)合作开发了一种基于锂离子的新型蓄电池和由 VictorWouk 设计的速度控制器。这个时候电动汽车及蓄电池的技术研发进入百家争鸣。

　　1971 年 7 月 31 日,美国阿波罗 15 号载人登月飞船携带一辆电动月球车登上月球,如图 5-4 所示。该电动月球车由波音公司和通用汽车公司研发制造,每个车轮配备一个直流驱动电机,以及一对36V银锌氢氧化钾不可充电蓄电池。这似乎给人一种电动汽车代表着未来的想象。

图5-3 1973年生产的恩菲尔德8000电动汽车

图5-4 阿波罗15号搭载的电动月球车

20世纪70年代和80年代,石油危机爆发,让人们将更多的注意力放到了电动汽车身上。发达国家又开始了一轮对于电动汽车大刀阔斧的研究与改革。

1967年,日本成立了日本电动汽车协会以促进电动汽车事业的发展。1971年,日本通产省制定了《电动汽车的开发计划》。1991年,日本通产省又制定了《第三届电动汽车普及计划》,提出:到2000年日本电动汽车的年产量要达到10万辆,保有量达到20万辆。根据日本电动车辆协会的统计,1989—1992年,日本电动汽车的保有量为1000～1300辆。日产公司由于具有在锂离子蓄电池技术方面的优势,其主要研发方向集中于纯电动汽车方面。1997年,日产汽车推出了草原之乐(Prairie Joy)电动汽车,这是全球第一辆装备了锂离子蓄电池的电动汽车。

1976年7月,美国国会通过了《电动汽车和复合汽车的研究开发和样车试用法令》,以立法、政府资助和财政补贴等手段推动发展电动汽车。1990年,加利福尼亚州出台了为防止大气污染而制定的限制法规。法规规定:1998年"零污染"汽车的销售额要占新车销售额的2%;2000年"零污染"汽车的销售额要占新车销售额的5%;2003年"零污染"汽车的销售额要占新车销售额的10%。随后,美国东部的10个州也都通过了相应的法规。这些法规的强力推行,促进了电动汽车小批量、商业化生产和应用。

1990年,欧洲"城市电动汽车"协会成立,在欧共体组织内有60座城市参与,该协会帮助各城市进行电动汽车可行性的研究和安装必要的设备,并指导电动汽车的运营。欧洲的电动汽车中最为成功的是电动标致106车型,这种以镍镉蓄电池为动力的电动汽车已经在欧洲各国的政府部门中拥有大量的用户。从1995年底开始,欧洲第一批电动汽车批量生产,此后欧洲各国都在继续发展电动汽车,取得了不小的成果。从欧洲电动汽车协会(AVERE)提供的数据可以看到,从1996年到2000年的5年间,欧洲电动汽车拥有量增长了2.76倍,从1996年的5890辆,增长到2000年的16255辆,其中对电动汽车的发展最为重视的当属法国,比第二位的瑞士的电动汽车拥有量高出近2倍,排名第三的是德国。

2004年,特斯拉汽车公司(Tesla Motors)开始研发特斯拉跑车(Tesla Roadster),使用松下研发的锂离子蓄电池,2008 年首次交付给客户,如图 5-5 所示。这是第一辆合法生产的使用锂离子蓄电池的全电动汽车,也是全球首辆一次充满电行驶 320km 以上的全电动汽车。自 2008 年以来,特斯拉在全球 30 多个国家销售了约 2450 辆跑车。特斯拉电动汽车的问世是里程碑,也标志着电动汽车驶入新纪元。

图 5-5　2008 款特斯拉 Roadster

2008 年,比亚迪汽车推出了纯电动汽车比亚迪 E6,如图 5-6 所示。这款汽车融合了 SUV 与 MPV 的设计精髓,搭载了比亚迪自主研发的磷酸铁锂蓄电池,续驶里程突破了 300km 大关。更为值得一提的是,比亚迪 E6 不仅在市场上广受好评,还曾被深圳市作为出租车投入使用,足以见证其卓越品质与实用性。

之后,中国开始大力推广新能源汽车。2020 年 11 月,国务院办公厅印发《新能源汽车产业发展规划(2021—2035 年)》,要求深入实施发展新能源汽车国家战略,推动中国新能源汽车产业高质量可持续发展,加快建设汽车强国。2021 年,我国全年新能源汽车产量为 367.7 万辆,比 2020 年增长 152.5%,结束了连续 3 年的负增长;2022 年,我国新能源汽车产销量分别完成 705.8 万辆和 688.7 万辆,同比分别增长 96.9% 和 93.4%,连续 8 年保持全球第一。2023 年,我国新能源汽车销量达到 958.7 万辆,新能源汽车市场占有率达到 31.6%。

在国家政策的大力扶持下,我国新能源汽车技术蓬勃发展,诞生了许多新能源汽车企业。其中,理想汽车就是一家从互联网企业转型的新能源汽车公司,理想汽车公司推出的 L 系列新能源汽车获得了市场的高度认可,图 5-7 为理想高性能汽车 L9。

图 5-6　2008 年推出的比亚迪 E6

图 5-7　理想 L9 汽车

(二)新能源汽车新技术

1.蓄电池技术

新能源汽车的核心是蓄电池,目前主要有锂离子蓄电池、锂聚合物蓄电池、镍氢蓄电池和燃料蓄电池等。其中,锂离子蓄电池是目前应用最广泛的蓄电池类型,具有高能量密度、长寿命、低自放电率等优点。我国的科技公司在新能源汽车蓄电池技术方面不断创新,蓄电池技术不断迭代,涌现了比亚迪蓄电池、宁德时代等拥有高精尖技术的蓄电池生产企业。图 5-8 为比亚迪汽车的刀片蓄电池。

固态蓄电池是一种蓄电池科技。与现今普遍使用的锂离子蓄电池和锂离子聚合物蓄电池不同的是：固态蓄电池是一种使用固体电极和固体电解质的蓄电池。由于科学界认为锂离子蓄电池已经到达极限，固态蓄电池于近年被视为可以继承锂离子蓄电池地位的蓄电池。固态锂离子蓄电池技术采用锂、钠制成的玻璃化合物为传导物质，取代以往锂离子蓄电池的电解液，大大提升锂离子蓄电池的能量密度。在固态离子学中，固态蓄电池是一种使用固体电极和固体电解液的蓄电池。固态蓄电池一般功率密度较低，能量密度较高。由于固态蓄电池的功率比较高，所以它是电动汽车很理想的蓄电池。图5-9为丰田固态蓄电池。

图5-8　比亚迪汽车刀片蓄电池

图5-9　丰田固态蓄电池

图5-10　比亚迪永磁同步电机

2. 驱动电机

新能源汽车的驱动电机主要有直流电机、交流电机、无刷电机、永磁电机等。其中，永磁电机由于其高效、高转矩的特点，已经成为新能源汽车的主流驱动电机。图5-10为比亚迪永磁同步电机。

3. 充电技术

新能源汽车的充电技术主要包括快速充电、无线充电、太阳能充电等。其中，快速充电技术可以在短时间内为电动汽车充满电量，大大提高了充电效率。

新能源汽车快充技术就是在很短的时间内给蓄电池以最快的充电速度，将蓄电池电量充至满电或者接近满电的充电方法，但是需要保证锂离子蓄电池能够达到规定的循环寿命、相关安全性能以及电性能。美国先进蓄电池联盟（United States Advanced Battery Consortium，US-ABC）对快充动力蓄电池提出了具体指标：要求在15min内充满蓄电池总电量的80%。对于要求续驶里程为400km的电动汽车而言，至少需要320kW的充电功率为100kW·h的蓄电池包进行快速充电才能满足USABC的标准要求。图5-11为新能源汽车交流充电示意图。图5-12为新能源汽车常见快充接口图解。

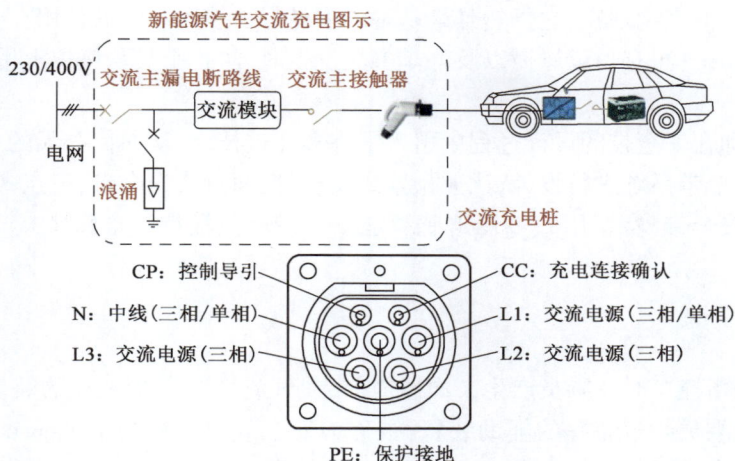

图 5-11　新能源汽车交流充电图示

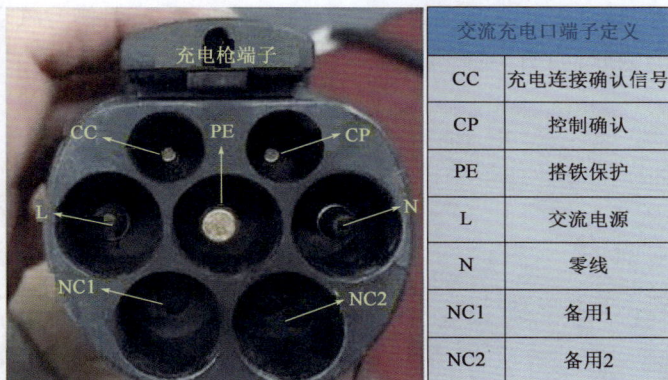

交流充电口端子定义	
CC	充电连接确认信号
CP	控制确认
PE	搭铁保护
L	交流电源
N	零线
NC1	备用1
NC2	备用2

图 5-12　新能源汽车常见快充接口图解

二、汽车安全技术的发展

随着社会的发展,交通安全问题越来越凸显,汽车安全技术越来越受到汽车生产企业的重视,传统的汽车安全理念也在逐渐发生变化。汽车安全技术分为主动安全和被动安全两种。

（一）被动安全技术

1. 安全带

汽车安全带就是在汽车上用于保证乘客以及驾驶人在车身受到猛烈撞击时,防止乘客身体再次撞击车内设施或被安全气囊弹出时伤害的装置。安全带是 20 世纪 50 年代开始作为选装件装备汽车的，但直到现在，它仍然是最基本的乘员保护装置。它的作用在于能够在汽车发生正面碰撞、后面碰撞、有角度碰撞以及翻车事故发生时，防止乘员从座位上甩出，帮助乘员减少受伤的风险。

目前，工程师在安全带的设计过程中引入了许多先进技术，从而使今天的工程师能够根据车辆的构型对安全带系统进行设计，比如预紧式安全带、两点式安全带、三点式安全带、五点式安全带、六点式安全带（赛车用）、零压迫感智能安全带等。福特汽车膨胀式安全带如图5-13所示。

2. 安全气囊

安全气囊是指撞车时在乘员产生二次碰撞前，使气囊膨胀保护乘员的装置。安全气囊作为座椅安全带的乘员约束装置的辅助装置，被称为安全气囊系统（Supplemental Restraint System，SRS）。安全气囊系统是由气囊与充气机构（气体发生器）组成整体式安全气囊模块、感知碰撞并向安全气囊模块发出展开指令的碰撞传感器系统以及传送由传感器发出的信号的线束构成。撞车时，安全气囊可大大降低中等至严重正面碰撞时乘员受伤的风险，侧面安全气囊则用于防止乘员侧面的碰撞，如图5-14所示。

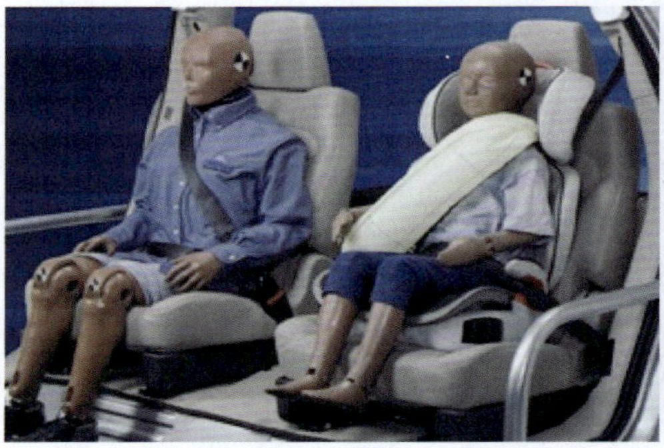

图5-13　福特膨胀式安全带对照普通安全带示意图

图5-14　安全气囊爆破后示意图

3. 安全车身

安全车身，它是指为了减轻汽车碰撞时乘员的伤亡，采用了溃缩区和乘员保护区相配合的基本思路，在设计车身时着重加固乘客舱部分，削弱汽车头部和尾部。位于车前后的是可溃缩车体（图5-15），当汽车碰撞时，头部或尾部被压扁变形并同时吸收碰撞能量，而客舱不产生变形以便保证乘员安全，有利于驾驶人逃逸或被救，同时它还能缓和二次撞击。

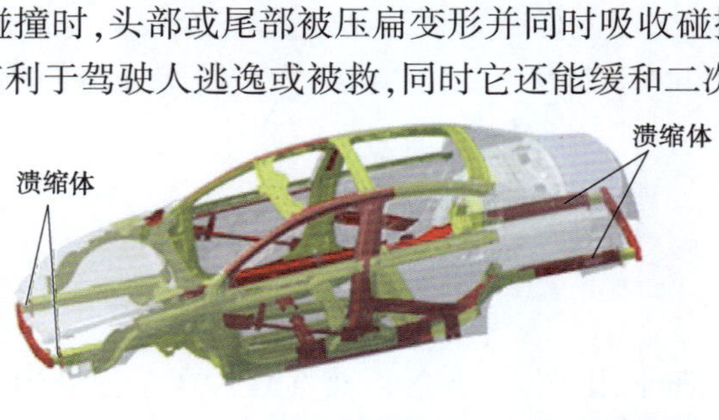

溃缩体

溃缩体

图5-15　标志508采用四门三厢型全承载式车身示意图

车身结构由可以降低车内乘员受伤风险的加强区域和设定变形区域组成。为此，车身不同区域采用不同机械强度和厚度的钢材。

4. 儿童安全

汽车儿童安全座椅也称儿童约束系统 CRS（Child Re-straint System），是一种专为不同年龄（或体重）儿童设计，安装在汽车内，能有效提高儿童乘车安全性的座椅（图5-16）。

儿童安全一向是汽车安全设计所要考虑的重要方面。根据儿童的身体比例，设计儿童专用的安全带和儿童座椅，使他们可以持久、直接地绑缚在车辆座椅结构上，使儿童的安全得到应有的保障。事故统计数字表明，当儿童坐在位于后排座的儿童安全座椅上时，他们能够得到最好的保护。

图5-16　儿童安全座椅示意图

5. 乘员头颈保护系统

乘员头颈保护系统简称 WHIPS（Whiplash Protection System）属于汽车被动安全装置，一般设置于前排座椅（图5-17）。当轿车受到后部的撞击时，头颈保护系统会迅速充气膨胀起来，其整个靠背都会随乘坐者一起后倾，乘坐者的整个背部和靠背安稳地贴近在一起，靠背则会后倾以最大限度地降低头部向前甩的力，座椅的椅背和头枕会向后水平移动，使身体的上部和头部得到轻柔、均衡地支撑与保护，以减轻脊椎以及颈部所承受的冲击力，并防止头部向后甩所带来的伤害。

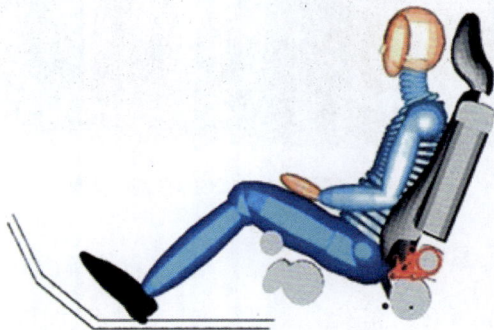

图5-17　乘员头颈保护系统示意图

6. 行人保护

行人保护技术，主要涉及车身吸能材料的应用，如吸能保险杠、软性的发动机罩材料、前照灯及附件无锐角等。其中，在发动机罩断面上采用缓冲结构设计，则是目前国内汽车厂商较为常见的做法。

图5-18 发动机罩机械系统示意图

汽车安全不仅针对车内乘客而言，同时也要保护行人安全，因此车辆防撞技术也开始将保护行人安全列为它的重点发展目标。欧洲 NCAP 已经开始通过碰撞测试检验车辆对行人的保护，行人保护的被动安全技术主要有两个方面：

（1）设计出特殊的发动机罩机械系统（图5-18），当发动机罩机械系统能够在汽车发生碰撞时迅速鼓起，使得撞击而来的人体不是硬碰硬，而是碰撞在柔性与圆滑的表面上，减少了被撞人受伤的可能或程度。

（2）增加行人安全气囊。行人保护安全气囊进一步避免人体撞击汽车的前风窗玻璃，以免在猛烈碰撞下行人与车内乘客受到更大的伤害。福特汽车公司的行人安全车采用了两种可在碰撞中对行人进行保护的新颖安全气囊（图5-19）。这两种气囊一是发动机罩气囊，一是前围安全气囊，两者配合使用可减少最常见的行人伤亡事故。碰撞前由一个碰撞预警传感器激发，在汽车的风窗玻璃和保险杠之间的区域展开，气囊的展开时间为 $50 \sim 75\mu s$，保持充气状态时间可达数秒。充气后的安全气囊在前照灯之间的部位展开，由保险杠顶面向上伸展到发动机罩表面以上。

图5-19 福特轿车前围安全气囊示意图

7. 蓄电池线路切断装置

蓄电池线路切断安全装置在汽车发生碰撞事故时自动启动，以防止可能的短路，保护连接车辆的起动机、交流发电机和其他主要用电设备的线路不受损害。

（二）主动安全技术

1. ABS 与牵引力控制系统 TCS

ABS 是防抱死制动系统的英文缩写，英文的全称是 Anti-lock Braking System，或者是 Anti-skid Braking System。该系统在制动过程中可自动调节车轮制动力，防止车轮抱死以取得最佳制动效果。如果前轮抱死，汽车基本上沿直线向前行驶，汽车处于稳定状态，但汽车失去转向控制能力,这样驾驶人制动过程中躲避障碍物、行人以及在弯道上所应采取的必要的转向操纵控制等就无法实现。如果后轮抱死,汽车的制动稳定性变差,在很小的侧向干扰力下,汽车就会发生甩尾,甚至掉头等危险现象。尤其是在某些恶劣路况下,诸如路面湿滑或有冰雪,车轮抱死将难以保证汽车的行车安全。另外,由于制动时车轮抱死,从而导致轮胎局部与路面急剧摩擦,将会大大降低轮胎的使用寿命。图 5-20 所示为防抱死制动系统制动时与无防抱死制动系统制动效果对比示意图。

牵引力控制系统(TCS),其英文全称是 Traction Control System,即循迹控制系统,是根据驱动轮的转数及传动轮的转速来判定驱动轮是否发生打滑现象,当前者大于后者时,进而抑制驱动轮转速的一种防滑控制系统。汽车在光滑路面制动时,车轮会打滑,甚至使方向失控。同样,汽车在起步或急加速时,驱动轮也有可能打滑,在冰雪等光滑路面上还会使方向失控而出危险。图 5-21 所示为驱动轮牵引力控制系统工作时与无牵引力控制系统防滑控制效果对比示意图。

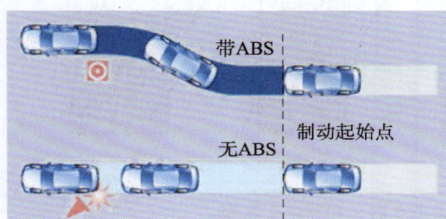

图 5-20　有无防抱死制动系统制动时对比示意图

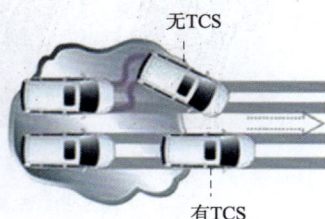

图 5-21　有无牵引力控制系统防滑控制示意图

2. 电子制动力分配系统 EBD 与 EDS

EBD 的英文全称是 Electric Brakeforce Dis-tribution,中文直译就是"电子制动力分配"。自动调节汽车前、后轴的制动力分配比例,提高汽车制动效能(在一定程度上可以缩短制动距离),并配合 ABS 提高制动稳定性。汽车制动时,如果四个轮胎附着地面的条件不同,比如,左侧轮附着在湿滑路面,而右侧轮附着于干燥路面,四个轮子与地面的摩擦力不同,在制动时(四个轮子的制动力相同)就容易产生打滑、倾斜和侧翻等现象。EBD 用高速计算机在汽车制动的瞬间,分别对四个轮胎附着的不同地面进行感应、计算,得出不同的摩擦力数值,使四个轮胎的制动装置根据不同的情况用不同的方式和力制动,并在运动中不断高速调整,从而保证车辆的平稳、安全。有无 ABS + EBD 的制动效果对比如图 5-22 所示。

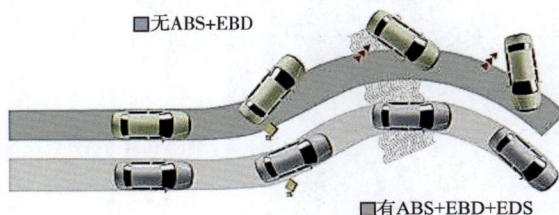

图 5-22　有无 ABS + EBD 的制动效果示意图

EDS 是汽车电子差速锁（英文全称为 Electronic Differential System），它是 ABS 的一种扩展功能，用于鉴别汽车的车轮是不是失去着地摩擦力，从而对汽车的打滑车轮进行控制。

3. 车身电子稳定装置 ESP

车身电子稳定系统（Electronic Stablity Program，ESP），是一种可以控制驱动轮，也可以控制从动轮的，包含 ABS（防抱死制动系统）及 ASR（防侧滑系统）的汽车防滑装置。它是一种牵引力控制系统，不但控制驱动轮，而且可以控制从动轮。如后轮驱动汽车常出现的转向过度的情况，此时后轮会失控而甩尾，ESP 便会通过对外侧的前轮的适度制动来稳定车辆，如图 5-23a）所示。转向不足时，为了校正循迹方向，ESP 则会对内后轮制动，从而校正行驶方向，如图 5-23b）所示。

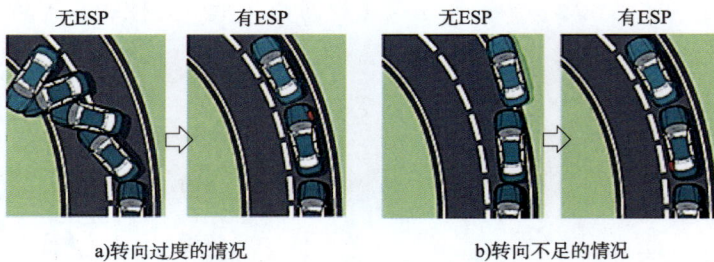

图 5-23　车身电子稳定系统制动效果示意图

4. 紧急制动辅助系统 EBA

制动辅助系统包括电子制动辅助系统"EBA"和制动力辅助系统"BA"（也称为"BAS"），指能够通过判断驾驶人的制动动作（力量及速度），在紧急制动时增加制动力度，从而将制动距离缩短。对于像老人或女性这种脚踝及腿部力量不是很足的驾驶人来说，该系统的优势则会表现得更加明显。而机械制动辅助系统"BA"，其实是电子紧急制动辅助系统"EBA"的前身。

汽车 ECU 根据制动踏板上侦测到的制动动作，来判断驾驶人对此次制动的意图，如属于紧急制动，则指示制动系统产生更高的油压使 ABS 发挥作用，从而使制动力更快速的产生，缩短制动距离。紧急制动辅助系统的制动效果对比如图 5-24 所示。

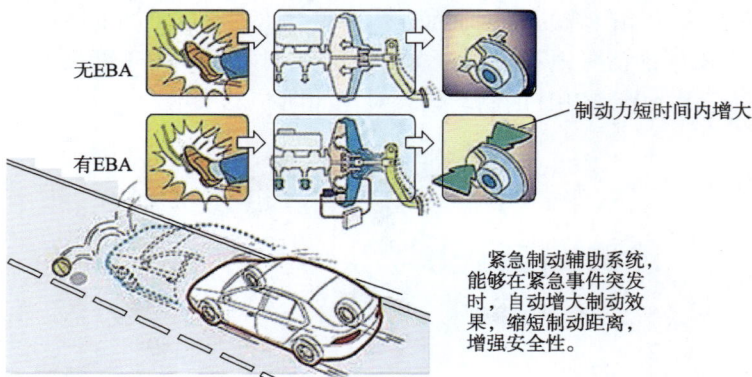

图 5-24　有无制动辅助系统的制动效果示意图

5. 车道偏离预警系统 LDWS

车道偏离预警系统(Lane departure warning system,LDWS)是一种通过报警的方式辅助驾驶人减少汽车因车道偏离而发生交通事故的系统。

车道偏离预警系统是主动安全系统,通过车头的摄像机,系统可以分析识别出车道分界线,并设定自己所在车道为正确车道。该系统提供智能的车道偏离预警,在无意识(驾驶人未打转向灯)偏离原车道时,能在偏离车道0.5s之前发出警报,为驾驶人提供更多的反应时间,大大减少了因车道偏离引发的碰撞事故。

当没打转向灯或错误偏离正确车道时,能在偏离车道0.5s之前发出警报,为驾驶人提供更多的反应时间,驾驶人座位一侧的振动器就会启动,仪表板上也会有三角形标志闪动或振动提醒驾驶人,大大减少了因车道偏离引发的碰撞事故(图5-25)。此外,使用LDWS还能纠正驾驶人不打转向灯的习惯,该系统其主要功能是辅助过度疲劳或长时间单调驾驶引发的注意力不集中等情况。

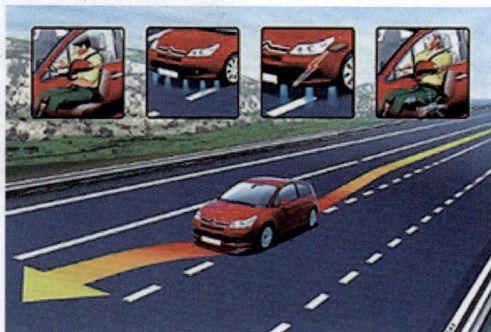

图5-25　车道偏离预警系统原理示意图

6. 胎压监控

"TPMS"是汽车轮胎压力监测系统"Tire Pressure Monitoring System"的英文缩写形式,也就是我们所说的直接式轮胎压力监测系统(图5-26)。TPMS第一次作为专用词汇是在2001年7月,美国交通运输部和国家高速公路安全管理局(NHTSA),为响应美国国会对车辆安装TPMS立法的要求,联合对现有的两种轮胎压力监测系统(TPMS)进行了评价,并确认直接式TPMS优越的性能和准确的监测能力。由此TPMS汽车轮胎智能监测系统作为汽车三大安全系统之一,与汽车安全气囊、防抱死制动系统(ABS)一起被大众认可并受到应有的重视。它的作用是在汽车行驶过程中对轮胎气压进行实时自动监测,并对轮胎漏气和低气压进行报警,以确保行车安全。

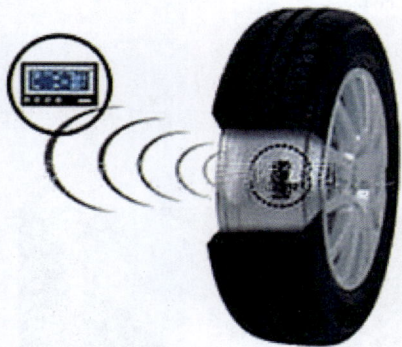

图5-26　汽车轮胎压力监测系统示意图

7. 倒车警告/倒车影像/车外摄像头

倒车警告这项技术用于在驾驶期间以及驻车时,针对驾驶盲区中的轿车或物体向驾驶人发出警告。通常,该系统会在行车时进行响应;它可能会使后视镜内的一个警告标示进行闪烁,同时会发出声音警告,该系统是一个短程检测系统。

倒车影像和后视摄像机是一体的(图5-27),不仅保护驾驶人的轿车,还能够避免在倒车时意外伤及儿童和动物。倒车已经从向下倾斜后视镜或发出声音警告到实时影像查看。新一代技术包括一个摄像机，它可以与导航系统协同工作，对车辆后面的一切进行广角拍摄，然后反映在车内屏幕上，从而帮助驾驶人安全倒车或挂接拖车。

图 5-27　倒车影像示意图

8. 自动感应前照灯

自动感应前照灯（AFS），又称感应式自动前照灯，是中央智能控制盒根据位于内后视镜后方的光线传感器来判断光线亮度变化，来控制自动点亮或熄灭车辆示宽灯和近光灯。

自动感应前照灯随车辆周边环境光线影响，系统会自动识别判断（图 5-28）。雨雾天气光线不够，前照灯会自动亮起给驾驶人提供更安全的行车环境。后期厂家又延伸到自适应前照灯系统，这更高级的系统会因汽车在傍晚山路上的行驶方向而调节。它们也可以是车速感应式车灯（可以改变光束的长度或高度），或者对环境光进行补偿。

9. 夜视辅助系统

车载夜视辅助驾驶系统是一种利用红外线技术，辅助驾驶人在黑夜中看清道路，减少事故发生，增强主动安全的系统，如图 5-29 所示。

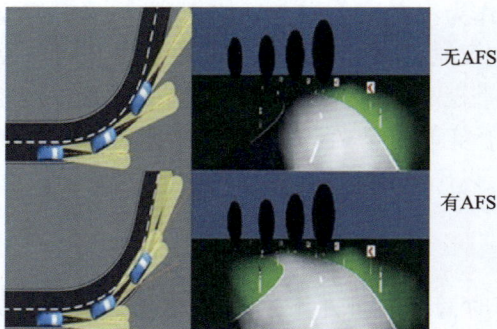

图 5-28　有无自动感应前照灯（AFS）效果示意图

图 5-29　夜视辅助系统示意图

夜视系统可以有不同的形式，如基本的红外线前照灯或热成像摄像机。在夜间或者视线不明的情况下，帮助驾驶人看清更远处的路面并且辨别接近304.8m外道路上的动物、人或树木。图像在驾驶室中的显示屏上形成,使肉眼难于看清的障碍物体提前被驾驶人掌控。

10. 防碰撞预警系统 AWS

AWS 是 Advance Warning System 的缩写,是一个意外事故预防和缓和的驾驶辅助系统,在危险发生前给驾驶人提供及时的声音和视觉报警,如图 5-30 所示。

11. 主动防追尾系统

主动防追尾系统是在车辆的前端装上传感器、雷达、摄像机等设备,能够自动探测出与前车的距离,并于本车的制动、灯光等系统联动,当跟车距离低于安全距离时,系统会在零点几秒内启动,以强制拉大跟车距离,如图 5-31 所示。

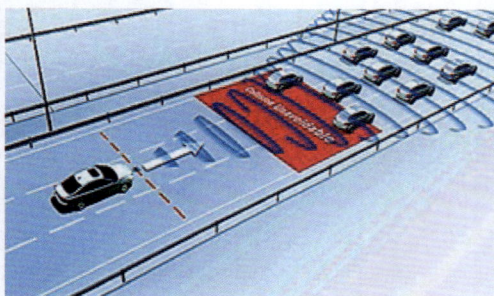

图 5-30　防碰撞预警系统示意图　　　图 5-31　主动防追尾系统示意图

防追尾系统不但可以防止高速公路汽车追尾,而且具有防止对面碰撞、绕过障碍物、防止汽车撞人等许多优点。

三、汽车智能技术的发展

汽车工业
智能制造

(一)智能汽车的基本概念

智能车辆是一个集环境感知、规划决策、多等级辅助驾驶等功能于一体的综合系统,它集中运用了计算机、现代传感、信息融合、通信、人工智能及自动控制等技术,是典型的高新技术综合体。目前对智能车辆的研究主要致力于提高汽车的安全性、舒适性,以及提供优良的人车交互界面。近年来,智能车辆已经成为世界车辆工程领域研究的热点和汽车工业增长的新动力,很多发达国家都将其纳入到各自重点发展的智能交通系统当中。

所谓"智能车辆",就是在普通车辆的基础上增加了先进的传感器(雷达、摄像)、控制器、执行器等装置,通过车载传感系统和信息终端实现与人、车、路、环境等的智能信息交换,使车辆具备智能的环境感知能力,能够自动分析车辆行驶的安全及危险状态,并使车辆按照人的意愿到达目的地,最终实现替代人来驾驶操作的目的。

智能汽车与一般所说的自动驾驶汽车有所不同,它指的是利用多种传感器和智能公路技术实现的汽车自动驾驶。智能汽车首先有一套导航信息资料库,存有全国高速公路、普通公路、城市道路以及各种服务设施(餐饮、旅馆、加油站、景点、停车场)的信息资料。其次是 GPS 定位系统,利用这个系统精确定位车辆所在的位置,与道路资料库中的数据相比较,确定以后的行驶方向;道路状况信息系统,由交通管理中心提供实时的前方道路状况信息,如堵车、事故等,必要时及时改变行驶路线;车辆防碰撞系统,包括探测雷达、信息处理系统、驾驶控制系统,控制与其他车辆的距离,在探测到障碍物时及时减速或制动,并把信息传给指挥中心和其他车辆。第三个是紧急报警系统,如果出了事故,自动报告指挥中心进行救援。第四个是无线通信系统,用于汽车与指挥中心的联络。第五个是自动驾驶系统,用于控制汽车的点火、改变行驶速度和转向等。

通常对车辆的操作实质上可视为对一个多输入、多输出、输入输出关系复杂多变、不确定多干扰源的复杂非线性系统的控制过程。驾驶人既要接受环境如道路、拥堵、方向、行人等的信息,还要感受汽车如车速、侧向偏移、横摆角速度等的信息,然后经过判断、分析和决策,并与自己的驾驶经验相比较,确定出应该做的操纵动作,最后由身体、手、脚等来完成操纵车辆的动作。因此在整个驾驶过程中,驾驶人的人为因素占了很大的比例。一旦出现驾驶人长时间驾车、疲劳驾车、判断失误的情况,很容易造成交通事故。

通过对车辆智能化技术的研究和开发,可以提高车辆的控制与驾驶水平,保障车辆行驶的安全畅通、高效。对智能化车辆控制系统的不断研究完善,相当于延伸扩展了驾驶人的控制、视觉和感官功能,能极大地促进道路交通的安全性。智能车辆的主要特点是以技术弥补人为因素的缺陷,使得即便在很复杂的道路情况下,也能自动地操纵和驾驶车辆绕开障碍物,沿着预定的道路轨迹行驶。

智能汽车顾名思义具有"智慧"和"能力"两层含义:所谓"智慧"是指智能汽车能够像人一样聪明地感知、综合、判断、推理、决断和记忆;所谓"能力"是指智能汽车能够确保"智慧"的有效执行,可以实施主动控制并能够进行人机交互与协同。智能汽车是智慧和能力的有机结合,两者相辅相成缺一不可,研究和发展智能汽车的重要意义如下:

(1)减少交通事故伤亡,提高道路行车安全性。

(2)提升道路通行能力,为高效交通提供支撑。

(3)节能环保为构建面向未来的健康汽车社会,提供全新可能。

(4)解放人类双手,提高驾乘舒适性。

(5)推动汽车工业技术进步,促进多学科协同创新发展。

(二) 智能汽车的等级划分

1. 国内外智能汽车等级划分

智能汽车涵盖的范围很广,包括辅助驾驶、主动安全以及自主驾驶等各个方面,不同机构对智能汽车的等级划分也不尽相同。表 5-1 为几种典型的智能汽车等级划分方法。

美国与中国智能汽车的等级划分方法　　　　　　表 5-1

美国 NHTSA 分级定义	美国 SAE 分级定义	中国分级	分级名称	功能定义	转向、加/减速任务执行者	环境监控执行者	动态驾驶任务反馈的执行者	机器责任范围
由驾驶人负责监测环境								
0 级	0 级		人工驾驶	完全由人类驾驶人完成操作	人	人	人	无
1 级	1 级	DA	驾驶辅助	包括一项或多项局部自动功能	人 + 机器	人	人	部分工况
2 级	2 级	PA	部分自动驾驶	具有至少两项关键控制功能联合协同工作	机器	人 + 机器	人	部分工况
由机器负责监测环境								
3 级	3 级	HA	高度自动驾驶	由自动驾驶系统在特定交通环境下执行驾驶任务。当机器要求人工介入时,有充分的移交时间,需要驾驶人随时响应	机器	机器	人	部分工况
4 级	4 级	FA	完全自主驾驶	由自动驾驶系统在特定交通环境下执行驾驶任务,当机器要求人工介入时,即使驾驶人不响应也能继续操作	机器	机器	机器	部分工况
	5 级			在所有交通环境下完全自主驾驶,驾驶权完全移交给车辆	机器	机器	机器	所有工况

注:美国 NHTSA——美国高速公路交通安全管理局。

美国国家高速公路交通安全管理局将智能汽车技术分成五个等级。

级别 0:无自主控制,车辆完全由驾驶人控制。一些装配有某些驾驶人警示系统的车辆如车道偏离系统、盲区监测系统等仍属于这一级别。

级别 1:汽车自动化系统可以帮助或增加驾驶人对某项主要控制系统的操作,如转向盘或制动踏板/加速踏板控制的其中之一(但不是两者同时控制)。从结果来看,多项汽车控制系统是不能一同工作的,这一级别的车辆无法让在驾驶人的手离开转向盘的同时脚离开踏板,使驾驶人的身体脱离汽车操作。

级别 2:这个级别涉及至少两个主要控制功能的自动化,这些功能可同时运行,可以减轻驾驶人的负担。在某些特定的驾驶情景下,当驾驶人主动放弃汽车的主要控制操作时,这个自动化级别汽车就可使用共享权限。驾驶人仍然对监控道路和安全操作负有责任,驾驶人在任何时候和在突发情况下都可获得控制权。级别 1 和级别 2 的主要的区别是，级别 2 被设计成在特殊操作条件下，自动操作模式可以确保驾驶人可以使身体脱离对汽车的操作，让他（她）的手离开转向盘的同时脚离开踏板。

级别 3：有限的自主驾驶车辆，能够实现特定环境下的自主驾驶，不需要驾驶人参与。在某些情况下仍然会需要驾驶人接管车辆，但车辆能够自主判断是否需要驾驶人介入，并预留出足够的驾驶人反应时间。

级别 4：完全自主驾驶。这也是我们通常所说的无人驾驶，用户在设定目的地后不再参与驾驶操作，全程由车辆自主驾驶，在保证安全行驶的同时完成驾驶任务。

2. 国内车联网产业建设框架

2018 年 1 月，工业和信息化部、国家标准化管理委员会共同组织制定了《国家车联网产业标准体系建设指南》系列文件，主体对象和行业属性分为总体要求、智能网联汽车、信息通信、电子产品与服务等部分，以促进车联网新型产业（汽车、电子、信息通信、道路交通运输等行业）的深度融合，车联网新型产业是全球创新热点和未来发展制高点，为全面实施"中国制造2025"，深入推进"互联网 +"，推动相关产业转型升级，大力培育新动能，发挥车联网产业在生态环境构建中的顶层设计和引领规范作用。

1）技术逻辑结构

智能网联汽车技术逻辑的两条主线是"信息感知"和"决策控制"，其发展的核心是由系统进行信息感知、决策预警和智能控制，逐渐替代驾驶人的驾驶任务，并最终完全自主执行全部驾驶任务，如图 5-32 所示。根据《智能网联汽车技术路线图》，智能网联汽车可分为智能化与网联化两个层面；智能网联汽车通过智能化与网联化两条技术路径协同实现"信息感知"和"决策控制"功能。

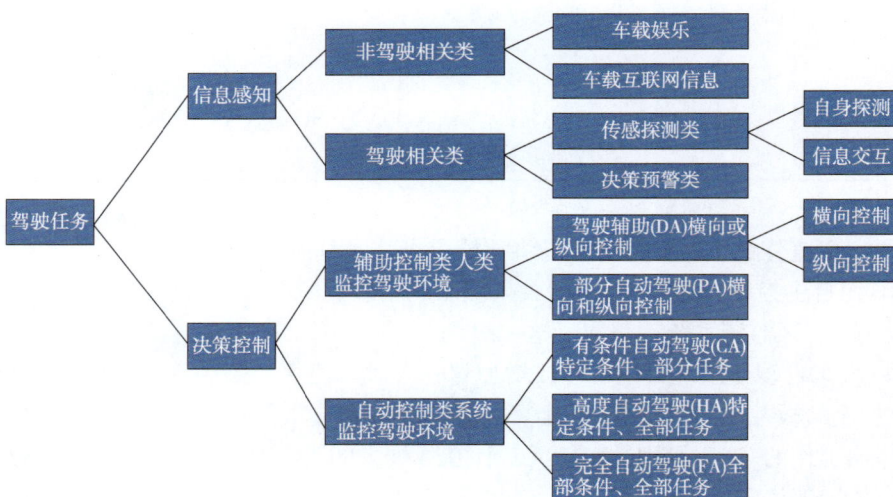

图 5-32　智能网联汽车自主执行全部驾驶任务示意图

在信息感知方面，根据信息对驾驶行为的影响和相互关系分为"驾驶相关类信息"和"非驾驶相关类信息"；其中，"驾驶相关类信息"包括传感探测类和决策预警类，"非驾驶相关类信息"主要包括车载娱乐服务和车载互联网信息服务。传感探测类又可根据信息获取方式进一步细分为依靠车辆自身传感器直接探测所获取的信息(自身探测)和车辆通过车载通信装置从外部其他节点所接收的信息(信息交互)。"智能化 + 网联化"相融合可以使车辆在自身传感器直接探测的基础上,通过与外部节点的信息交互,实现更加全面的环境感知,从而更好地支持车辆进行决策和控制。

2)智能汽车等级划分

我国发布的《中国制造 2025》重点领域技术路线图将智能汽车分为 DA、PA、HA 和 FA 四个等级。在决策控制方面,根据车辆和驾驶人在车辆控制方面的作用和职责,区分为"辅助控制类"和"自动控制类",分别对应不同等级的决策控制。其中,辅助控制类主要指车辆利用各类电子技术辅助驾驶人进行车辆控制,如横向控制和纵向控制及其组合,可分为驾驶辅助(DA)和部分自动驾驶(PA);自动控制类则根据车辆自主控制以及替代人进行驾驶的场景和条件进一步细分为有条件自动驾驶(CA)、高度自动驾驶(HA)和完全自动驾驶(FA)。

DA 指驾驶辅助,包括一项或多项局部自动功能,如自适应巡航控制系统(ACC)、汽车自动紧急制动系统(AEB)、电子稳定控制系统(ESC)等,并能提供基于网联的智能提醒信息。

PA 指部分自动驾驶,在驾驶人短时转移注意力仍可保持控制,失去控制 10s 以上予以提醒,并能提供基于网联的智能引导信息。

HA 指高度自动驾驶,并在高速公路和市内均可自动驾驶,偶尔需要驾驶人接管,但是有充分的移交时间并能提供基于网联的智能控制信息。

FA 指完全自主驾驶,驾驶权完全移交给车辆。

3)智能汽车网联体系框架

按照智能网联汽车的技术逻辑结构、产品物理结构的构建方法,综合不同的功能要求、产品和技术类型、各子系统间的信息流,将智能网联汽车标准体系框架定义为"基础""通用规范""产品与技术应用""相关标准"四个部分,同时根据各具体标准在内容范围、技术等级上的共性和区别,对四部分做进一步细分,形成内容完整、结构合理、界限清晰的 14 个子类,如图 5-33 所示(括号内数字为体系编号)。

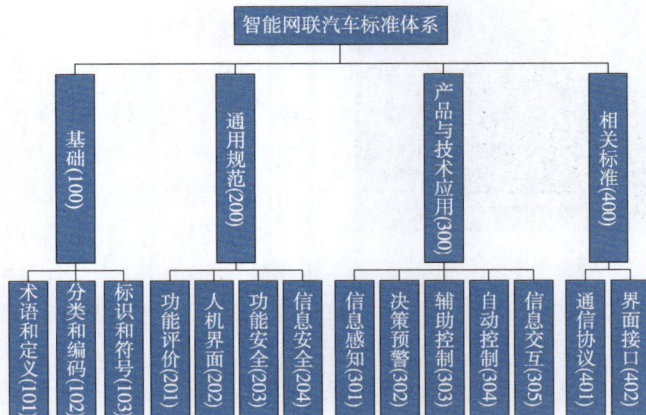

图 5-33　我国智能网联汽车标准体系框架

（三）智能汽车的发展简介

从 20 世纪 70 年代起，在西方汽车技术先进的国家就开始了无人驾驶智能汽车的研究，取得了一系列的研究成果。最初的无人驾驶智能汽车源于军事用。20 世纪 80 年代以前，无人驾驶车辆的发展重点在远端遥控，主要用于排爆、侦察等任务。到了 20 世纪 90 年代，人们在智能汽车技术方面取得了突破性的进步，无人驾驶车辆获得了进一步的发展。

1. 国外智能汽车的发展情况

在军事需求的推动下，人们对无人驾驶智能汽车的研究热情急速增长，研究领域也扩展到了民用范围。美国卡内梅隆大学研制了 NavLab 系列智能汽车，NavLab-1 系统、MavLab-5 系统以及 NavLab-11 系统是其典型代表，如图 5-34 所示。

图 5-34　NavLab-11 导航示意图

丰田汽车公司于 2000 年开始开发无人驾驶公共汽车，并在 2013 年 1 月展示了装满各种传感器和激光系统的无人驾驶智能汽车。

图 5-35　特斯拉 Model S 车型示意图

沃尔沃于 2012 年在西班牙进行了无人驾驶汽车道路试验，并进行了大约 193km 的道路行驶测试，行程中没有出现交通事故。宝马携手大陆集团在自动驾驶领域展开了合作，共同开发驾驶人辅助系统。特斯拉公司于 2015 年推出的 Model S 车型（图 5-35）已经带有"自动驾驶模式"，可以进行高速公路自动驾驶和停车场自动停车。日产汽车公司计划在 21 世纪 30 年代推出带无人驾驶技术的汽车。

谷歌公司于 2010 年正式官方宣布开发自动驾驶汽车，2012 年美国内华达州机动车辆管理部门为其自动驾驶汽车颁发了首例驾驶许可证，谷歌无人驾驶车辆搭载了 64 线激光测距仪、摄像头、雷达、动力处理系统（DPS）等传感设备，能建立 200ft（英尺）以内的精细 3D 地图，并将其与高分辨率的电子地图相结合实现车辆的自主行驶。

2023 年以来，随着全球自动驾驶技术不断取得突破，全球多个国家和地区逐渐加快自动驾驶技术的应用步伐，无论是高阶自动驾驶商业化落地还是低速无人驾驶在港口、矿区、园区等多个场景的规模化应用都取得了一定的突破,无人驾驶的应用价值被广泛认可。

2023 年 2 月,美国亚马逊旗下自动驾驶公司 Zoox 在加州对无人驾驶的小型公交车进行了公开道路的载人测试,2023 年 8 月,旧金山湾中央的金银岛上出现了无人驾驶公交车 Loop 以固定路线运行,连接岛上的住宅区、商店和社区中心。同年 8 月,加州公用事业委员会(CPUC)正式批准 Waymo 和 Cruise 两家自动驾驶公司在旧金山全天候商业运营无人驾驶出租车(车上没有安全员,完全由机器算法操纵车辆)。Cruise 无人驾驶出租车如图 5-36 所示。

图 5-36　Cruise 无人驾驶出租车示意图

2. 国内智能汽车的发展情况

我国从 20 世纪 80 年代开始涉足自动驾驶智能汽车领域,也取得了一些阶段性的成果,国防科技大学于 1992 年成功开发了我国第一辆真正意义上的无人驾驶车辆,其后陆续研制了 CITAVT-Ⅰ～Ⅵ、HQ 系列等多种型号的智能汽车。清华大学设计的 THMR-V 智能汽车,采用分层递阶的体系结构,基于以太网通信集成有 CCD 摄像机、激光雷达、磁罗盘—光码盘、GPS 等多种传感器,并建立了相应的行驶方向、节气门和制动三个自动控制系统,它在结构化道路环境下,提出了一种基于扩充转移网络的道路理解技术和基于混合模糊逻辑的控制方法,实现道路轨迹的自动跟踪。

吉林大学也先后开发出了 JLUIV 系列智能汽车,上海交通大学则承接了欧盟 ICT 计划 Cyberc3 项目;西安交通大学搭建了 Spingrobot 智能车实验平台,并于 2005 年 10 月成功完成在敦煌"新丝绸之路"活动的演示。军事交通学院于 2013 年研究设计出猛狮 3 号(JJUV-3)智能汽车,如图 5-37 所示。到目前为止已完成了超 1 万 km 的道路测试,最高时速达到 120km/h。

图 5-37　猛狮 3 号智能汽车示意图

红旗 HQ3 无人驾驶汽车(图 5-38)由国防科技大学自主研制,是一汽自主品牌轿车向高端技术发展结出的一个新成果。2011 年 7 月 14 日首次完成了从长沙到武汉 286km 的高速公路全程无人驾驶试验,创造了中国自主研制的无人驾驶汽车在复杂交通状况下自主驾驶的新纪录,标志着中国无人驾驶汽车在复杂环境识别、智能行为决策和控制等方面实现了新的技术突破，达到世界先进水平。

a)红旗HQ3外观   b)红旗HQ3内部透视图

图5-38 国防科技大学自主研制的红旗 HQ3 无人驾驶汽车示意图

  红旗 HQ3 无人驾驶轿车不仅环境识别速度快，适应性强，能实时处理岔道、斑马线和虚线；对车体姿态变动，自然光照变化及树木、路桥阴影都具有较强的自适应力。而且拥有较强的命令执行系统，能够忠实地执行"大脑"发出的各种控制命令，在高速公路上，最高行驶速度已达到 150km/h。目前，该系统已实现了小型化并和原车很好地融为了一体，在车厢内根本看不到自主驾驶系统的其他任何部件，并保持了车厢的原来风格。红旗 HQ3 无人（自主）驾驶系统已获得了进一步提升和应用，这标志着该产品已向实用化方向迈出了一大步。

  清华智能车 THMR-V 由清华大学自主研制，2003 年 7 月 1 日通过鉴定，是一汽自主品牌轿车向高端技术发展结出的一个新成果。

  清华智能车 THMR-V 是用三星 SXZ6510 七座厢式车改装的（图 5-39）。配置了规划计算机、监控计算机、视觉计算机和多台测控计算机，它们是按照分层递阶的结构，分为智能级（规划计算机），协调级（监控计算机）和执行级（视觉计算机和多台测控计算机）。各台计算机之间通过 10M 以太网（ETHERNET）实现数据通信。

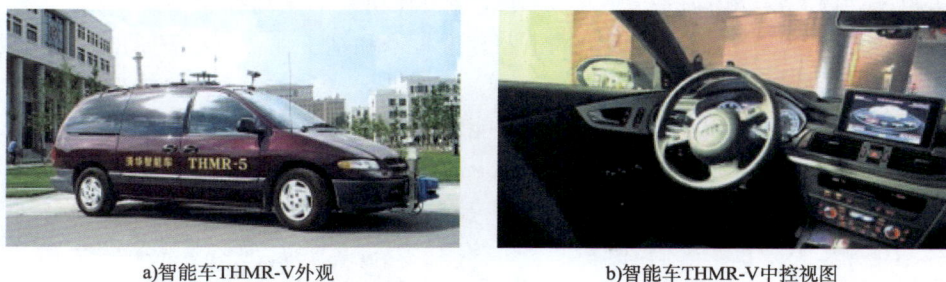

a)智能车THMR-V外观   b)智能车THMR-V中控视图

图5-39 清华智能车 THMR-V 示意图

  清华智能车 THMR-V 配备了磁罗盘-光码盘、差分全球定位系统（DGPS）互补定位系统，二维扫描激光雷达测障系统，电荷耦合器件（CCD）摄像机视觉处理系统，还安装了包括方向控制、节气门控制和制动控制的车体控制系统。车上还配备了 CCD 摄像机，声、像无线电台，数据无线电台和通信计算机，操作员依据车上传来的图像信息进行视觉临场感遥控操作。

  经过实验研究已经能够实现结构化环境下的车道线自动跟踪；准结构化环境下的道路跟踪；复杂环境下的道路避障、道路停障；视觉临场感遥控驾驶等功能。该款智能车在公路上，车道线自动跟踪时平均速度 100km/h,最高速度达到 150km/h。

我国百度公司于 2013 年开始了百度无人驾驶汽车项目,其技术核心是"百度汽车大脑",包括高精度地图、定位、感知、智能决策与控制四大模块。2015 年百度无人驾驶汽车首次实现了城市、环路和高速公路混合路况下的全自动驾驶,测试时的最高速度达 100km/h,如图 5-40 所示。

图 5-40　百度无人驾驶汽车示意图

阿里巴巴与上汽集团合作推出了搭载有 yunosofor car 智能操作系统的上汽荣威 RX5,如图 5-41 所示,该车型于 2016 年 7 月正式投入市场,成为第一款实现量产的互联网汽车。

图 5-41　具有智能操作系统的荣威 RX5 示意图

过去的 10 年,新能源汽车产业开启了波澜壮阔又跌宕起伏的发展历程。电动化不仅改变了汽车产业的能源形式,也为智能化打下了基础,让汽车工业在底层架构和软硬件配置上产生了新的突破。随着智能手机的普及和高速公路网络的建成,汽车企业开始探索用手机的逻辑来设计车机。2015 年,腾讯发布了"腾讯车联",面向车机、手机和车机手机互联三个领域。这几年,互联网公司开始涉足车联网与智能座舱,语音技术和汽车也有了更多交集。2016 年,有"第一款互联网汽车"之称的荣威 RX5 正式上市,部分车型提供 10.4in 的电容屏,触控为主的操作方式出现在了中国品牌车型上。当时,荣威 RX5 采用了"YunOS"系统,并内置了高德地图,可以说将手机导航体验搬上了汽车。2018 年,长安与腾讯成立了合资公司——梧桐车联。阿里与腾讯入局车联网后,百度也坐不住了。百度与奇瑞基于小度车载 OS 研发的雄狮智云 2.0 系统,出现在了星途 TX 车型上。2018 年 4 月,小鹏 G3 开始交付用户,从此,精致的系统 UI 成为多数新势力的共同特点。同时,触控 + 语音的交互方式开始成为主流,甚至座椅调节等功能也能通过触控操作。

不同于传统车企与互联网公司联手，造车新势力们基本选择自研车机系统，并牵手头部应用供应商，没有了生态链的绑定，车机与功能体验更契合用户需求和习惯。

2019 年，中共中央、国务院发布的《交通强国建设纲要》提出，加强智能网联汽车（智能汽车、自动驾驶、车路协同）研发，形成自主可控完整的产业链。2020 年，国家发展改革委发布的《智能汽车创新发展战略》指出，智能汽车已成为全球汽车产业发展的战略方向，发展智能汽车有利于加快制造强国、科技强国、网络强国、交通强国、数字中国、智慧社会建设，增强新时代国家综合实力。

2020 年，华为正式发布了鸿蒙座舱，对于华为手机用户来说，一个华为账号可以串联家居、手机、车等一系列华为全家桶。目前，高端智慧汽车品牌（AITO）问界 M5、问界 M7、智界 S7、阿维塔 11、阿维塔 12、极狐阿尔法 S 华为 HI 版等车型均搭载了鸿蒙 OS 智能座舱。

2023 年 12 月 28 日，雷军在小米汽车发布会上，正式公布了小米汽车智能座舱，该座舱搭载高通骁龙 8295 芯片，基于澎湃 OS 技术，主要由"中控生态屏""翻转式仪表屏""抬头显示（HUD）"、两个"后排拓展屏"组成，号称拥有强大生态，并支持苹果 AirPlay 及 CarPlay。

四、 新能源汽车的高压安全与防护

（一）高电压与人体伤害常识

新能源汽车上存在有高电压，这对人体会产生伤害。无论是研发、生产，还是售后技术人员，如果没有正确认识新能源汽车具有的高电压风险，并正确处理涉及的高电压工作区域的防护，都会导致严重的高电压伤害。需要预防新能源汽车可能触电伤害的类型如图 5-42 所示。

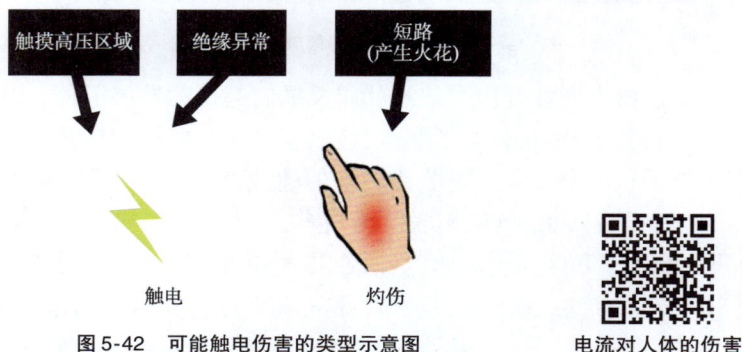

图 5-42　可能触电伤害的类型示意图　　　　电流对人体的伤害

1. 人体安全电压

通常，当人体接触到 25V 以上的交流电，或 60V 以上的直流电时，人体就有可能会发生触电事故。人体的触电并不是指人体接触到了很高的电压，是因为过高的电压通过人体这个电

164

阻后,会在人体中形成电流,从而导致人体的伤害。因此必须注意的是,伤害人体的不是电压,而是电流。

在电网中,一直认为 36V 是一个人体安全电压。实际上在高电压的新能源汽车中,这个电压值并不是科学的。主要原因有:一方面,人体的电阻会存在个体的差异性,例如胖的和瘦的,男的和女的,其电阻值都不会一样(图 5-43);另一方面,人所处的工作环境,也会导致人体的电阻值发生变化,例如在潮湿的夏天和干燥的冬天,人体表现的电阻就不一样,环境越潮湿,人体的电阻就会越小。此外,还需要注意的是每个人对电流流过身体的反应也不一样,有一部分人可能能够承受更大的电流。

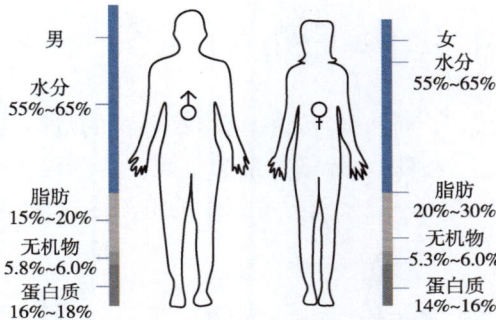

图 5-43　人体电阻的差异性示意图

因此,目前国际上对安全电压通行的认识是直流 60V 以下,交流 25V 以下。

当电压高到一定值以后,会有相应的电流流过人体。如图 5-44 所示,有大约 5mA 的电流通过人体时,就可视作是"电气事故",会产生麻木感。人体内通过的电流达到大约 10mA 时,到达了导出电流的极限,人体开始收缩,无法再导走电流,电流的滞留时间也相应增加。30 ~ 50mA 交流电的长时间滞留会导致呼吸停止以及心室纤维性颤动。经过人体的电流到达大约 80mA 时,被认为是"致命值"。从图 5-44 可以看出,电流对人体的伤害基本上几毫安就够了。

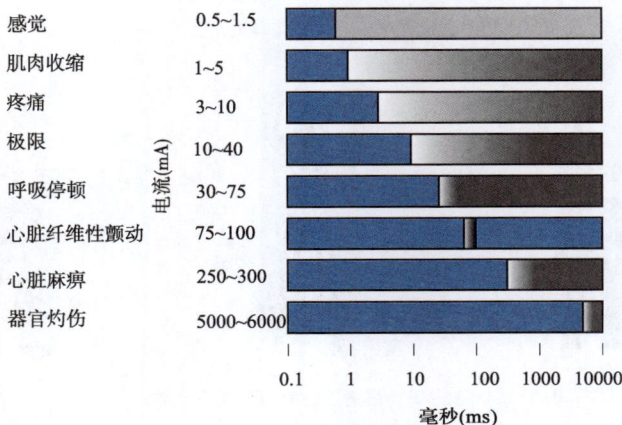

图 5-44　不同电流值对人体的伤害反应示意图

此外,需要注意的是,人体之所以导电,主要的原因是血液含有电解液成分,电解液成分导致了导电性。而人体的皮肤、肌肉也具有一定的导电能力。对于大多数人,整个身体的总电阻值是很低的,特别是有主动脉的地方(胸腔部位和躯干),而最大的危险发生在电流通过人体心脏时刺激心脏产生的异常颤振。

2. 高电压对人体的伤害形式

能够最终对人体产生伤害的是电流,电流对人体的伤害有三种形式:电击、电伤和电磁场伤害。

(1)电击是指电流通过人体,破坏人的心脏、肺及神经系统的正常功能。

(2)电伤是指电流的热效应、化学效应和机械效应对人体的伤害。主要指电弧烧伤、熔化金属溅出烫伤等。

(3)电磁场生理伤害是指在高频磁场的作用下,人会出现头晕、乏力、记忆力减退、失眠、多梦等神经系统的症状。

一般认为,电流通过人体的心脏、肺部和中枢神经系统的危险性较大,特别是电流通过心脏时,危险性最大。所以从手到脚的电流途径最为危险。因为沿该条途径有较多的电流通过心脏、肺部等重要器官;其次是从一只手到另一只手的电流途径,如图5-45所示。

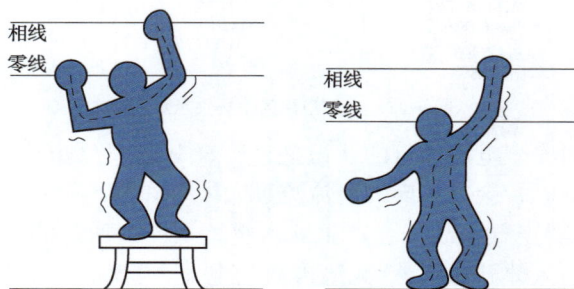

图5-45　最危险的触电形式示意图

此外,触电还容易因剧烈痉挛而摔倒,导致电流通过全身并造成摔伤、坠落等二次事故,最危险的触电形式如图5-46所示。

图5-46　最危险的触电形式示意图

3. 其他电效应对人体的伤害形式

(1)电击效应。通常,产生最多的伤害是电击事故,其主要类型是电击效应。充电时危险触电,电流低于人体导通限值时,会有相应的电击反应,从而容易因肢体不受控制和失去平衡而导致受伤,如图 5-47 所示。

图 5-47　使用充电桩充电时可能产生危险触电示意图

（2）热效应。电流在人体导入导出点处会发生烧伤和焦化,也会发生内部烧伤。这会导致肾脏负荷过大,甚至造成致命的伤害。

（3）化学效应。血液和细胞液成为电解液并被电解。这会发生严重的中毒,中毒情况在几天后才能被发现,因此伤害极大。

（4）肌肉刺激效应（图 5-48）。所有的身体功能和人体肌肉运动都是由大脑通过神经系统的电刺激来控制。如果通过人体的电流过高,肌肉开始抽搐,大脑再也无法控制肌肉组织。后果:例如,握紧的拳头再也无法打开或者移动。如果电流经过了胸腔,肺会产生痉挛（呼吸停止）,心脏的跳动节奏会被中断（心室纤维化颤动,无法进行心脏的收缩和扩张运动）。

（5）发生静态短路的热效应。工具急剧发热,会导致材料熔化,从而可能发生烧伤事故。

（6）由于短路引起火花。金属很快熔化,产生飞溅的火花,飞溅出来的金属颗粒温度超过5000℃,可能引起烧伤以及严重伤害眼睛。

（7）带电高压线路接通和断开时所产生的弧光（图 5-49）。光辐射可能造成电光性眼炎。

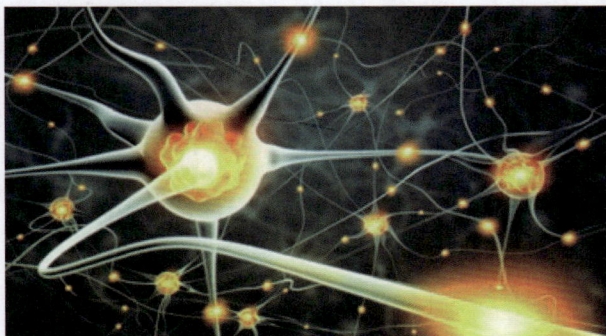

图 5-48　刺激效应的内部形式示意图

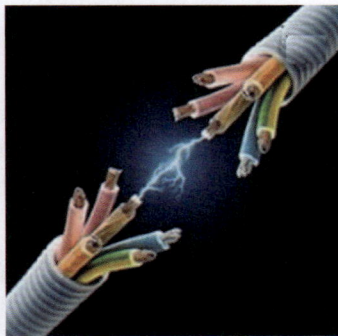

图 5-49　高压电击穿空气产生电弧示意图

4. 交流与直流触电伤害

直流与交流电压都会对人体产生伤害,但是交流电压对人体伤害的阈值却只有直流的

50%（图 5-50）。交流电压在人体内产生交流电,会触发肌肉组织和心脏产生颤动。交流电压的频率越低,危险性越高。交流电会触发心室纤维性颤动,如果不进行急救很快就会致命。

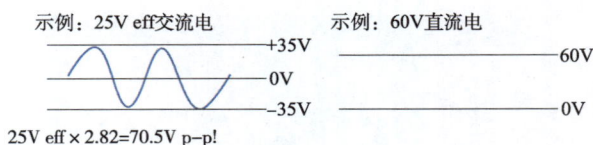

示例：25V eff交流电　　　　　示例：60V直流电

+35V
0V
-35V

60V
0V

25V eff × 2.82=70.5V p-p!

图 5-50　交流与直流电的形式示意图

通常情况下,高电压系统中的三相电动机由三相交流电压驱动。三相电动机的输出功率和转速由电压大小和频率控制。因为三相电动机处于运转状态,引发的电气事故相当危险。如果规格中注明了交流电压,则该电压指的是行业内通用的有效电压,但是,实际的接触电压会高得多,这取决于交流电压的波形（正弦或者矩形）。

5. 人体触电方式

如上所述,能够对人体产生触电的前提是人体与触电源之间形成了回路,有电流流经人体后才会导致触电。

新能源汽车的高电压系统是与车身之间隔离的,因此,在图 5-51 所示的这种情况下,人体不会产生触电,原因就在于人体没有与直流电源之间形成回路。

但是,当新能源汽车的高电压部件发生对车身搭铁故障时,如图 5-52 所示,人体在同样的情况下就有可能发生触电事故。

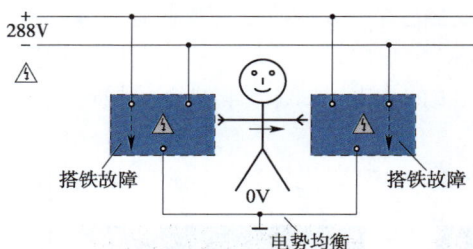

288V

搭铁故障　　　　　搭铁故障
0V
电势均衡

图 5-51　非触电情况示意图

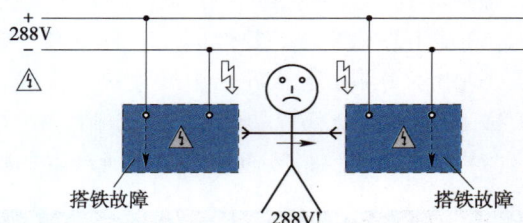

288V

搭铁故障　　　　　搭铁故障
288V!

图 5-52　触电情况示意图

在实际工作中,维修工人应该避免因为操作导致自己与电压系统形成回路,例如图 5-53 所示的这种触电方式是大多数维修人员能够理解的。但是在图 5-54 所示的两种间接触电形式却是很容易被维修工人所忽视的。

两手之间　　　　　　　　手掌之间

图 5-53　避免直接形成回路

两手之间　　　　　　　手掌之间

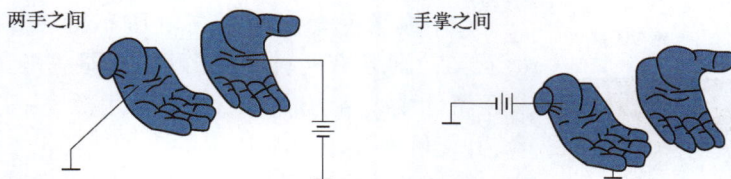

图 5-54　避免间接形成回路

（二）安全防护

新能源汽车具有高电压,在制造、维护新能源汽车时具有高电压触电的风险。

如图 5-55 所示,新能源汽车的主要高电压部件集中在动力蓄电池组、高压导线、高压电分配单元、用于驱动的逆变器、高压压缩机,以及高压正温度系数热敏电阻(PTC)加热器。

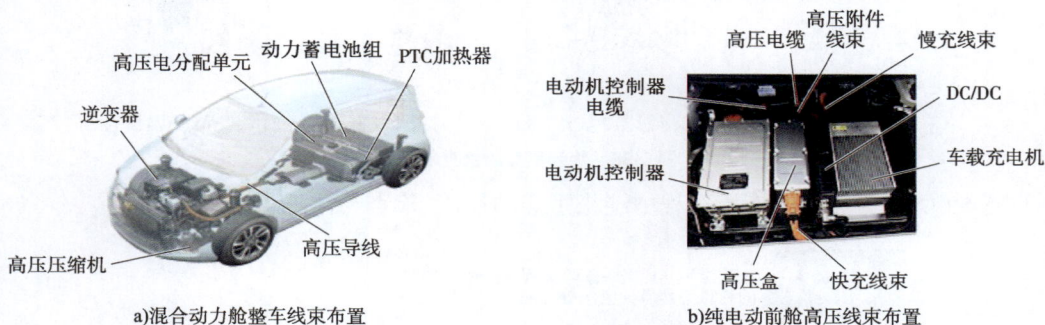

高压电分配单元　动力蓄电池组　PTC加热器
逆变器
高压压缩机　　　高压导线
a)混合动力舱整车线束布置

高压附件
高压电缆　线束　慢充线束
电动机控制器电缆
电动机控制器
DC/DC
车载充电机
高压盒　快充线束
b)纯电动前舱高压线束布置

图 5-55　车辆上的高压部件示意图

但是与传统汽车相同的车辆底盘、车身电器等均不会有高电压。因此,根据维护车辆的工作内容不同,只有在维修新能源汽车的高电压系统或部件时才有可能会发生触电事故。例如传统的车辆维护、制动部件的更换、轮胎的更换均不会有高电压风险。

1. 安全防护

以下介绍在维护新能源汽车高电压系统时需要采取的高电压安全防护措施,包括个人的安全防护、绝缘维修工具的使用,以及对工作环境的选择和正确的操作流程与注意事项。

1)做好个人安全防护

由于维修带有高压电车辆,因此维护人员必须做好防止被高压电击伤的安全防护。虽然现有混合动力汽车和纯电动汽车都设计有很好地防止意外触电功能,但是针对事故车辆及这些车辆的高压动力蓄电池组总成是始终存在高压电的。防止触电的个人防护用品主要是绝缘手套、护目镜、绝缘鞋,以及非化纤材质的衣服,如图 5-56 所示。

图 5-56　主要个人防护用品示意图

169

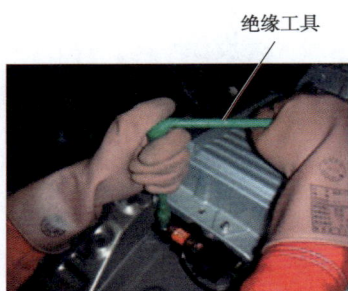

绝缘工具

图 5-57 正确使用绝缘手套示意图

（1）绝缘手套。用于高电压车辆维修用的绝缘手套（图 5-57）通常有两种独立的性能，即一是在进行任何有关高压组件或线路的操作时，需要使用橡胶制成的电工绝缘手套，并能够承受 1000V 以上的工作电压。二是具备抗碱性，当工作中接触来自高压动力蓄电池组的钾氢氧化物等化学物质时，防止这些物质对人的组织伤害。

绝缘手套需要定期检验，而且在每次使用前必须自行进行是否泄漏检查。检查的方法是向手套内吹入一定的空气，观察手套是否有漏气的风险，如图 5-58 所示。

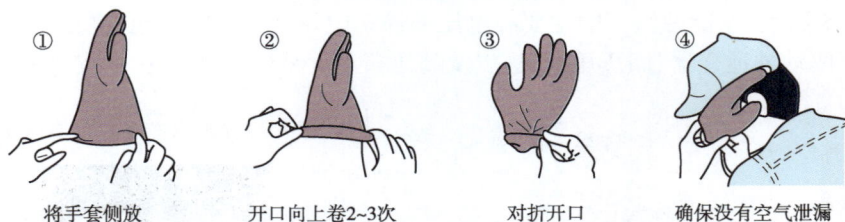

① 将手套侧放　② 开口向上卷2~3次　③ 对折开口　④ 确保没有空气泄漏

图 5-58 绝缘手套的检查示意图

图 5-59 所示为在具体使用过程中绝缘手套的使用、检查与注意事项。

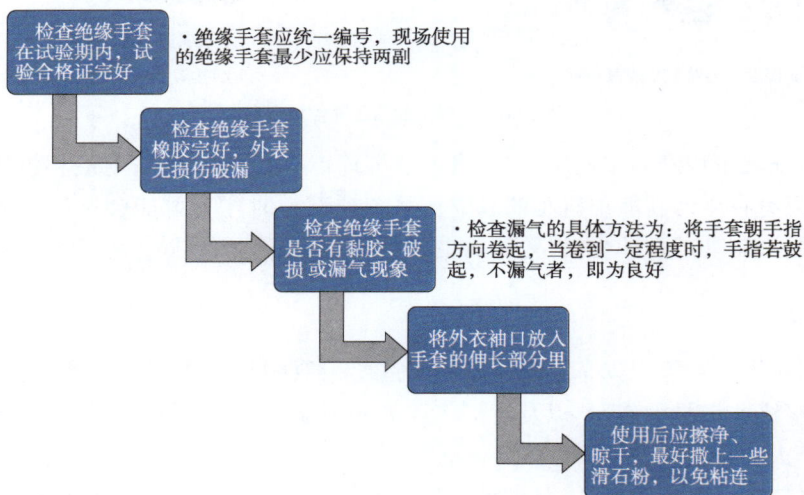

检查绝缘手套在试验期内，试验合格证完好 · 绝缘手套应统一编号，现场使用的绝缘手套最少应保持两副

检查绝缘手套橡胶完好，外表无损伤破漏

检查绝缘手套是否有黏胶、破损或漏气现象 · 检查漏气的具体方法为：将手套朝手指方向卷起，当卷到一定程度时，手指若鼓起，不漏气者，即为良好

将外衣袖口放入手套的伸长部分里

使用后应擦净、晾干，最好撒上一些滑石粉，以免粘连

图 5-59 绝缘手套使用与检查流程图

（2）护目镜。戴上合适的眼部防护的护目镜（图 5-60），以防止蓄电池液的飞溅。高压电车辆维修用的护目镜应该具有侧面防护功能，防止维修过程中产生的电火花对眼睛的伤害。

（3）绝缘安全鞋。绝缘安全鞋（靴）的作用使人体与地面绝缘，防止电流通过人体与大地之间构成通路，对人体造成电击伤害，把触电时的危险降低到最低程度，因为触电时

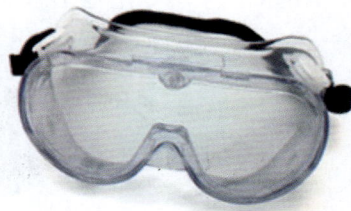

图 5-60 护目镜示意图

电流是经接触点通过人体流入地面的,所以电气作业时不仅要戴绝缘手套,还要穿绝缘鞋(图5-61)。

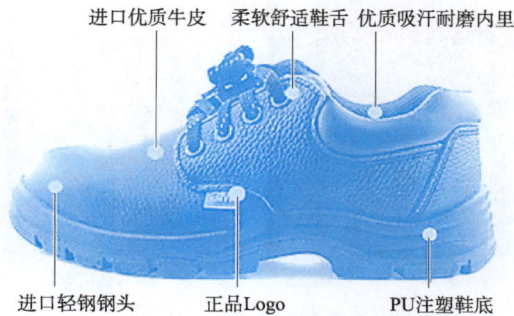

进口优质牛皮　柔软舒适鞋舌　优质吸汗耐磨内里

进口轻钢钢头　正品Logo　PU注塑鞋底

图5-61　绝缘安全鞋示意图

绝缘鞋根据 GB 21146—2007 标准进行生产,电阻值范围为 $100k\Omega \sim 1000M\Omega$,该产品具有透气性能好、防静电、耐磨、防滑等功能。

绝缘鞋也要定期进行检验,图5-62所示为绝缘鞋的使用方法与注意事项。

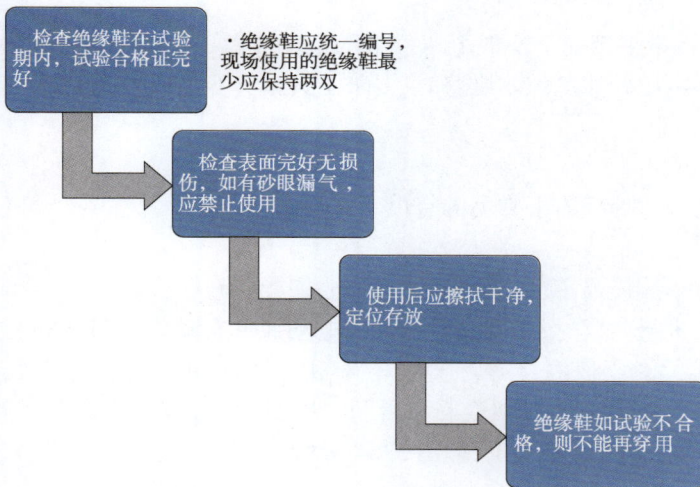

检查绝缘鞋在试验期内,试验合格证完好

·绝缘鞋应统一编号,现场使用的绝缘鞋最少应保持两双

检查表面完好无损伤,如有砂眼漏气,应禁止使用

使用后应擦拭干净,定位存放

绝缘鞋如试验不合格,则不能再穿用

图5-62　绝缘鞋使用与检查流程图

(4)非化纤工作服。维修高电压系统时,必须穿非化纤类的工作服。化纤类的工作服主要会产生静电,并且当发生火灾事故时,化纤衣料会在高温环境下粘连人体皮肤,导致维护人员产生严重的二次伤害。

2)使用绝缘的维修工具

维护高电压类车辆时,必须使用带有绝缘功能的工具,这些工具包括常用的套筒、开口扳手、螺丝刀、钳子、电工刀等,也包括专用的仪表,如数字万用表,如图5-63所示。

使用绝缘工具可以有效防止意外触电事故的发生,我国的绝缘工具分为3个类型:

(1)Ⅰ类工具是指采用普通基本绝缘的电动工具。在防触电保护方面不仅依靠基本绝缘,而且还应附加一个安全预防措施,即对正常情况下不带电,而在其基本绝缘损坏时变为带电体的外露可导电部分作保护接零。为了可靠,保护接零应不少于两处,并且还要附加漏电保护,同时要求操作者使用绝缘防护用品。

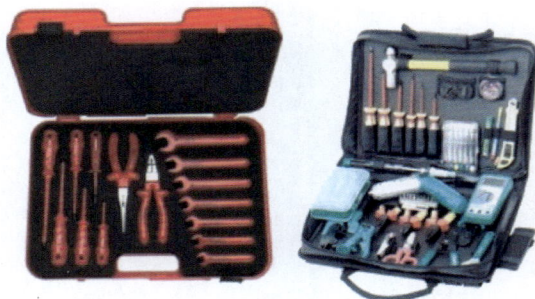

图5-63　绝缘工具与绝缘仪表示意图

（2）Ⅱ类工具是指采用双重绝缘或加强绝缘的电动工具,在防触电保护方面不仅依靠其基本绝缘,而且有将其正常情况下的带电部分与可触及的不带电的可导电部分作双重绝缘或加强绝缘隔离措施,相当于将操作者个人绝缘防护用品以可靠的、有效的方式设计制作在工具上。

（3）Ⅲ类工具是指采用安全特低电压供电的电动工具,在防触电保护方面依靠安全隔离变压器供电。在高电压新能源汽车维修时,要求工具具有Ⅱ类以上的工具类型。

2. 应急处理

新能源汽车的应急处理需求常见的有以下几种。

1）救援

当该新能源汽车被撞或乘员需要解救时,当心别弄断高压线。

触电急救流程

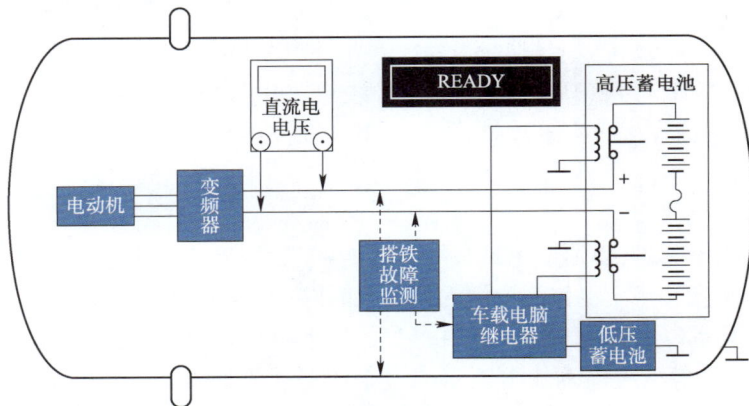

在对高压车辆进行救援时,千万不要因为纯电动或混合动力车辆运行比较安静就误以为它就处于停机状态。对于该混合动力汽车,当车辆处于起动过程已经完成,车辆准备好行驶（"READY"）模式时(灯亮),发动机会自动停机,所以在检查或维修发动机舱时,记住要先看看"READY"指示灯是否已经熄灭了,如图5-64所示。

图5-64　车辆上的READY指示灯

在处理维修车辆前,首先用挡块挡住车轮进行驻车制动,挂"P"挡并确认"P"挡指示灯亮,然后按起动(POWER)按钮并确认 READY 熄灭,断开 12V 备用蓄电池,最后拔掉维修开关或者蓄电池熔断丝。需要注意的是,在对纯电动汽车或混合动力汽车操作时,急救组要知道新能源汽车的橙黄色电缆代表高压。并在断开高压蓄电池、接触电缆前也要等待 5～10min,即等电容充分放电完毕。

此外,解救时若高压电缆被撞断,系统一般会在人员触电前被切断,因为车辆上的绝缘监测功能会不断地监测高压电缆到金属底盘的漏电。此外撞车时,安全气囊展开,高压电源也会自动切断,即使安全气囊不展开,转换器里面的减速传感器若超过其限位,也会切断高压电。

2)火灾

当该新能源汽车着火时,应该当着"电火"来处理,并用干粉型灭火器灭火。

高压动力蓄电池电解液主要由带腐蚀性的化学液体组成,因此在着火后,可以采用大量的水或者干粉灭火器灭火。

使用常规的 ABC 干粉灭火器灭火(图 5-65),这种灭火器设计适用于油或电路火灾。然而,如果只是高压动力蓄电池着火,则推荐使用二氧化碳灭火器,而发生大面积或大的火灾时,持续的浇水也同样适用熄灭高压动力蓄电池火灾。但是使用少量的水,如只用一桶,是危险的,实际上将加剧高压蓄电池火灾的程度。

3)泄漏

当高压动力蓄电池水溢出时,要采取特别措施。面对有可能是高压动力蓄电池溢出电解液时,及早穿好合适的防护用品,并采用红色石蕊试纸(图 5-66)检查溢出液,如果试纸变为蓝色,溢出的液体需要使用硼酸液进行中和。中和完成后,使用试纸再去检查溢出液,确认试纸颜色不改变。中和完毕后,用充足的吸水毛巾或布,吸收事故中溢出的电解液。

图 5-65　ABC 干粉灭火器示意图　　　　图 5-66　检测试纸示意图

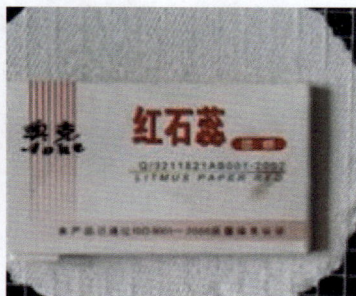

4)牵引车辆

处理新能源汽车路上抛锚,需要牵引新能源汽车时,车辆前轮转动将产生电能,因此对于这类车辆的牵引,必须严格遵守制造厂商的要求,否则可能损坏车辆的三相驱动电动机或变速单元。无论是混合动力汽车还是纯电动汽车,正确的牵引方法是,使得汽车全部平放在增援车上,然后牵引车辆到指定的位置。但是,如果是前轮驱动的车辆,也可以采用前轮离地的方式

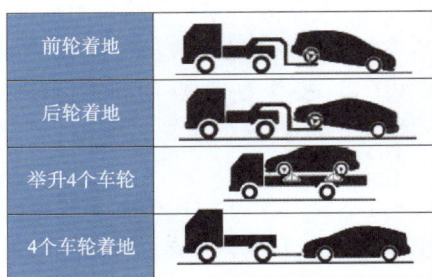

图5-67　正确地牵引车辆方式示意图

进行车辆的牵引,如图5-67所示。如果高压电路有故障,采用驱动轮着地牵引,由于电动机的工作会引起火灾。

5)跨接起动

无论是新能源汽车中的纯电动汽车还是混合动力汽车,其全车控制模块的供电都是通过12V蓄电池来完成的。也就是说,在新能源汽车中,除了高压动力蓄电池外,所有的车辆还会配置有12V低压蓄电池,图5-68所示是比亚迪23款秦plus ev冠军版前机舱图解,12V低压蓄电池安装在前机舱的右下角。

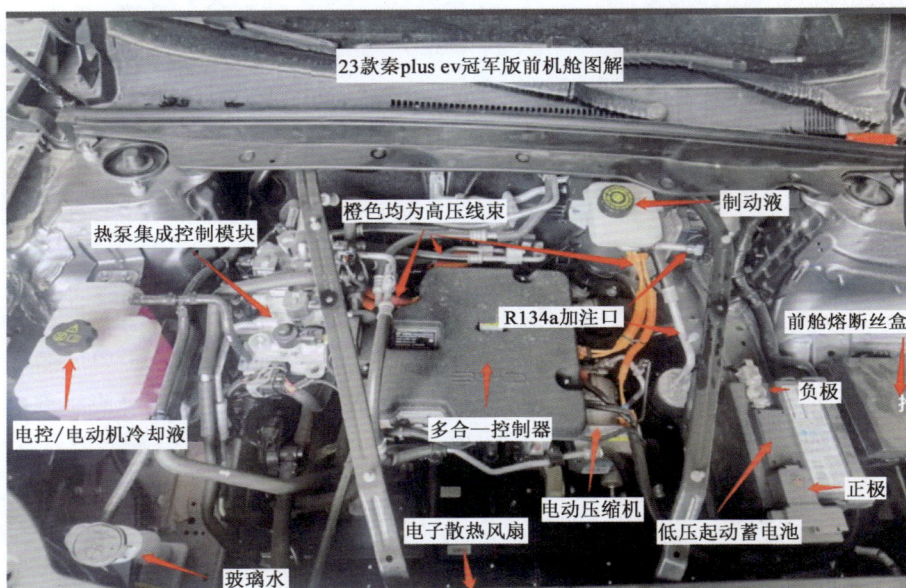

图5-68　比亚迪23款秦plus ev冠军版前机舱示意图

由于12V蓄电池用来给所有ECU供电,若没有该电源,ECU不能工作,车辆也没法驱动。如果纯电动汽车或混合动力汽车没法起动,则12V辅助蓄电池可以跨接起动,以丰田普锐斯为例,具体的操作方法如下。

(1)找到12V蓄电池跨接端子。例如,如图5-69所示,丰田普锐斯发动机罩下面的12V跨接起动端子有一个"＋"标志的红色塑料盖,打开盖子可以找到用于跨接的端子。

(2)高压电容器充分放电。维修高压系统以前,先等待10min以上,以使带转换器中的逆变器的高压电容器充分放电后才能开始维修操作,按图5-70所示检测高压电容器。

图5-69　普锐斯12V蓄电池跨接端子示意图

（3）车辆浸水时触电。如果发生事故，车辆浸水时高压元件触电短路，如图 5-71 所示。

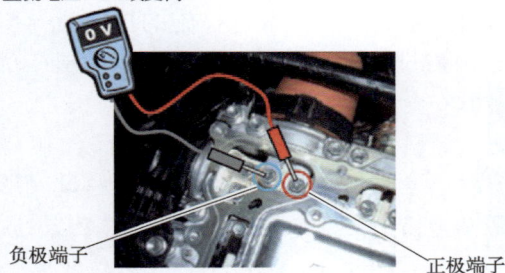

直流电压750V或更高

负极端子　　　　　　　　　正极端子

图 5-70　高压电容器端子示意图

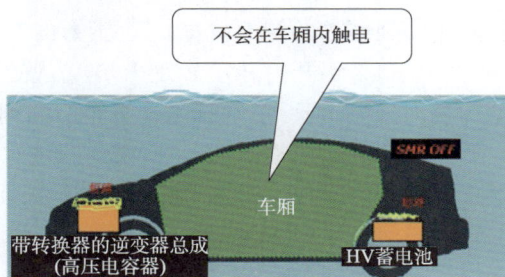

不会在车厢内触电

车厢

带转换器的逆变器总成
（高压电容器）　　　　　　　HV蓄电池

SMR OFF

图 5-71　车辆浸水时触电示意图

五、汽车新车安全评价

（一）汽车新车汽车碰撞及法规

1. 新车安全评价体系的目的

提高汽车碰撞安全性的目的是在汽车发生碰撞时确保乘员生存空间、缓和冲击、防止发生火灾等。达到"车毁人不亡，车伤人不伤"的目的。

2. 汽车碰撞事故试验分类

汽车碰撞事故试验可分为正面碰撞试验、侧面碰撞试验、追尾碰撞试验及翻车等试验。

1）正面碰撞试验简介

碰撞试验假人是用于评价碰撞安全性的标准模型，如图 5-72 所示。正面 100% 碰撞试验全称正面 100% 重叠刚性壁障碰撞试验，试验车辆 100% 重叠正面冲击固定刚性壁障。碰撞速度为 50～51km/h（试验速度不得低于 50km/h）。试验车辆到达壁障的路线在横向任一方向偏离理论轨迹均不得超过 150mm。在前排驾驶员和乘员位置分别放置一个 HybridⅢ型第 50 百分位男性假人，用以测量前排人员受伤害情况。在第二排座椅最右侧座位上放置一个 HybridⅢ型第 5 百分位女性假人，用以考核安全带性能。

正面碰撞试验方法及评价指标的发展趋势：采取更好的模拟交通事故碰撞形式、防护评价指标改变。

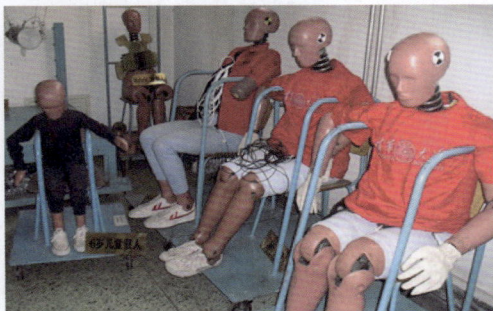

图 5-72　碰撞试验假人模型示意图

2）侧面碰撞试验简介

我国汽车侧面碰撞法规的制定及汽车企业对轿车车型侧面碰撞安全性的改进，都需要有能够满足法规要求的侧面碰撞试验能力的支持和侧面碰撞安全性改进措施的技术指导。为此，我们于2002年开始开发ECE R95法规的侧面碰撞试验能力，并通过一些在产的国产轿车车型的侧面碰撞试验，了解我国轿车车型的侧面碰撞安全性能。

侧面碰撞试验依据欧洲ECE R95的试验方法。试验场地要求平直、干燥和干净，侧碰假人安放在驾驶人座位上，被撞车辆垂直于牵引导轨静止停放在规定位置。试验时，移动变形壁障以(50 ± 1)km/h的车速撞击汽车驾驶人侧面，距离撞击位置前0.5m处设有测速装置，脱钩装置保证移动变形壁障在距离被撞车1m时处于自由运动状态，要求保证可移动变形壁障（MDB）的跑偏量小于25mm。在驾驶人位置放置一个EuroSID Ⅱ型假人，用以测量驾驶人位置受伤害情况。

3. 中国的实车碰撞试验法规简介

早在1989年，中国参照FMVSS 208制定了《汽车乘员碰撞保护标准》（GB/T 11551—1989），1999年参照ECE R94.00制定了机动车设计法规《关于正面碰撞乘员保护的设计规则》（CMVDR294—1999）。

我国汽车安全法规主要参考欧洲ECE法规制定，具有ECE法规的严谨全面的特征，同时又结合了我国实际国情以及道路和车辆的实际情况。我国正面碰撞法规《乘用车正面碰撞的乘员保护》（GB 11551—2014）正是参照欧洲法规制定的，但是并没有采用欧洲的40%偏置碰撞，而是采用了美国100%重叠正面碰撞。碰撞车辆行驶路线与壁障夹角为0°，Hybrid Ⅲ 50百分位男性假人放置在前排驾驶位及其外侧位置，Hybrid Ⅲ 5百分位女性假人放置在驾驶人座位之后的后排座位的左侧位置，P系列儿童假人放置在后排座位最右侧，车辆行驶速度为50km/h。规定的碰撞伤害指标如下：

（1）头部性能指标HPC≤1000。

（2）胸部性能指标THPC≤75mm。

（3）大腿性能指标FPC≤10kN。

（4）试验过程中，车门不得开启，前门锁止系统不得锁止，碰撞试验后，不用工具应该能打开车门，并且保证假人的正常进出。

（5）试验过程中，不允许发生燃油供给系统的泄漏，碰撞试验后若有燃油供给系统发生液体连续泄漏，则在碰撞后前5min平均泄漏速率不得超过30g/min。

《乘用车正面碰撞的乘员保护》对汽车的结构、整备质量、乘员舱的全间尺寸、汽车制造工艺及材料等各个方面都做了严格规定，同时规定了安全带的安装使用规则和安全气囊在身材很小的妇女儿童身上的使用规则。

（二）欧洲新车安全评价体系简介

NCAP是英文New Car Assessment Program的缩写，即新车碰撞测试。这是最能考验汽车安全性的测试。这些法规中公认最为严格的，是欧盟实施的EURO-NCAP测试。

欧洲新车安全评价体系 NCAP 是一个行业性组织,它定期将企业送来的或者市场上新出现的车型进行碰撞试验,它规定的实车碰撞速度往往比政府制定安全法规的碰撞速度要高,从而在更严格公正的碰撞环境下评价车辆的安全性能。欧洲的 NCAP 最具有影响力和代表性。它由欧洲各国汽车联合会、政府机关、消费者权益组织、汽车俱乐部等组织组成,由国际汽车联合会(FIA)牵头。

其具体内容大约包括两个方面:正面和侧面碰撞。正面碰撞速度为 64km/h,如图 5-73 所示;侧面碰撞速度为 50km/h,如图 5-74 所示。近年来,又增加了车辆对被撞行人的安全保护程度的测试。

图 5-73 欧洲 NCAP 正面碰撞测试示意图

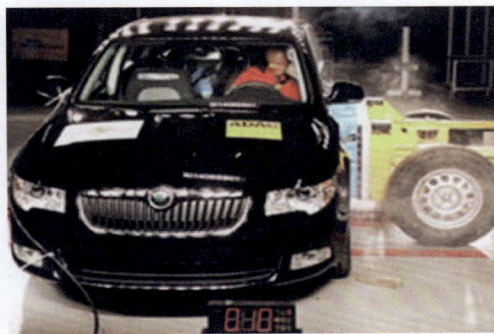

图 5-74 欧洲 NCAP 侧面碰撞测试示意图

"行人安全"这一概念早在 20 世纪 60 年代,就由当初的汽车强国——美国率先提出,直到 20 世纪 90 年代末,才开始在欧洲大幅推广。在欧洲交通安全会议中专门出现了行人安全工作组,提出了行人安全法规。此在汽车技术多样化和复杂化的发展趋势下,针对汽车安全技术与道路行车安全的标准逐渐收紧,欧洲 NCAP 行人保护规程明确指出"行人保护"会作为一个非常重要的评估过程,如图 5-75 所示。

鞭打试验是指将试验车辆驾驶人侧座椅及约束系统仿照原车结构,固定安装在移动滑车上,滑车以速度变化量为 15.65km/h(正负 0.8km/h 内)的特定加速度波形发射,模拟后碰撞过程,如图 5-76 所示。座椅上放置 BioRID Ⅱ 型假人,通过测量后碰撞过程中颈部受到的伤害情况,用以评价车辆座椅头枕对乘员颈部的保护效果。

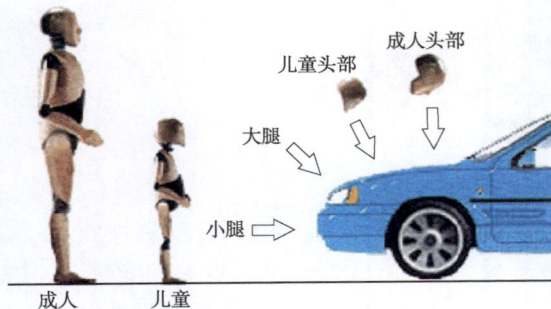

图 5-75 行人保护测试示意图

图 5-76 NCAP 驾驶人头部保护安全测试示意图

（三）中国新车安全评价体系

中国技术研究中心在深入研究和分析国外 NCAP 的基础上，结合我国的汽车标准法规、道路交通实际情况和车型特征，并进行广泛的国内外技术交流和实际测验，确定了中国新车评价规程（C-NCAP）的试验和评分规则。与我国现有汽车正面和侧面碰撞的强制性国家标准相比，不仅增加了偏置正面碰撞试验，还在两种正面碰撞试验中在第二排座椅增加假人放置，以及更为细致严格的测试项目，技术要求也非常全面。

2024 版 C-NCAP 的试验项目包括三项：乘员保护板块、VRU（道路交通弱势群体）保护板块、主动安全板块。乘员保护模块包括整车碰撞试验、儿童保护静态评价、低速后碰撞颈部保护试验、侧面远端成员保护、主被动离位成员保护。整车碰撞试验中包括，正面 100% 重叠刚性壁障碰撞试验 55（+1）km/h，如图 5-77 所示；正面 50% 重叠移动渐进变形壁障碰撞试验 50（±1）km/h，如图 5-78 所示；可变形壁障侧面碰撞试验 60（+1）km/h，如图 5-79 所示；侧面柱碰撞试验 32（±0.5）km/h；另外包括一个选做项是电动汽车刮底试验。

图 5-77　正面 100% 重叠刚性壁障碰撞试验示意图

图 5-78　正面 50% 重叠移动渐进变形壁障碰撞试验示意图

图 5-79　可变形移动壁障侧面碰撞试验示意图

VRU（道路交通弱势群体）保护板块包括头型试验、腿型试验、VRU 自动紧急制动系统（AEB VRU）试验。主动安全板块包括先进驾驶辅助系统（ADAS）和整车灯光性能试验，其中先进驾驶辅助系统（ADAS）包括车辆自动紧急制动系统（AEB C2C）的性能测试、自动紧急制动系统误作用（AEB False Reaction）的性能测试、车道保持辅助系统（LKA）的性能测试、紧急车道保持系统(ELK)的性能测试、驾驶人监控系统(DMS)的性能测试、交通信号识别系统(TSR)的性能测试报告审核、车道偏离报警系统(LDW)的性能测试报告审核、智能限速系统(ISLS)的性能测试报告审核、盲区监测系统(BSD)的性能测试报告审核、车辆开门预警系统(DOW)的性能测试报告审核、后方交通穿行提示系统(RCTA)的性能测试报告审核。

C-NCAP 按照乘员保护、VRU 保护和主动安全三个版块的综合得分率来进行星级评价。乘员保护、VRU 保护和主动安全三个版块按照试验项目分别计算各部分的得分率,再乘以三个版块各自的权重系数,求和后得到综合得分率。根据综合得分率对试验车辆进行星级评价,见表5-2。除综合得分率外,乘员保护、VRU 保护和主动安全三个版块还必须满足最低得分率等要求。满足电气安全要求的新能源车辆除公布星级结果之外,还会采用电安全标识单独标示。对于电动汽车刮底试验,不参与车辆安全星级评定,仅公布电安全评价结果。

综合得分率对应星级   表 5-2

综合得分率	星级
92%	5 +
≥83% 且 <92%	5
≥74% 且 <83%	4
≥65% 且 <74%	3
≥45% 且 <65%	2
<45%	1

根据试验数据计算各项试验得分和总分,由总分多少来评定星级。评分规则非常细致严格,最高分为 51 分,星级最低为一星级,最高为五星级。

中国新车评价规程(C-NCAP)已经完成了 2024 版的更新,并于 2024 年 7 月 1 日正式实施。此次更新充分借鉴了中国道路交通事故的研究成果及中国汽车基础数据,同时与国际先进的新车安全评价体系保持同步,以进一步提升汽车安全性。

（知识拓展）

百度无人驾驶汽车开启商业化运营

2022 年 8 月 8 日上午 9 点,重庆市永川区和顺大道车来车往,其中一辆百度自动驾驶汽车格外引人关注:这是一辆没有驾驶员也没有安全员的自动驾驶汽车,今天是它开始商业化运营的第一天。对整个自动驾驶行业来说,这是个标志性事件。自动驾驶汽车正式进入商业运营的全新发展阶段,共享出行服务由此进入无人驾驶时代。

驾驶安全是百度智能驾驶业务的第一条底线,从技术层面,百度自动驾驶有单车智能系统、冗余监控系统和冗余防护系统以及平行驾驶系统三大保障,确保车辆自动行驶安全;在服务层面,有服务调度系统和运行保障系统来确保行驶安全。

思考题

1. 新能源汽车蓄电池有几种类型？

2. 新能源汽车充电方式各有什么优缺点？

3. 为什么20世纪70年代后各国开始大力发展新能源汽车技术？

4. 车身电子稳定系统属于什么安全技术？它包含哪些技术内容？

5. 汽车轮胎压力监测系统对于驾驶人有何作用？

6. 我国将智能汽车分为DA、PA、HA和FA四个等级，各等级是什么含义？

7. 我国智能汽车在研究与应用方面有何进展？

8. 为什么新能源汽车需要高压安全防护？

9. 你知道国际上对安全电压的常识是什么？

10. 新能源汽车路上抛锚或浸水，应如何处理类似事故？

11. 新车安全评价体系的目的是什么？

12. 为什么说中国新车安全体系(C-NCAP)的试验更严格？

汽车娱乐与时尚

学习目标

知识目标

1. 了解汽车运动的起源和分类；
2. 了解汽车运动的魅力；
3. 了解汽车俱乐部、著名汽车展和世界汽车名城的发展情况。

技能目标

1. 能正确叙述汽车运动的起源和分类；
2. 能正确叙述汽车运动的魅力；
3. 能正确叙述汽车俱乐部、著名汽车展和世界汽车名城的发展情况。

素养目标

1. 培养组织协调、沟通、团队协作和处理问题的能力；
2. 树立服务汽车行业、无私奉献的"爱国情"；
3. 建立环境保护意识，树立开拓创新精神。

一、赛车运动

赛车运动是指汽车在封闭场地内、道路上或野外比赛速度、驾驶技术和性能的一种运动项目。"赛车"一词来自法文（Grand Prix），意思是大奖赛。在国外，汽车比赛几乎与汽车具有同样长的历史。今天，各式各样的汽车比赛被统称为现代汽车运动，它是世界范围内一项影响较大的体育运动。多姿多彩的汽车运动使这一冷冰冰的钢铁机器充满了柔情蜜意；同时，汽车运动的激烈、惊险、浪漫、刺激，不仅仅使成千上万的观众为之痴迷，而且还使世界汽车技术的发展日新月异。

赛车运动分为两大类，场地赛车和非场地赛车。起源距今已有超过100年的历史。最早的赛车比赛是在城市间的公路上进行的。后来许多车手因为公路比赛极大的危险性而丧生，于是专业比赛赛道应运而生。

（一）赛车运动的起源

为推动汽车工业发展，法国、英国、德国、比利时等欧洲国家于1904年6月20日在法国巴黎成立了国际汽车联盟，简称"国际汽联"或"FIA"，它包括世界汽车旅游理事会和世界赛车运动理事会两部分。世界汽车旅游理事会主要负责为汽车使用者解决问题；世界赛车运动理事会主要负责统筹世界各国赛车运动组织，为所有不同种类的赛车运动制定规则，协调安排世界范围内的各项汽车比赛。中国赛车运动联合会（FASG）于1975年在北京成立，1983年加入国际汽车联盟。

1. 最早的汽车比赛

赛车运动的起源追溯到 1887 年 4 月 20 日,法国的《汽车》杂志社主办了世界上最早的汽车比赛。不过参赛的只有一个人,名叫乔尔基·布顿,他驾驶四人座的蒸汽汽车从巴黎塞纳河畔跑到了努伊伊。

2. 有组织的世界上第一次汽车比赛

1894 年,Le Petit 日报的 Pierre Gifard 组织了世界上第一次汽车比赛。

业界一致认为世界上第一个汽车赛事是 1894 年发生在法国的这场比赛。比赛路线从巴黎到卢昂,全程 126km,之所以选择这样的距离,是为了考验当时汽车的稳定性。这场赛事,在汽车工业发展史上有着特殊的意义,在这场赛事中人类第一次脱离开牲畜的力量而依靠机械动力对交通工具进行比赛。获得世界第一次汽车比赛胜利的阿尔伯特·勒梅特和朋友们,如图 6-1 所示。

图 6-1　世界第一次汽车比赛胜利车辆示意图

3. 最早的长距离汽油车公路赛

1895 年 6 月 11 日,由法国汽车俱乐部和《鲁·普奇·杰鲁纳尔》报联合举办了世界上最早的长距离汽油车公路赛。路程为从巴黎到波尔多往返,全程长达 1178km。获得此次第一名的埃末尔·鲁瓦索尔共用 48h45min,平均车速为 24.55km/h。但由于比赛规定车上只许乘坐一人,而他的车上却乘坐二人而被取消了冠军的头衔。结果落后很多的凯弗林获得了冠军。此次比赛共有 23 辆车参赛,跑完全程的有 8 辆汽油机汽车和 1 辆蒸汽汽车。

4. 最早汽车俱乐部组织的比赛

1896 年,法国汽车俱乐部(Automobile Club de France,ACF)组织了一次从巴黎到马赛往返的比赛。在 1897 年的赛事上,赛车有别于家用车的特征开始出现,赛车去掉了不必要的挡泥板,车座不再采用舒适的软结构,赛车制造商开发出大功率的发动机。

5. 赛车史上第一次出现的死亡

1898 年,赛车史上第一次出现了死亡。从巴黎到尼斯(Nice)的公路汽车赛上,发车不久,站在路边的 Benz 车手 M de Montariol 向正在驾驶赛车的朋友 Marquis de Montaignac 挥手致意,而 Marquis de Montaignac 竟手脱转向控制杆向 Montariol 招手。结果汽车跑偏,撞飞了 Montariol,翻车后的赛车又伤到了 Montariol 的技师,使其脑部受到致命损伤。事后,巴黎警长曾试图阻止后来的巴黎—阿姆斯特丹的比赛,但他失败了。车手用火车把赛车运到比赛地点,超出了他的管辖范围。而他本人后来也觉得有些欠考虑,因为与庆祝冠军 Fernand Charron 胜利的人山人海的车迷相比,他确实显得有些势单力薄。

6. 赛车运动最早出现的危机

赛车运动开展的初期出现过两次危机：一次是 1901 年的巴黎—柏林公路赛，一名男孩跨入赛道去看一辆开过去的赛车，被后来一辆赛车撞到死亡。法国政府随后禁止了比赛，但最终在汽车业的强大压力下，恢复了比赛。另一次是 1903 年的法国汽车俱乐部举办的巴黎—波尔多—马德里的比赛中，如图 6-2 所示。有近 300 万观众在赛道两旁观看比赛。赛车在丛林行驶中，扬起的尘土阻挡了车手的视线，赛车撞向观众，很多人被撞。比赛随后被法国、西班牙政府终止。后来，法国政府再一次妥协，恢复了比赛。但为赛车运动制定了一些规则：为了避免汽车在野外比赛扬起漫天的尘土影响后面车手的视线，造成伤亡事故，车赛逐渐改在封闭的赛场和跑道上进行，赛道两旁围上护栏(barriers)，比赛选在人口稀少的地方举行。这就是汽车场地赛的雏形，它被认为是封闭赛道(closed roads)开始的标志。

图 6-2　法国汽车俱乐部举办的巴黎—波尔多—马德里比赛示意图

7. 中国最早的汽车赛事活动

1907 年 6 月 10 日，汽车运动史上最具里程碑意义的"北京—巴黎汽车拉力赛"开始，中国成为此次赛事活动的承办方之一，5 辆参赛汽车齐聚北京东交民巷使馆区的法国瓦隆兵营出发。拉力赛的行程路线，经过多次论证，由原来的从东北三省驶往西伯利亚，改为北京—张家口—库伦—恰克图—伊尔库茨克—鄂木斯克—彼得罗巴甫洛夫斯克—喀山—莫斯科—斯摩陵斯克—华沙—柏林—科隆—布鲁塞尔—巴黎。

经历了 62 天的艰难跋涉，8 月 19 日下午 4 点半，博盖塞亲王驾驶着伊塔拉汽车，在插有法国和意大利国旗的车辆引导下，缓缓驶进了巴黎，整个巴黎为之轰动。那辆伊塔拉牌的冠军赛车被意大利都灵汽车博物馆收藏，成为该馆的镇馆之宝；2007 年，经过了整整百年的风霜雨雪，它重回当年比赛的出发地北京，并引起了轰动。

8. 赛车基本构造的稳定时期

1911 年欧洲经济开始好转。第一次世界大战前的几年里，欧洲的赛车运动有了短暂的发展。赛道开始重视转弯和曲折的设计与修建。赛车的设计不再一味追求大功率的发动机，更加关注赛车的操纵性、机动性和制动性，要求发动机在各种速度时都具有较好的可靠性。1914 年时的赛车基本构造，在以后的 40 年中都没有大的改变。

（二）汽车运动比赛分类简介

汽车运动的分类是根据汽车行驶场地是否封闭来划分的，可分为场地赛车和非场地赛车两类。

1. 场地赛车

就是指赛车在规定的封闭场地中进行比赛。它又可分为漂移赛、方程式赛、轿车赛、运动汽车赛、GT 耐力赛、短道拉力赛、场地越野赛、直线竞速赛等。

1）方程式赛

方程式赛是汽车场地比赛的一种，如图 6-3 所示。赛车必须依照国际汽车联合会制定颁发的车辆技术规则规定的程式制造，包括车体结构、长度和宽度、最低质量、发动机工作容积、汽缸数量、油箱容量、电子设备、轮胎的距离和大小等。

图 6-3　方程式赛示意图

各级方程式赛车的制造程式不同。属于方程式汽车比赛的项目有：F1、F-3000、F-3、亚洲方程式、无限方程式、福特方程式、雷诺方程式和卡丁车方程式等。

2）卡丁车赛

卡丁车赛是汽车场地比赛项目的一种，如图 6-4 所示。分方程式卡丁车、国际 A、B、C、E 级和普及级六类，共 12 个级别。使用轻钢管结构，操纵简单，无车体外壳，装配 100CC、125CC 或 250CC 汽油发动机的 4 轮单座位微型赛车，重心低，在曲折的环形路线上行驶，比赛速度感强。卡丁车是世界方程式赛车的最初级形式，始于 1940 年。由于许多著名的一级方程式赛手都是从卡丁车起步的，因此卡丁车赛被视为"F-1"赛的摇篮。

3）创纪录赛

在某个场地或路段以单车出发创造最高行驶速度记录的汽车活动。按汽车发动机的工作容积分 A ~ J 共 10 个级别。现今以轮胎驱动汽车最高速度记录是 1965 年 11 月由赛默兄弟（Summer Brother）创造的，时速达 660km/h，如图 6-5 所示。以喷气式发动机为动力驱动的汽车最高速度记录是 1983 年由英国人理查德·诺贝尔（Richard Noble）驾驶他自己设计的 Thrust Ⅱ车在美国内华达州西北的盐湖上创造的，时速达 1019.89km/h，其发动机的输出总功率约为 44.742kW（60.832hp）。

图 6-4　卡丁车比赛现场

图 6-5　创纪录赛最高车速汽车

4）直线竞速赛

直线竞速赛是汽车场地比赛项目之一，如图6-6所示。比赛按不同车型及发动机工作容积分为12～14个级别，在两条并列长1500m、各宽15m的直线沥青跑道上进行，实际比赛距离为1/4mile或1/8mile（1mile=1609.344m）。比赛时每2辆车为1组，实行淘汰制，分多轮进行，直至决出冠军。采用定点发车方法，加速行进，通过电子仪器测量从发车线到终点线的行驶时间评定成绩。

5）耐久赛

耐久赛亦称"GT赛"，是汽车场地比赛的一种。为长时间耐久性汽车比赛。比赛车辆分旅行车和运动原型车两类，并根据发动机的工作容积分为若干级别。比赛中每车可设2～3名驾驶人，轮流驾驶，如图6-7所示。

图6-6　直线竞速赛示意图

图6-7　耐久赛示意图

每年国际汽车耐力系列赛分为11站，在世界各地举行。比赛一般进行8～12h，以完成圈数的多少评定成绩。较著名的比赛有：法国勒芒（Le Mans）24h耐久赛、日本铃鹿（Suzuka）8h耐久赛。

6）印第车赛

印第车赛是汽车场地比赛的一种，设有世界锦标赛，如图6-8所示。该车赛起源于美国，原为美国汽车协会主办的锦标赛。1978年由18支印地车队联合成立了"印地锦标赛赛车队有限公司"，建立了赛事管理机构，举办系列车赛，制定了独特的比赛规则。1979年举办了第一次比赛，成为不受国际汽车联合会管辖的汽车比赛。比赛使用车辆的整体结构类似一级方程式的四轮外露式单座位纯跑道用赛车，但使用8汽缸、工作容积为2.6～3.4L以甲醇为燃料的涡轮增压式发动机，输出功率为700～850hp（1hp=745.7W）。依不同的比赛场地，比赛距离为320～800km不等。

图6-8　印第车赛示意图

2. 非场地赛车

就是指比赛场地不是封闭的,非场地赛车主要分拉力赛、越野赛及登山赛、沙滩赛、泥地赛等。

1)拉力赛

汽车拉力赛的道路状况十分复杂,每一段特殊路段为一个赛程,例如一个赛程全是曲折蜿蜒的山路,另一个赛程则是阴暗森林中的泥路,如图6-9所示。拉力赛的路线都是一致的,但并不同时出发,而是一辆接着一辆,每一辆赛车在不同阶段都由裁判员记录下所需时间,总时间最短的便是胜利者。

大型拉力赛的车队往往由几十名队员和多种运输工具组成,其中有负责传递信息的摩托车、装载备用部件的货车、医疗用车,甚至有时还有直升机。

2)越野赛

越野赛是汽车道路比赛项目之一。是在一个国家的公路和自然道路上举行的、允许对该国进行考察的汽车比赛,如图6-10所示。经过几个国家的领土、总长度超过1万km或跨洲的比赛称马拉松越野赛。除国际汽联特别批准外,越野赛的赛程不得超过15天,比赛必须在白天进行。采用单车发车方式。比赛每经过10个阶段后至少休息18h。

图6-9　汽车拉力赛复杂道路状况示意图

图6-10　非场地赛车示意图

1996年国际汽联首次对越野赛实行世界杯赛制,其中较著名的比赛Raven Le Mans概念赛车有巴黎—达喀尔越野赛、突尼斯国际汽车赛、巴黎至莫斯科至北京马拉松汽车越野赛、阿拉伯联合酋长国沙漠挑战赛等。

二、汽车展览与汽车城市

随着世界汽车工业的不断发展和人们对汽车的需要和兴趣越来越大,各种形形色色的汽车俱乐部也相继诞生。汽车俱乐部不生产具体的产品,它所提供的产品是一种服务。对于一个综合性汽车俱乐部而言,这种服务又分为生产型服务和生活型服务。生产型服务是指俱乐部为会员提供各种对车辆和车主本人的有关车辆的服务,它的目的便是为广大会员解决在使用车辆的过程所产生的实际困难;而生活型服务则是以会员为主体的各种休闲、娱乐和交友服务。汽车俱乐部是经营汽车文化的重要形式,它促使汽车文化愈加繁荣丰富。

(一) 汽车俱乐部

德国汽车俱乐部 ADAC(Allgemeiner Deutscher Automobilclub)如图 6-11 所示,成立于 1903 年,俱乐部的宗旨是保护机动车驾驶人员的利益。1904 年底,威廉姆二世对它提供了赞助并接管了它。1933—1945 年,它一直存在,是一个纯慈善组织。1949 年初 ADAC 加入了国际汽车协会,成为国际性组织。该组织的宗旨是发展德国的旅游业和赛车运动。自 1989 年以来,ADAC 一直为 60—70 名车手提供技术支持和服务。此外,它还向其成员和顾客提供 24h 服务,包括合理化建议、帮助和保护措施。可以说,ADAC 的历史就是德国赛车运动的发展史。到目前为止,该俱乐部已成功地举办了多次国际性的赛车比赛。

图 6-11　德国 ADAC 示意图

1902 年 3 月 4 日,来自美国各地九个汽车俱乐部在芝加哥联合成立美国汽车协会(全称 American Automobile Association,AAA),协会的目的是改善汽车的可靠性,争取建筑更好的公路,并敦促国会通过统一的交通法。现在,AAA 的服务更扩展到为会员提供购车贷款、保险、租车等方面的优惠等服务。

国际汽车联盟又称国际汽车联合会(法语:Fédération Internationale de l'Automobile,缩写:FIA;简称国际汽联),是一个成立于 1904 年 6 月 20 日的营利性国际组织,主要致力于协调各国汽车与摩托车组织、帮助驾驶者解决问题并统筹全世界各种汽车与摩托车赛事。其成员包括全球 125 个国家的 213 个组织。总部位于法国巴黎(未来将迁至瑞士苏黎世)。

中国大陆汽车俱乐部,简称 CAA,1995 年成立于北京,仿照美国的 AAA 俱乐部模式,建立第一支专业汽车救援队伍;是中国成立最早、规模最大的汽车救援专业机构,同时也是中国唯一一家外商独资的汽车俱乐部。依托澳洲母公司 IAG 强大的经济支持及百年先进的国际管理、IAG 旗下 NRMA 汽车俱乐部 90 年道路救援经验及技术支持,15 年来,为客户提供了百万次完善的服务,发展至今已成为国内救援服务行业的领航者。

1. 汽车俱乐部的类型

1)专业的汽车俱乐部

作为汽车产业的衍生经济,汽车俱乐部在中国的发展具有广阔的前景。目前在国外成熟的汽车市场,整车销售的利润只占据汽车产业链利润的很小部分,而在汽车售后服务环节存在着较高的市场空间和利润空间。中国汽车工业的长足发展,不仅带动了与汽车生产相关产业的发展,也造就了汽车服务业的大市场。与汽车产品的生产及销售相比,汽车俱乐部行业的进入门槛低,存在着大量的潜在客户,市场还没有被真正挖掘出来。同时,汽车俱乐部的经营形式存在很大的可创新性,只要找准市场定位,抓住了客户的需求,独辟蹊径的经营活动方式,将吸引到大量的客户。目前我国汽车俱乐部在自驾车旅游和会员衍生经济等方面已经有了许多成功的尝试,汽车用户对这些活动的踊跃参与也展现出了汽车俱乐部市场的广阔前景。

2)网站汽车俱乐部

网站汽车俱乐部主要对象是车主、准车主交流爱车、买车、用车、玩车的心得,收集整理汽车网站论坛,车友俱乐部 FB 自驾游经验等,为客户提供优质的产品和服务,依靠汽修厂实体和多年的横向关系网络,为会员提供车务服务和做好汽车保姆的同时,着力推动汽车文化和汽车运动的发展。包括电子警察、违章代码、高速违章、报废车辆、汽车年检、驾照信息、驾照体检、汽车信息及新车上牌、交通事故的查询等。

3)听众汽车俱乐部

交通广播汽车俱乐部是集新车秀场、风云试驾、帮你选车、二手车买卖、车辆年检、车险理赔、自驾游、业界新闻分析、汽车拍卖行等元素于一体,是一档专业的汽车综合服务。

4)兴趣汽车俱乐部

兴趣汽车俱乐部服务范围:救援、代办车辆年检、驾照年审、车险及定损理赔、美容装饰、维修、自驾游、羽毛球馆、长途越野、装饰美容、休闲等服务为一体的大型汽车俱乐部。

2. 汽车俱乐部的发展

汽车俱乐部是以会员制的形式,将社会上高度分散的汽车车主或准车主组织到一起,通过发挥规模效应和服务网络的优势,给会员车辆提供单车和小单位很难办到的一些服务,从而给会员带来诸多方便和实惠,而俱乐部本身,也从会费中取得一定收益的双赢项目。随着会员人数的不断增多,俱乐部服务的范围也在不断扩大,金融、保险、房地产、汽车生产厂都开始与俱乐部联系。

如今汽车俱乐部在发达国家早已盛行,并且形成一个非常大的行业。据统计,世界各国汽车俱乐部的会员总数至少 2 亿人。其中规模最大的当数美国,在全国 9000 万驾车人中,已有4200 万人成为会员。世界上最大的汽车俱乐部——美国汽车协会(简称 AAA)是仅次于罗马天主教会的第二大会员组织。

(二)世界五大著名车展

1. 德国法兰克福车展

德国是世界最早办国际车展的国家。法兰克福车展(Internationale Automobil AuSSTel-lung)前身为柏林车展,创办于 1897 年,1951 年移到法兰克福举办,每年一届,轿车和商用车轮换展出。法兰克福车展是世界规模最大的车展,有"汽车奥运会"之称。每两年举办一次的法兰克福国际车展一般安排在 9 月中旬开展,为期两周左右。参展的商家主要来自欧洲、美国和日本,尤其以欧洲汽车商居多。由于法兰克福地处德国,唱主角的自然是德国企业,这似乎与底特律车展、东京车展的地域性同出一辙。德国是现代汽车的发源地,是奔驰、大众、宝马等大牌汽车公司的老家,法兰克福车展正是它们一展身手的好机会,如图 6-12 所示。

2. 法国巴黎车展

巴黎车展起源于1898年的国际汽车沙龙会，巴黎车展是全球第一个国际性的车展，与德国法兰克福车展、美国底特律车展、瑞士日内瓦车展以及日本东京车展一同被誉为当今全球汽车业的五大国际车展。1889—1976年，每年一届，此后每两年一届。每年的9月底至10月初在巴黎举行，如图6-13所示。

图6-12　法兰克福车展

图6-13　法国巴黎车展截图

3. 北美车展

北美车展（North American International Auto Show，NAIAS）是每年举办一次的国际性汽车展览。除了是世界五大车展之一，也是北美洲规模最大的国际车展，每年一月固定在底特律的寇博中心（Cobo Center）举办。

图6-14　美国底特律车展截图

1907年底特律在河滨公园（Riverside Park）的贝勒斯啤酒花园（Beller's Beer Garden）举办首次汽车展览，接下来除了1943—1952年停办，其余时间每年都会举办一次。以往称呼为底特律汽车展览（Detroit Auto Show），不过从1989年开始改称为"北美国际汽车展览"（North American International Auto Show），习惯上一般仍以"底特律车展"称之，如图6-14所示。自1961年起，该展览移往寇博中心（Cobo Center）举办，因为该展馆具有93000m^{2}的面积，可容纳更多展位。

4. 瑞士日内瓦车展

日内瓦车展始于1905年4月29日，当时名为"瑞士国家汽车和自行车展"，如图6-15所示，主要展出的是以内燃机、蒸汽机带动的汽车和自行车。1907年，车展曾移师苏黎世。车展曾于1908—1922年、1939—1946年期间两度停办。日内瓦车展主办方为世界汽车工业国际协会。

瑞士这个国家很特殊,虽然它没有自己的汽车制造公司,但它却是一个庞大的汽车消费市场。在瑞士的大街小巷,你常常可以看到本特利、保时捷等名车,名车就跟名表一样,成了某种标志。

5. 日本东京车展

东京车展是亚洲最大的国际车展,第一次国际汽车展始于 1954 年。东京对于世界汽车市场有较深的影响,对于亚洲汽车市场更有着重要的意义。该车展在日本东京近邻的千叶县举行,其各类电子三维展示装备让车展的参观者有"头晕目眩"的奇妙感。1999 年的东京车展创下了参观人数达 140 万人的世界纪录,足见它的热闹程度。与其他西方大型车展相比,日本车展更具有亚洲的东方风韵,如图 6-16 所示。日本厂商的多款造型小巧精美、内饰高档的车总能成为车展的主角。东京车展每年轮流展示一次轿车和商务用车,2003 年东京汽车展着重展示的是商务用车和摩托车。东京车展具有鲜明的特点:日本本土车厂出产的五花八门、千姿百态的小型汽车历来是车展的主角;同时,各种各样的汽车电子设备和技术也是展会的一大亮点。

图 6-15　日内瓦车展截图　　　　　　　图 6-16　东京车展截图

6. 国内的北京、上海国际汽车工业展览会简介

国内比较有影响的汽车工业展览会有两处。

1)北京国际汽车工业展览会

北京国际汽车展览会,简称"北京车展",自 1990 年创办以来,两年一届,已经连续举办过九届。至今已走过 18 年的发展历程,该展览会每逢双年在北京中国国际展览中心和全国农业展览馆举行,是在国际汽车展览会中著名的品牌展会之一,对促进中外汽车界的交流与合作、加快中国汽车工业的发展起到了积极的推动作用。

2)上海国际汽车工业博览会

上海车展创办于 1985 年,是中国最早的专业国际汽车展览会,即上海国际汽车工业博览会,是由中国上海市国际展览有限公司、中国国际贸易促进委员会汽车行业分会以及德国慕尼黑国际博览集团 IMAG 国际交易会及展览会有限公司共同定期举行的国际性汽车展览。

（三）世界十大汽车城

1. 美国底特律城（Detroit）

底特律（英文：Detroit），是美国阿拉巴马州下属的一座城市，如图 6-17 所示。面积约为 370.2km²。底特律市地处大湖工业区居中位置。汽车制造业为城市工业的核心部门，与汽车制造业有关的钢材、仪表、塑料、玻璃以及轮胎、发动机等零部件生产相当发达，专业化、集约化程度很高。汽车年产量约占全国的 1/4；从业人员近 20 万人，约占全市职工总数的 40% 以上。市内有福特、通用、克莱斯勒和阿美利加 4 家美国最大的汽车制造公司的总部及其所属企业。底特律以汽车制造和工程技术闻名于世，早期生产的汽车数量占全球第一位。

2. 日本丰田市（Toyota City）

丰田市（Toyota），是日本爱知县的城市之一，位于名古屋市的东方约 30km，人口约 41 万人。该市是日本著名汽车品牌丰田的总部所在地，因此被称为日本的汽车城。丰田汽车公司（Toyota Motor Corporation），简称丰田（TOYOTA），创立于 1933 年，世界十大汽车工业公司之一，是一家总部设在日本爱知县丰田市和东京都文京区的日本汽车制造公司，属于三井财阀。丰田汽车生产线如图 6-18 所示。

图 6-17　美国底特律城示意图

图 6-18　丰田汽车生产线示意图

3. 德国斯图加特（Stuttgart）

斯图加特（德语：Stuttgart）位于德国西南部的巴登—符腾堡州中部内卡河谷地，靠近黑森林，不仅是该州的州首府，也是州级行政区及该州的第一大城市。斯图加特是德国第六大城市，世界著名汽车城，奔驰汽车公司所在地（图 6-19），保时捷公司的发源地。

4. 意大利都灵（Turin）

位于意大利西北部波河流域的都灵市，它是一座历史名城，曾是撒丁王国首都，直到 1865 年仍为意大利王国的首都，因此这座城市拥有大量的古迹（图 6-20）。都灵市工业发达，意大利著名的私营企业菲亚特公司就在都灵，整个城市在它的带动下不断发展。每年举行的汽车展是世界上重要的展览之一。

图 6-19　斯图加特奔驰汽车公司所在地

图 6-20　意大利都灵市一角

5. 德国沃尔夫斯堡（Wolfsburg）

沃尔夫斯堡，德国北部城市。位于下萨克森州，1937 年 5 月 28 日大众汽车有限公司正式成立，后来成为举世闻名的大众汽车总部位于该城（图 6-21）。

6. 日本东京（Tokyo）

东京都，简称东京（Tokyo），历史可以追溯到约 400 年前，1603 年德川家康在这里建立德川幕府，东京由此开始了它的繁盛时期，现在是日本政治、经济、文化、教育中心和海陆空交通的枢纽（图 6-22），也是日产、三菱和五十铃汽车公司所在地。

图 6-21　大众汽车城

图 6-22　日本东京都

7. 法国巴黎（Paris）

巴黎（法语：Paris）是法兰西共和国的首都，法国最大城市，欧洲第二大城市，巴黎建都已有1400 多年的历史，它不仅是法国，也是西欧的一个政治、经济和文化中心，是标致—雪铁龙汽车公司所在地。标致雪铁龙集团（法文：PSA Peugeot Citroen）是一家法国私营汽车制造公司，由标致汽车公司拥有，旗下拥有标致和雪铁龙两大汽车品牌。PSA 集团汽车生产线如图 6-23 所示。

8. 英国伯明翰（Birmingham）

伯明翰（Birmingham）是仅次于伦敦的英国第二大国际化城市，人口与面积均仅次于伦敦，地处英格兰中心，在伦敦至利物浦的铁路干线上，交通四通发达。汽车工业规模很大，有"英国底特律"之称，是利兰汽车公司所在地。利兰（Leyland Motors Ltd）是一家百年英国汽车厂，产品车头有镀镶嵌 LEYLAND 标志（图 6-24）。

利兰公司早期生产的蒸汽动力车

图 6-23　PSA 集团汽车生产线　　　　图 6-24　车头有镀镶嵌 LEYLAND 标志的利兰汽车

9. 德国吕德斯海姆（Rudesheim）

德国吕德斯海姆（rudesheim），建于 12 世纪，位于莱茵河的吕德斯海姆是通往莱茵河中流山谷的大门，欧宝汽车公司所在地。1862 年，亚当·欧宝（Adan Opel）在吕德斯海姆创建了欧宝公司，公司最初生产缝纫机、自行车。1897 年开始生产汽车，1924 年，公司建成德国第一条生产汽车的流水线，使汽车产量猛增，在德国廉价车领域独占鳌头（图 6-25）。1929 年将公司 80% 的股份卖给美国通用汽车公司，从此，欧宝汽车公司成为美国通用汽车公司在德国的子公司。

图 6-25　欧宝各系汽车

10. 法国比杨古（Boulogne Billancourt）

布洛涅—比杨古,是世界著名汽车城,它属于法国巴黎西南的城市,地处塞纳河河曲的布洛涅森林之南,世界十大汽车公司之一的雷诺汽车制造厂就设在此地。雷诺汽车制造厂创立于 1898 年,而今的雷诺汽车公司已被收为国有,是法国最大的国有企业。雷诺汽车制造厂生产的雷诺汽车如图 6-26 所示。

图 6-26　雷诺汽车

三、汽车广告与影视

（一）汽车广告

为了抢夺汽车市场,各大汽车公司越来越重视在广告方面的投入。精彩纷呈的汽车广告不但承载着汽车市场的竞争,同时它的趣味性、创新性也处处体现了汽车文化的魅力所在。

汽车广告（Automotive Advertising）的立足点是企业。做广告是企业向广大消费者宣传其产品用途、产品质量,展示企业形象的商业手段。在这种商业手段的运营中,企业和消费者都将受益。企业靠广告推销产品,消费者靠广告指导自己的购买行为。不论是传统媒介,还是网络传播,带给人们的广告信息为人们提供了非常方便的购物指南。因此,在当前的信息时代,我国的汽车企业应运用多种媒体做广告,宣传本企业的产品,否则会贻误时机。

1. 汽车广告的形式

汽车广告的形式有很多种,主要有户外广告、电视广告、网络广告、杂志、报纸等。不同形式的汽车广告有着不同的特点,因此汽车公司通常会采用多种形式的广告方式去宣传同一款车型。极具创意的户外广告如图 6-27 所示。

图6-27　户外汽车广告

2. 汽车广告语

　　一条好的汽车广告宣传语,不但能深入人心,同时,对打开市场、扩大销量也有着极其巨大的作用。许多汽车品牌为如何为自己的汽车构思出一条好的广告语而绞尽脑汁。现在多数汽车广告虽只有几个字,但却表达了汽车最核心的东西,他们的广告语都有着不同的市场定位和诉求,因此,这也更容易打动消费者。看过那么多的汽车广告,大家印象最深刻的汽车广告是什么呢?

　　宝马7系汽车广告语:生活艺术唯你独尊。

　　奔驰汽车广告语:领导时代,驾驭未来。

　　奥迪汽车广告语:突破科技、启迪未来。

　　凯迪拉克汽车广告语:将力量、速度和豪华融为一体。

　　富兰克林牌汽车广告语:一辆永远不会给你带来麻烦的汽车。

　　大众汽车广告语:出于对汽车的爱,汽车价值典范。

　　沃尔沃(VOLVO)汽车广告语:关爱生命、享受生活(ForLife。For)。

　　福特汽车广告语:你的世界,从此无界。

　　日产汽车广告语:超越未来。

　　邦迪亚克牌汽车广告语:坐在里面是件美事,被人们看见坐在其中更是快事。

　　甲壳虫汽车广告语:该车外形一直维持不变,所以外形上很丑陋,但其性能一直在改进。

　　丰田汽车广告语:车到山前必有路,有路必有丰田车。更远更自由。

　　克莱斯勒汽车广告语:你买汽车不来考虑一下我们克莱斯勒的汽车那你就吃亏了,不但你吃亏。我们也吃亏。

　　菲亚特汽车广告语:开创菲亚特新纪元,脱胎换骨,来势汹汹,超级雷马1000。

　　现代汽车广告语:驾驭现代,成就未来。

　　斯柯达汽车广告语:简单、聪明。

　　雪铁龙汽车广告语:想在你之前。

　　起亚汽车广告语:用心全为你。

　　欧美佳汽车广告语:平稳征服人生曲折。

欧宝汽车广告语：德国科技轻松享有。

雷诺汽车广告语：让汽车成为一个小家。

英国迷你（MINI）汽车广告语：她可爱吗？（ISITLOVE？）

奥迪 A4 汽车广告语：动感传奇。

奥迪 100 汽车广告语：走中国路，乘一汽奥迪。

北京现代汽车广告语：追求卓越、共创幸福。

索纳塔汽车广告语：中国新动力，衡量价值新典范。

广州本田汽车广告语：世界品质、一脉相承。

中华汽车广告语：超越期望、超越自我。

别克汽车广告语：当代精神，当代车。

别克君威汽车广告语：心致、行随，动静合一。

雅阁汽车广告语：激活新力量。新雅阁新力量新登场。

马自达 6 汽车广告语：魅力科技。

蒙迪欧汽车广告语：领先在于你的魄力。

宝来汽车广告语：驾驶者之车，快并快乐着。

别克凯越汽车广告语：全情全力，志在进取。

赛纳汽车广告语：常规由我定，动感与美感无须取舍。

阳光汽车广告语：体验阳光生活。

日产汽车广告语：超越平凡，卓越优逸。

福美来汽车广告语：和谐灵动，君子风范，和谐生活新成员。

千里马汽车广告语：雷霆动力，纵情千里。

千里马Ⅱ汽车广告语：心有多野，未来就有多远。

威驰汽车广告语：领先科技的全球轿车，让生活乐在新风。

飞度汽车广告语：外在动人，内在动心。

伊兰特汽车广告语：给我一个美名，送你一部靓车。

奇瑞风云汽车广告语：动静皆风云。

奇瑞旗云汽车广告语：激情原动力。

奇瑞东方之子汽车广告语：一切由我掌控。

富康汽车广告语：走富康路，坐富康车，方方面面实实在在满足您。

桑塔纳汽车广告语：上海桑塔纳，汽车新潮流，拥有桑塔纳，走遍天下都不怕。

捷达汽车广告语：理性的选择。

爱丽舍汽车广告语：精致生活，精彩演绎。

比亚迪汽车广告语：比亚迪，科技创新，品质领先。

蔚来汽车广告语：蔚来汽车，开启未来出行新时代。

小鹏汽车广告语：小鹏汽车，让未来触手可及。

理想汽车广告语：理想汽车，成就你的激情之旅。

华为汽车广告语：我们不造车，我们只控制智能新能源汽车。

3.汽车广告兜售的卖点

1）卖点一：汽车文化

通过广告语兜售汽车文化最典型的当属美国车系了。汽车在美国已经有上百年的历史，现在美国人吃饭有汽车可以驶入的"汽车饭店"，看电影有汽车能停放的"汽车电影院"，旅游有汽车能栖息的"汽车旅馆"……汽车已经渗透到生活的方方面面，包括文化。美国的汽车旅馆如图 6-28 所示。

图 6-28　美国的汽车旅馆示意图

2）卖点二：汽车品牌

汽车市场的竞争，不但体现在销售和售后市场上，而且也存在于汽车广告宣传市场上，汽车广告的共同点是它们共同承载起对汽车品牌形象的传承。

3）卖点三：领先科技

现代汽车高科技的发展越来越迅速，甚至连研究的时间也大大缩短，一些概念性的新科技设备，经过一年的研发时间，便用在量产车型上。汽车科技的进步给我们的出行带来了方便，给我们的汽车生活增添了很多新的元素，它是吸引消费者购车的一大因素。

4）卖点四：生活方式

在国内，汽车普遍走进了家庭。对于大多数消费者来说，收入并不是很高，但他们乐于尝试各种不同的生活方式，愿意追逐最新的时尚潮流。无论是国产车，还是进口车，在中国的广告开始推广某种生活方式、反映某种生活形态。

（二）汽车广告与影视

1.什么是汽车影院

汽车影院，即观众坐在各自的汽车里通过调频收听和观看露天电影，将停车场作为电影放映场地，使汽车内的观众在不同的位置都能看到清晰、逼真、稳定的图像，再将声音通过调频信号引入汽车内，观众就可以坐在车内观看电影了。这是随着汽车工业高度发达后所衍生的汽车文化娱乐方式之一。自从 1933 年的 6 月 6 日，美国新泽西州 Richard M. Holling shead 在他家后院创办了世界上第一家汽车电影院（可容纳 400 辆汽车，银幕面积为 12.2m×9.15m）之后，这种娱乐休闲方式随着汽车的普及很快风靡整个北美地区，从而成为独特的文化特色之一，新泽西州汽车电影院如图 6-29 所示。

图 6-29　美国新泽西州汽车电影院示意图

2. 国内汽车电影院简介

枫花园汽车电影院是中国大陆首家坐在自己的爱车里,尽情欣赏中美大片的绿色汽车电影院,如图 6-30 所示,是北京市 10 家首轮影院之一。放映广场占地 66000m²。枫花园汽车电影院配置超大凹型全钢银幕、轻松的氛围、精彩的画面、动听的伴音,通过高科技手段,所选用设备的技术配置及整体造价在全国同行业内堪称名列前茅、绝无仅有,坐在车中尽享专业室内影院的音响效果,营造与众不同的观影体验。目前,影院拥有 4 个放映场地(含3D),激光放映使 3D 电影效果更为逼真,画面亮度、色彩饱和度、影片展现细节会让您获得身临其境、动感十足的绝佳体验,更设有 25m 宽的露天巨幕,每到傍晚开着您的座驾到东三环第三使馆区旁绿荫环抱的环境中,在清风、明月、繁星的映衬下,与家人和朋友一同感受震撼的巨幕电影。

图 6-30　枫花园汽车电影院示意图

电影胶片的贴片广告、影院路牌广告、影院命名权广告、影院设备舞台场地的出租等也是很大的收入。

国内首家北京枫花园汽车电影院投入运营后,湖南幕语汽车电影院、芜湖大江天广汽车电影院、河南森林汽车影院、大连爱心汽车影院、牛仔汽车影院、昆明海埂汽车影院、深圳汽车电影院、唐山汽车电影院、合肥首家汽车影院、温州汽车影院、银川汽车影院和山西晋土地汽车影院等相继投入营业。

3. 汽车品牌植入影视广告案例简介

汽车品牌进行影视植入早已不是什么新闻了,早在许多年前,影视作品中就能看到不少汽车品牌的身影。但是对于国内影视圈来说,汽车品牌的植入却是到了近几年才逐渐升温,而且更多地集中在电视剧领域,其中也不乏比较成功的例子。下面,我们就一起来细数这些"触电"的车型。

1)蓝电汽车赞助综艺节目:《你好生活》

2023 年,中央电视台综艺频道、央视网联合出品联合推出《你好生活》第四季,这是一档新青年生活分享节目。节目中,主持人尼格买提·热合曼与两位常驻嘉宾董力、孙艺洲邀请不同领域的嘉宾去往四座城市经营体验民宿生活,探寻生活意义,分享独特的生活哲学。在《你好生活》第四季中,栏目唯独指定用车蓝电 E5 在旅程中成为主持人及嘉宾体验美好生活的出行伙伴,一同逃离繁忙的工作,以积极乐观的态度回归自然本真的生活状态,畅谈人生体验,分享生活美学。

　　随着《你好生活》节目的热播,蓝电汽车获得了广泛的关注,是汽车广告营销的成功案例,蓝电 E5 汽车如图 6-31 所示。

图 6-31　蓝电 E5 汽车参加《你好生活》节目

2)新赛欧作品:《乡村爱情故事》

　　雪佛兰的十字标配加上本山大叔富有喜感的脸,感觉虽说有那么一点别扭,但不得不说,新赛欧的这次植入还是相当有效果的。新赛欧可以说是雪佛兰下定决心进军中低端轿车市场的一款标志车型,其定位、其价格都直指中国二、三线市场,在配置上的调整甚至隐隐连品牌的形象都不顾了,只为在二、三线市场中一炮打响。因此,与《乡村爱情故事》的合作正是恰到好处。一方面,该剧的观众群几乎都集中在二、三线城市,覆盖面很准确;另一方面,剧中人物与新赛欧所表现的家庭感也很容易引起观众共鸣。无怪乎在《乡村爱情故事》剧播出后,新赛欧的销量就迎来了一个小高潮。

△ **思考题**

　　1.什么叫作汽车运动?世界最早有组织的第一次汽车比赛是什么时间?

　　2.简单表述中国最早的汽车赛事活动概况。

　　3.什么是 ADAC、AAA、FIA?

　　4.简单介绍世界五大著名车展。

　　5.简单介绍国内比较有影响的汽车工业展览会。

　　6.世界十大汽车城是指哪些城市?

　　7.汽车广告的形式有哪些?你最喜欢的汽车广告语是什么?

　　8.什么是汽车影院?

参考文献

[1] 唐顺华.汽车文化[M].北京:人民交通出版社股份有限公司,2016.

[2] 龚艳丽.汽车文化[M].北京:高等教育出版社,2020.

[3] 巩航军,李亚鹏.汽车概论[M].2版.北京:人民交通出版社股份有限公司,2018.

[4] 史文库.汽车新技术[M].3版.北京:人民交通出版社股份有限公司,2021.

[5] 段福生.汽车文化[M].2版.北京理工大学出版社有限责任公司,2020.

[6] 张思杨.新能源汽车概论[M].成都:电子科技大学出版社,2017.

[7] 郇延建,付清洁.汽车发动机构造与维修[M].北京:机械工业出版社,2019.

[8] 马云贵.汽车发动机电器与控制系统[M].北京:北京理工大学出版社,2016.

[9] 许炳照,张荣贵.汽车底盘电控系统检修[M].北京:人民交通出版社股份有限公司,2017.

[10] 廖向阳.车载网络系统检修[M].3版.北京:人民交通出版社股份有限公司,2014.

[11] 李治国,梁洪波.新能源汽车高压安全与防护[M].2版.北京:人民交通出版社股份有限公司,2022.

[12] 骆孟波.汽车总线控制技术[M].北京:中国铁道出版社,2016.

[13] 郑振,侯长剑,蒋志杰.新能源汽车高压安全与防护[M].上海:上海交通大学出版社,2018.

[14] 张富建,邓忠华.汽车文化[M].北京:人民邮电出版社,2017.